新时代思想政治教育丛书

现代思想政治教育的多维探索

鲁力 刘洋 著

天津出版传媒集团
天津人民出版社

图书在版编目(CIP)数据

现代思想政治教育的多维探索 / 鲁力, 刘洋著. -- 天津 : 天津人民出版社, 2023.1
(新时代思想政治教育丛书)
ISBN 978-7-201-18747-1

Ⅰ.①现… Ⅱ.①鲁… ②刘… Ⅲ.①高等学校—思想政治教育—研究—中国 Ⅳ.①G641

中国版本图书馆 CIP 数据核字(2022)第 162488 号

现代思想政治教育的多维探索
XIANDAI SIXIANGZHENGZHIJIAOYU DE DUOWEI TANSUO

出　　版　天津人民出版社
出 版 人　刘　庆
地　　址　天津市和平区西康路35号康岳大厦
邮政编码　300051
邮购电话　(022)23332469
电子信箱　reader@tjrmcbs.com

责任编辑　武建臣
装帧设计　汤　磊

印　　刷　天津新华印务有限公司
经　　销　新华书店
开　　本　710毫米×1000毫米 1/16
印　　张　19.5
插　　页　2
字　　数　270千字
版次印次　2023年1月第1版　2023年1月第1次印刷
定　　价　88.00元

序

中国共产党历来高度重视思想政治教育工作，在革命、建设、改革各个历史时期，对思想政治教育工作都作出过重要部署。党的十八大以来，以习近平同志为核心的党中央高度重视思想政治教育工作和思想政治理论课建设，强调坚持社会主义办学方向，把立德树人作为教育的根本任务，着力加强青少年思想道德建设，引导青少年树立和践行社会主义核心价值观，弘扬中华优秀传统文化，支持和帮助青少年成长成才。

思想政治教育是立德树人的工作，思政课的本质是讲道理。要高度关注学生成长成才的精神需要，把道理讲好讲透，让学生明白中国共产党为什么能、马克思主义为什么行、中国特色社会主义为什么好，坚定中国特色社会主义道路自信、理论自信、制度自信、文化自信，增强做中国人的志气、骨气、底气，为中华民族伟大复兴注入青春的力量。

鲁力、刘洋两位教师都具有思想政治教育专业背景，也都长期从事思想政治教育工作，在思想政治教育领域都有学习、有实践、有思考，对思想政治教育的有关论述也有的放矢，具有一定针对性和现实性。学习才能有所收获，思考才能有所领悟，此书就是他们几年来学习和探索的一个可喜的成果。它凝聚了两位教师辛勤的汗水，寄托了美好的希望。虽然还不是尽善尽美，但是他们对思想政治教育的探索是真诚的、深刻的、富有创造性的，充分展现了新时代青年思想政治教育工作者的风采和成长足迹。

路漫漫其修远兮，人生的道路是漫长的，对思想政治教育的探索也是一个不断前进的过程，不可能一蹴而就，也不可能一劳永逸。要求得思想政治教育的真谛，离不开久久为功的坚强毅力，离不开永远在路上的积极心态。希望两位教师不忘初心，牢记使命，怀抱梦想，立志奋斗，自觉承担起立德树人的历史重任，做好学生成长的领路人，让青春在全面推进中华民族伟大复兴的奋斗中绽放绚丽之花。

是为序。

王崇敏

2022 年 10 月 16 日于海南大学

目录
CONTENTS

专题一
价值观教育研究

第一章　多元文化背景下中学生价值观教育研究

一、多元文化背景下中学生价值观的现状

中学生正处在世界观、人生观、价值观形成的重要时期，在多元化时代条件下，一方面中学生能够开阔视野，确立自己的个性，另一方面，也会对他们的思想、价值观等产生负面影响。从长远角度考虑，多元价值观不仅对他们的健康成长不利，而且也对国家和社会的健康发展不利，因此，必须对多元文化背景下中学生的价值观现状进行分析。

（一）中学生价值观出现扭曲

1.早尝禁果加剧人生风险

早尝禁果就是指中学生早恋，这是由于中学生对人生目的认识不清，盲目模仿电影电视所造成的。人生本来就充满风险、变幻莫测，早恋则会加剧人生的风险，增添未来人生的不确定性。随着经济的发展，社会的进步，人们

的生活水平越来越高，人们的生活方式，娱乐方式越来越多样化，社会上的风气也影响到了中学校园。其中一个现象越来越严重，甚至给家长、老师、教育部门带来严重困扰，那就是中学生的早恋问题。爱情和婚姻是人生成长过程中的必经之路，对于成年人而言是再正常不过的事情，但是对于中学生来说，却不是可取的行为。中学生无论是生理上，还是心理上都不成熟，不具备恋爱的条件，不能认识到早恋所带来的后果。当代中学生以独生子女居多，得到父母的疼爱特别多，但是在青春期又会和父母产生代沟，感到自己不被理解，心里委屈，于是渴望另一种亲密关系。当代中学生营养丰富，身体成熟发育得也早。这些客观原因促使早恋问题产生了。从主观上来说，这也是中学生价值观扭曲的一种表现。中学生的目的是学习，通过学习为进入高等学校做准备，努力成为祖国未来需要的人才。然而一部分中学生对人生目的认识不清，甚至有种恋爱至上的错觉，早早踏入恋爱的泥潭，给人生造成了无法弥补的后果。

2.拒绝文化知识新的成长

拒绝文化知识新的成长是指中学生不爱学习，以及由此产生的厌学情绪。俗话说，干一行，爱一行。如果说学生是一种职业，那么学习就是学生的天职。一个人能够热爱自己从事的职业，不仅是职业道德的要求，也是成长成才的客观需要。作为学生本来应该是求知若渴，求知上进。然而在现实中，却有一部分学生出现了厌学的情绪。所谓的厌学，就是指学生的一种不良的学习心理状态，在这种心理状态下，学生对去学校上学，对学习生活都缺乏兴趣，甚至产生很严重的厌倦情绪、抵触情绪，对学习持非常冷漠的态度，这种不良心理状态会通过在学习过程中的各种不良行为表现出来。当前，在中学生里存在一些厌学情绪，这不仅仅是给教育工作者出的一个难题，而且还会给社会带来一定的危害，更严重的是影响到了青少年身心的健康发展。中学生厌学问题的产生，不仅仅有社会、家庭、学校等方面的客观原因。更重要的是中学生自身对人生理想的丧失。中学生应该努力学习,健康成长,成为社会主义的接班人,中国未来的建设者,而这一切,都需要努力学习。对人生理想的丧失,让中学生失去了学习的意义感,不能认清学习的重要作用,从而产生了厌学的消极情绪。

3.无原则的社会行为危机

无原则的社会行为危机,就是指中学生失去了道德准则,触碰了法律的红线,越过了法律道德的雷池,行为给社会造成危害,简单地说就是中学生犯罪。随着经济社会的不断发展,我国社会进入了经济转型时期,矛盾多发期,社会上犯罪率上升的同时,中学生犯罪的形势也越来越严峻。中学生犯罪固然有不良社会风气的影响,但从中学生自身而言,也存在很大的问题,主要是失去了人生准则,混淆了是非的观念,不知道什么是对的,什么是错的,什么是光荣的,什么是可耻的,由此产生了特殊的心理问题。中学生心理上的矛盾失衡容易引发犯罪,成为中学生犯罪的内在动因。中学生正处于青春期、发育期,在生理上、心理上、智力水平上、道德观念上尚不稳定。生理早熟和心理晚熟的矛盾,自主要求和依附父母的矛盾,个人生活需求和道德法治要求的矛盾,成为中学生成长过程中困扰他们的一个个难题。矛盾的失衡就会诱发犯罪。中学生法律知识的匮乏也是犯罪的重要原因。多数中学生犯罪了,甚至不知道是犯罪。原因就在于不具备相关法律知识,对法律根本不了解或者了解甚少,对自己犯罪行为的性质没有正确的认识,往往在冲动之下犯罪。孔子说:“不知礼,无以立”,现代社会中学生不懂得道德准则,法律规定就会失去行为的准则,自己违法犯罪了,都不知道,这样的犯罪是可悲的,源于无知,源于愚昧。

4.追求刺激盲目沾染毒品

毒品问题始终是国际社会关注的焦点问题。毒品和犯罪是一对孪生兄弟,如影随形,时刻相伴,社会危害特别大,社会影响特别坏。随着欧风美雨而来的，除了船坚炮利，就是鸦片毒品。新中国成立后，毒品一度绝迹。改革开放后，苍蝇蚊子也飞来了，毒品不仅在社会上蔓延，也进入了校园，中学生吸毒日益成为一个严重的社会问题。中学生吸毒的原因是多方面的。客观方面来说，一是受社会不良风气影响；二是缺乏辨别能力，交友不慎，被人拖下水；三是一些家庭问题的影响，如父母离异家庭，留守家庭，缺乏对子女关爱的家庭等本身存在问题的家庭环境影响。从主观方面来说，属于中学生人生态度的迷茫，不知道该如何面对和预防人生之中可能存在的危险，有的中学生不仅没有意识到危险，反而抱着游戏人生，追求刺激、攀比享受的心理而主动吸毒，造成家庭的悲剧，社会的负担，个人的万劫不复。如果中学生对人生能有正确的态度，积极健康地学习，学会抵御风险和陷阱，就可以避免危险，健康快乐地成长。

5.错误开启自我销毁模式

错误开启自我销毁模式是指中学生在错误人生观的指导下，误以为人生是虚无的，没有意义的，从而提前结束生命、自杀的行为。中学生正处于青春期，觉得自己已经长大了，因此对于自己的各方面能力有很大的期待，会格外在意自身的形象。然而在实际上，中学生还并不成熟，一旦自身的表现不能让别人满意，就会产生忧虑的情绪，担心他人对自己的看法，而有的心理脆弱的中学生会把这种担忧无限放大，却又没有办法得到排遣，最后就会心理崩溃，把自己压垮。这个时候，中学生可能会采取非常极端的做法，结束自己的生命。报纸上每年都有这方面的报道。中学生自杀已经成为一个非常值得注意的现象。有关方面的研究显示，中学生处于青春期，这也是人生之中心理和生理巨变的“惊涛骇浪期”。这个时期的中学生矛盾多，且内心封闭，特别是当自己内在的变化和外在环境发生矛盾冲突时，极易引发极端行为。外在环境主要是人际关系，比如亲子关系、师生关系、同学关系。同学的欺凌，老师的几句刻薄的话等都可能成为自杀的导火索，但是其中最为致命的矛盾冲突是亲子关系。假如说父母不能理解子女，甚至误解、打击他，这极有可能会成为压垮他们心理防线的最后一根稻草。

从中学生自身来说，自杀事件的产生和增多，很大程度上在于对人生及其价值缺乏正确的认识。一方面当代中学生以独生子女居多，得到各方面的关爱保护，也越来越有自我的存在感；另一方面来说，当代中学生对于人生的真正意义并不清楚，无法正确对待学习压力、生活压力、外部的批评，面对困难时会失去自我存在感，感觉不到自我，也感觉不到自身价值，就会试图通过自杀的错误方式，来对压力进行反抗，寻求虚幻的“解放”。有关专家研究发现，人生意义的匮乏感是引发自杀的直接原因，失去了人生的意义，使得自杀者在某一时刻真正下定决心结束生命，而且不论引发自杀者采取自杀行为的具体事件是什么，也不论自杀者属于哪一种人格的类型。世界上并没有什么灵丹妙药，可以使人在最坏的情况下还可以活下去，除非他认识到生命的意义，认识到他的生命是有意义的。一方面中学生的需求父母会尽力满足，另一方面中学生会对人生开始产生很多思考，他们对自己的追求还不明确，如果父母老师把好好学习、以后找个好工作的简单人生模式强加给他们，他们不觉得这是他们想要的，就会对自己存在的价值和意义产生怀疑。因此要加强中学生的人生意义教育，生命价值观教育，不让中学生走到悲剧的那一步。

6.中学生货币异化中的道德危局

异化是马克思提出来的，本意是指事物本来是为人服务的工具，最后人却被事物所奴役，做了物的奴隶。货币异化就是指，本来货币、财富、金钱是为了人的幸福生活服务的，是追求物质幸福的手段，但是最后手段成为目的，人却做了货币、金钱的奴隶。中学生货币异化的主要表现就是拜金主义。拜金主义古已有之，并不是个新鲜事物。拜金主义者对金钱痴迷到了极点，为了金钱甚至可以不顾一切。正如马克思曾经指出的，资本家为了百分之百的利润敢于冒着上绞刑架的危险，践踏人世间一切道德和法律。拜金主义者在生活中时时刻刻只想获取金钱，不择手段只是为了尽可能多地获得金钱，并且认为金钱是万能的，甚至宁可为了金钱而牺牲其他一切人生美好的东西。从一定意义来说，拜金主义是一种思想道德观念的心理扭曲，把金钱当成是衡量一切行为准则的标准。改革开放以来，拜金主义有抬头趋势，一些人迷失了自我，陷入拜金主义泥潭，这股拜金之风越来越烈。一些中学生思想道德意识观念薄弱，面对拜金主义思潮，分辨不清，看不透，看不破，缺乏正确的认识，产生了种种拜金之举。有的中学生违反中学生管理规定和道德，违规替同学写作业收取报酬。有的中学生为了金钱，出卖人格尊严，甚至走上违法犯罪的道路。这与中学生思想认识薄弱有直接关系。金钱的本质是货币，是用于交换的商品，体现的是人类劳动的价值。古话说得好，君子爱财取之有道。金钱是财富的象征，财富可以让物质生活更美好，对财富的向往和追求本来无可厚非。拜金主义错就错在为了钱，不顾一切，甚至践踏法律道德。因此中学生要对金钱有正确的观念，不能盲目崇拜。

7.中学生感官沉迷后的人性困境

沉迷在感官刺激中，就会滋生各种罪恶。中学生感官沉迷是享乐主义的表现，会把人的道德降低到和动物一样的地步，严重丧失人性的美好与高尚。享乐主义又叫伊壁鸠鲁主义，原本是一种哲学思想，这种思想认为，享乐是人生最重要的追求。在这种价值观的指导下，就会使人精神上懈怠、事业上不思进取、工作上追名逐利、生活上贪图享受、行为上讲究排场、玩风盛行；就会消沉意志、动摇信念，把及时行乐的观念当作自己做人的哲学。就会极端追求物质上的享受，玩物丧志，在花天酒地中沉溺，在灯红酒绿中留恋，在声色犬马中放纵；就会安于现状，不愿艰苦奋斗，骄傲自满，满足于现有水平，陶醉于过去的成绩，没有新目标、新动力，得过且过，优哉游哉。中学生享乐主义主要表现在，在吃喝玩乐中沉溺，不思进取，不求上进，不讲究学问，而讲究穿名牌，吃山珍海味，玩高档游戏。有关的新闻报道让人触目惊心，非常痛心于中学生价值观念的扭曲。人类对美好生活的向往，对幸福快乐的追求都是可以理解的。然而正如古人说的，君子有所为，有所不为。不能为了物质享乐，感官刺激而丧失理想信念，道德观念。高尚的精神，道德的观念，正确的行为才是人生永远不竭的快乐源泉。

（二）中学生的主流价值观意识浓度降低

随着改革开放的深入发展，中学生的生活环境发生了深刻的变化，由原来封闭型空间变为开放型空间。随着开放而来的是多元文化和多元价值观念的大规模涌入，在中学生价值观形成的过程中，就会受到多元文化和多种价值观念的冲击，而社会主义主流价值观的影响，就不再是唯一的影响因素。

其一，集体主义观念受到冲击。中学生会在集体主义观念和个人主义观念的选择上产生困惑。一方面集体主义是社会主义主流价值标准，另一方面在市场经济条件下、现实生活中负面现象的影响下，中学生容易对集体主义价值观产生怀疑，而对个人主义产生认可，在个人主义与集体主义的判断选择上很不坚定，在个人主义与集体主义选择之间摇摆不定。在观念上往往认同要坚持集体主义第一的原则，但是在实际行动和现实选择中，又往往会把个人利益摆在第一位，造成思想认识与个人行为的严重脱节。

其二，社会主义共同理想的观念受到冲击。中学生正处在人生的花样年华，对社会主义共同理想有着许多真诚美好的愿望，特别是当今社会倡导的实现中华民族伟大复兴的中国梦，他们充满了豪情壮志。然而在现实生活中，他们遇到的是上学难、看病难、住房难等与他们内心理想的社会相悖的情况，让他们对未来将要步入的社会产生怀疑、不信任，认为社会是残酷无情的现实世界，继而他们就会对社会主义共同理想产生怀疑。中学生还未成年或刚刚成年，他们希望自己从干净的校园走出去以后，即将步入的社会是“自由、平等、公正、法治”的美好世界。在多元文化思潮的冲击下，在现实社会中不良现象与社会理想的反差、碰撞下，中学生就会对主流价值观产生怀疑困惑。

（三）中学生价值判断与选择迷茫

伴随着中学生自我意识的觉醒，在多元文化的环境下他们面对的选择越来越多，但是中学生在思想上还不成熟，他们在面临价值判断的时候，会受到方方面面因素的影响，因而难以独立做出自己正确的判断。一些中学生有从众心理会遵从多数人的意见；一些中学生会迷信所谓权威人士的观点；一些中学生本本主义严重，盲从书本上的条条框框；一些中学生认为父母的看法都是对的，这充分说明影响中学生的外部因素有很多。在多个观点、意见、说法打架时，就容易陷入“公说公有理，婆说婆有理”的迷潭，失去正确的判断和标准。部分中学生在多元文化的影响下，容易盲目崇拜外来文化，否定甚至抛弃社会主流文化，形成价值判断的失误，导致做出错误的价值选择。中学生对反映社会主义主流意识形态的书籍、电影不是很感兴趣，对《哈利·波特》《纳尼亚传奇》《魔戒》《星球大战》等反映西方意识形态的书籍、电影却有浓厚兴趣。长期发展下去，容易导致中学生对西方文化盲目崇拜，模糊价值观正确与否的界限，在价值选择时产生迷茫。另外，中学生价值观的形成是需要很长的时间教育熏陶，并且不断地强化个性心理的累积过程。人的思想观念不是一成不变的。一种价值取向如果与周围人所持的价值观相同相似，就容易得到不断的强化；如果这种价值取向跟周围的环境格格不入，就可能受环境影响随环境发生变化。在文化多元化环境中，社会上各种价值观大行其道，似乎都有其存在的道理，这就使中学生容易产生价值相对论，难以坚持单一的主流价值体系，从而造成中学生价值判断困惑和价值选择迷茫。

（四）在价值观教育中对中学生主体地位重视不够

"以人为本"的现代教育理念，必然要求在中学价值观教育中突出中学生的中心和主体地位。然而在当前的中学价值观教育中，应该说较为普遍地存在着忽视中学生身心发展的特殊性，忽视中学生自身的独特发展要求，忽视中学生的实际情况，搞"一刀切"的不良现象，这可以说在实际上造成了受教育者的"缺席""空场"。在价值观教育中，没有深入研究到教育对象的实际情况，没有注意区分不同阶段的青少年在价值观形成中的特性，没有区别对待，而是"一视同仁"，那必然是难以取得良好效果的。实际上，中学生价值观的形成是有章可循的。在中学生接受价值观教育时，不再仅仅是被盲目灌输的对象，事实上在某种程度上也参与到了价值观的创造和发展的过程之中，是一定意义上的"创造者"。教育评价理论将中学生对价值观念的接受看作是由"接受、反应、估价、组织、性格化"等五个环节组成的一个连续体，认为"在这个连续体的最低层次上，学生仅仅察觉到某一现象，只能感觉它。在下一个较高层次上，学生开始留心该现象。接下去，他们有感情地对现象作出反应。再接下去，他们离开寻常生活方式来对现象作出反应。然后，他们把行为和感受加以观念化，并组成一种人生观的时候，即达到了高潮"①。一个中学生关于某类事物的价值认识、价值体验乃至价值情感，一旦被实践所证实，被他人或社会所认可，就会在他的头脑中得以强化。久而久之，经过多次反复和加工抽象，就会成为一种固定的看法与态度，形成一种新的价值观。即使是接受现成的价值观，那也是一个能动的过程。由此可见，中学生主体能动性的发挥有助于价值观教育取得良好效果。而在以往乃至当下中学生

① ［美］B.S.布卢姆等：《教育评价》，邱渊等译，华东师范大学出版社，1987 年，第 486 页。

的价值观教育中，中学教育工作者对中学生的主体地位及其能动性的发挥重视程度还远远不够，这既是中学生价值观教育中存在的严重问题，也是导致价值观教育效果差的原因。

（五）价值观教育理念滞后

长期以来，关于价值观的话题具有一定的敏感性，因而导致了相关的教育管理工作也比较趋于保守，不敢去越雷池半步。价值观教育的理念与意识相对而言，有些落后于整个中学教育的改革、创新和实践，在诸多方面存在谨小慎微的心理，十分缺乏勇于探索的精神，常常就事论事消极盲目应对，没有积极的全局思维。甚至于产生了矛盾的心态，一方面对主流话语应该随着社会转型而改变表示赞同与肯定，希望有更积极的观念与意识；另一方面又对价值观教育的改革表示怀疑与否定。这反映出一些学校德育工作者总是处在一种迟缓的、不协调的被动适应过程中。而思维敏捷、观念开放的中学生，思想包袱较少，再加上青春期叛逆的天性，使得他们更乐于接受新事物，结果导致价值观教育理念与中学生价值观距离拉得更远，价值观教育理念远远滞后于当前的教育管理实践。

二、多元文化背景下中学生价值观教育现状的原因

凡是研究一个问题，仅仅知道问题的现象还远远不够，还要知道现象背后的原因，知道现象背后的所以然。因此在对中学生价值观现状进行分析之后，还要对现状产生的原因进行深刻的剖析，分析现象产生的原因。懂得了现象背后的原因原理，解决问题就成功了一半。俗话说得好，认识问题是解决问题的基础，搞懂问题就成功了一半。因此必须注意对问题的深层次原因进行理论分析。

（一）中学教师价值观多元化之误

中学生的引路人就是教育工作者。教育工作者往往会从自己的价值立场出发，向中学生传授知识，从事教育工作。而教育工作者的价值观受到多元文化环境影响，不一定完全符合主流的价值观。而且教育工作又一定是包含某种价值取向的，教育不仅要向中学生陈述基本事实，回答事物是什么的问题，还要告诉中学生为什么，怎么样，在问题里面必然包含着对事物价值的判断，即该事物对人是否有价值的问题。在社会主义中国，教育工作者在对学生进行价值观教育时，一定要传授社会主义主流价值观。但在文化多元化的背景下，教育工作者的价值观也可能是多元化的，在传授价值观时就有可能会出现多元化的情况，从而影响到中学生对社会主义主流价值观的认可和接受。个别教师在课堂上公然提出和中学课本上不一样的观点，这必然会导致中学生对社会主义主流价值观的困惑和怀疑。

（二）中学作为主流价值观教育阵地受到冲击

每个人最终都会形成自己的价值取向，建立相对稳定的价值观，这取决于他（她）对文化信息的选择。但是这需要一个前提，可供选择的范围。改革开放以前，在相对封闭的文化环境里，社会主义主流价值观无处不在，而其他文化价值观缺乏传播的渠道，因而难以与社会主义主流价值观相匹敌抗衡，中学生很少有其他的选择。因而无论我们采取什么样的教育方法，都容易得到他们的认可与接受。改革开放后，多元文化涌进国门，多种文化并存，既有本国的各种文化，也有西方文化，日韩文化，伊斯兰文化，中学生有了接触不同文化的机会。因此，中学生不一定选择接受我国社会主义主流文化价值观，这就加大了主流价值观教育的难度。而科技的发展给中学生带来了获取信息渠道的多样化，广播、电影、电视、报纸杂志等广泛利用，都会使中学生对教育信息的选择产生影响。同时中学生随着年龄的增加,知识的不断丰富,生理和心理逐渐成熟,自我意识、主体意识也越来越强,客观上加大了中学生对教育信息的自主选择意识,从而削弱了过去“灌输”式教育的效果,降低了中学生对主流价值观教育的认同度,给中学生价值观教育带来巨大的危机和挑战。

(三)中学德育传统灌输式方法效果被削弱

受苏联教育影响,我国长期以来对中学生价值观教育采取的是“灌输”式的方法。这种方法以对中学生采取知识灌输为主要特征,强调的是教育者的主导地位,是教育“主知主义”(即在教育中强调,知识是教育的主要目的,知识的传授是教育的主要活动)和教师“威权”意识的体现。在历史上这种方式对于人类文明的传承起过重大作用。在相对封闭的特殊环境里,这种教育方式非常奏效,是教育取得效果的前提。在文化多元化的环境中,存在各种不一样的价值观,其中必然会有与中学老师所传授的不一致的价值观,中学生通过对不同价值观判断,而选择接受其中一种价值观作为人生准则。“灌输式”教育方式忽视了中学生价值观选择的主动性,忽视了中学生在价值观教育的过程中的个人意识。中学生的思想有很强的可塑性,但绝不是完全被动地全盘地接受,不可能像有人所说的,教师只要准备好的工具和教授的材料,把理论灌输给他们学生就够了。事实证明,在多元文化环境中,教师如果只是单纯地采用“灌输”式的说教,不但达不到应有的教育效果,还会引起中学生强烈的逆反心理。特别是价值观教育,不同于简单的知识教育,知识教育主要引导受教育者认识客观世界,掌握科学文化知识,教师只要进行一定的知识“灌输”,就可以轻松地达到目的。价值观教育的范畴,是建立在事实认知基础上,引导受教育者判断和选择价值的活动过程,涉及心理与情感,不可能靠简单的“灌输”来实现。由此可见,在多元文化环境下,以“灌输”式为主要代表的传统价值观教育方式显示出其局限性,价值观教育难度增加,价值观教育面临重大挑战。

(四)社会环境中不良道德风气影响

当今中国正处于改革开放的新时期,也是与外国经济和文化交流的频繁时期,又面临经济体制转型。外来文化造成的多元文化环境,在一定程度上冲击了人们传统的一些价值观念,造成人们对道德评价标准的失衡,道德水准的下滑,社会道德风尚的缺失。主要表现为,第一,诚信缺失。诚实守信一直是中华民族的传统美德,孔子云:“人而无信,不知其可也”(《论语·为政》),又云:“自古皆有死,民无信不立”(《论语·颜渊》)。这些传统名言充分说明了诚实守信的重要性,在传统社会,人们思想单纯,也非常认同诚信的作用。文化多元导致价值多元,人们在追求现实利益的过程中,可能会忽视诚信,导致社会风气拜金主义严重,缺乏良好风尚。第二,职业道德缺失。遵守职业道德有助于维护和提高行业的信誉,促进行业的发展。可以有助于职业从业人员内部以及从业人员与服务对象之间的关系。然而受价值多元影响,出现了医生收受红包,药品回扣;商人制假售假;警察知法犯法、包庇罪犯;官员行贿受贿、行政不作为等职业道德严重失范、严重缺失的丑恶现象。第三,社会责任感缺失。事不关己,高高挂起,对于社会消极漠视。

(五)家庭环境氛围中亲情观念变淡

俄国大文豪列夫·托尔斯泰曾经说过一句名言:“幸福的家庭都是相似的,不幸的家庭各有各的不幸。”现代社会学的研究发现这句话是非常有道理的。有关研究表明,健康的家庭是有规律的,并且有一些共同特征,如家庭成员对家庭具有认同感、默契度与责任感。重视一家人欢聚一堂的时间,重视一家人共同的家庭活动;家庭成员之间互相尊重、互相悦纳、彼此欣赏、彼此赞美、彼此鼓励;家庭内部成员互相之间有着良好的沟通方式。过去中国家庭恪守长幼有序、夫妇有别、父慈子孝的传统家庭伦理道德,四代同堂,甚至五代同堂,兄弟娶亲不分家,一大家族人其乐融融。受多元文化影响,家庭不和谐因素在增加,不幸的家庭在增多。具体而言有婆媳矛盾,传统婆媳观念受到挑战;亲子矛盾,父子责善,互相不理解;夫妻矛盾,爱与被爱的矛盾;离婚率上升,盲目追求所谓真爱导致婚外恋,家庭责任意识缺失,婚姻契约精神的薄弱等各种不良现象。这些家庭的不和谐因素都会影响生活在其间的中学生的价值观的形成。

(六)校园文化环境中消极文化蔓延

校园消极文化是相对于校园积极健康文化而言的。校园积极健康的文化指的是乐观向上,勤学苦练,学而不厌,诲人不倦的正向文化。校园消极文化则是指对人的心理和行为产生消极负面作用的校园文化。如不按时上课、无故旷课缺课、考试作弊、不遵守校园行为规范、剽窃抄袭他人的作业、打架斗殴、自残自杀,吸烟、打牌、喝酒、沉迷网络游戏、沉溺于庸俗文化等。校园消极文化一直以来都是困扰中学生德育工作的校园顽疾,成为建设先进健康校园文化道路上的桎梏,在当代中国究其原因与多元文化有很大关系。随着经济全球化,对外开放深入,文化多元化,这些奇装异服现象已经司空见惯,见怪不怪了。现代的校园并不是封闭的而是开放的,社会上的风气都会传到校园中来。在当今复杂的文化环境下,社会进入了一个价值多元化、文化多元化的时代,多种价值观共同存在。乱花渐欲迷人眼,人们眼花缭乱,不知道如何判断选择。外国多种文化现象的出现,造成了不同文化和价值观念之间的碰撞,引起人们思想上的混乱。特别是对于世界观、人生观、价值观还不成熟的中学生来说,更是晕头转向,难于判断选择,各种消极文化现象就在中学里出现了,而且具有相当的传染性,这与中学生好模仿,好追风,赶潮流，缺乏辨别能力的特点又是紧密联系在一起的。

三、多元文化背景下中学生价值观教育的目标

习近平指出："要全面贯彻党的教育方针，落实立德树人根本任务，发展素质教育，推进教育公平，培养德智体美全面发展的社会主义建设者和接班人。"[①]《管子》载有"一年之计，莫如树谷；十年之计，莫如树木；终身之计，莫如树人"。由此可见，我国古代教育都遵循"立德树人"的教育理念。从古至今，"价值观教育"在我国道德教育中占有非常重要的地位。中学生价值观教育的目标，大而言之就是培养好社会主义接班人，对中学生而言就是树立正确的世界观、人生观、价值观，成长为合格的公民。

（一）提升中学生核心素养，促进中学生全面发展

价值观在人生追求、左右人的思维方面，起着支配作用。从深度而言，决定着主体行为，在多数情况下，会帮助人在是非、善恶、美丑方面做出选择。价值观在个人成长方面起着至关重要的作用，尤其是对中学生而言，能否成为国家的栋梁，能否实现自己的人生价值，拥有正确的价值观是首要前提。开展中学生价值观教育研究，从中学生个人健康成长角度而言，其重要意义不言而喻。进入新世纪，社会主义事业蓬勃发展，世界的变化日新月异，这对中学生的成长成才提出了更高的要求。不仅是德智体全面发展的，也不仅是有理想有道德有文化有纪律的，还应该是具有很高的核心素养的。核心素养体现的是核心素质、核心能力、核心修养，是衡量一个学生是否全面发展的重要标志，具有特别重要的时代意义。中学生作为祖国的明天，家庭的希望，

① 《习近平谈治国理政》（第三卷），外文出版社，2020 年，第 36 页。

社会主义的未来，肩负着实现中华民族伟大复兴的历史重任，这要求中学生必须是高素质的、高水平的、高能力的、全面发展的、核心素养过硬的。思想道德修养作为核心素养的重要组成部分，充分体现了核心素养的水平，在中学生成长成才中无疑具有十分重要的作用。加强思想道德修养，加强价值观教育，能够提升中学生的核心素养。这是因为，正确的价值观可以让中学生引导自己的生活和学习，为中学生健康成长，迈向成才奠定坚实的基础。价值观会影响人的活动，对人具有十分重要的指向作用。正确的价值观能促进人的发展，错误的价值观则会把人引入歧途，引入深渊。人的健康分为身体健康和心理健康。身体要健康必须加强体育锻炼。心理要健康必须提高心理素质。良好的心理素质从哪里来？从正确的思想观念中来。世界观、人生观、价值观正确，无疑有利于防范各种消极思想引发的不良情绪，有助于促进身心健康。《国家中长期教育改革和发展规划纲要（2010—2020年）》指出："把减负落实到中小学教育全过程，促进学生生动活泼学习、健康快乐成长。"加强中学生价值观教育，充分发挥价值观的重要引导作用，把中学生的头脑用正确的价值观武装起来，无疑有助于提高中学生道德修养，提高中学生核心素养，促进中学生的健康成长。

《国家中长期教育改革和发展规划纲要（2010—2020年）》指出："坚持全面发展。全面加强和改进德育、智育、体育、美育。促进德育、智育、体育、美育有机融合，提高学生综合素质，使学生成为德智体美全面发展的社会主义建设者和接班人。"中国古代教育家孔子曾经说过一句话，大概可以算得上是全面发展教育思想的萌芽，他说："君子不器"。意思就是有道德修养的君子，不像器物一样，只有某一方面的用途。从孔子教授学生六艺的实践来看，孔子培养的是全面发展的人才，能文能武，能骑能射。在当代中国，社会主义培养的人才也应该是全面发展的。全面发展不仅指掌握很多具体的技能，也应该包括良好的思维品质，良好的思想道德。《国家教育事业发展"十三五"规划》指出:“坚持立德树人。把立德树人作为教育的根本任务,培养德智体美全面发展的社会主义建设者和接班人。”加强中学生价值观教育,对促进中学生全面发展十分有利。正如马克思所深刻指出的,全面发展是人的本质的对象化,全面发展的主体是社会的所有成员,全面发展最终将成为人的根本权利,由于人的本质具有多方面的规定性,人的全面发展在马克思那里也表现出多方面的规定性,即作为类存在时,人的劳动活动的全面发展;作为社会存在物时,人的社会关系的全面发展;作为完整的个体的人时,人的个性和潜能的全面发展。[①]人的全面发展关系个人命运前途,因而是每个人的权利,毫无疑问也是中学生的权利。人的全面发展关系到社会的发展进步,因而是每个人的义务,当然也是中学生的义务。进行价值观教育是中学生全面发展权利得到实现的保证,也是中学生全面发展义务得到履行的保障。

(二)培养国家有用人才,保持国家稳定发展

大到一个国家、一个民族、一个社会的发展,小到一个企业、一个公司,一个单位的发展都离不开人才,都需要人才。千军易得一将难求,人才是非常难得,非常宝贵的。21 世纪的竞争是科技的竞争,是经济的竞争,是综合国力的竞争,归根到底,最终都是人才的竞争。《国家教育事业发展“十三五”规划》指出:“人才成就未来,教育成就梦想。人才和人力是国家最大的资源,今天培养的人才将是实现第二个百年奋斗目标的主力军。”人才是发展的基础,有人才就有竞争的资本,没有人才、缺乏人才就会影响社会的发展。社会主义建设需要人才,关键还是得靠自己培养。要培养人才就必须具有正确价值观的引导。当代中学生作为国家发展的后备军,肩负着未来建设社会主义祖国的重大历史使命。中学生要努力成为建设祖国的栋梁之材,就必须具有正

① 参见《马克思恩格斯选集》(第一卷),人民出版社,1995 年,第 47 页。

确的价值观。社会主义的人才，就是拥有一定的才干，能够为国家、民族、社会做出贡献的人。邓小平就非常关心人才，他认为人才是解放和发展社会生产力的关键。要解放和发展生产力就必须提高劳动者的素质，加强人才培养，激发人们的积极性、主动性和创造性。人才建设关系我国社会主义经济建设的成败。正确的价值观能够激发中学生成长成才的热情，能够点燃中学生内在的成长成才火焰，能够促进中学生早成才、快成才。价值观教育可以促进中学生思想道德修养的跨越式发展，从而更好地实现成长成才。而中学生的成长成才对于维护我国经济社会长远发展、健康发展，又具有非常重要的意义和作用。

（三）落实社会主义核心价值体系教育

2006 年 10 月，党的十六届六中全会通过的《中共中央关于构建社会主义和谐社会若干重大问题的决定》，第一次明确提出了“建设社会主义核心价值体系”[①]这个重大命题和战略任务。社会主义核心价值体系包括四个方面的基本内容，即马克思主义指导思想、中国特色社会主义共同理想、以爱国主义为核心的民族精神和以改革创新为核心的时代精神、社会主义荣辱观。党的十八大首次提出，要“倡导富强、民主、文明、和谐，倡导自由、平等、公正、法治，倡导爱国、敬业、诚信、友善，积极培育和践行社会主义核心价值观”[②]。而在党的十九大报告中指出：“培育和践行社会主义核心价值观。社会主义核心价值观是当代中国精神的集中体现，凝结着全体人民共同的价值追求。”[③]

---

① 中国共产党第十六届中央委员会：《中共中央关于构建社会主义和谐社会若干重大问题的决定》，《求是》，2006 年第 20 期。

② 《关于培育和践行社会主义核心价值观的意见》，《人民日报》，2013 年 12 月 24 日。

③ 《习近平谈治国理政》（第三卷），外文出版社，2020 年，第 33 页。

1.马克思主义的原理教育

马克思主义是无产阶级解放的科学，是认识世界和改造世界的强大思想武器。自从马克思主义诞生以来,马克思主义已经对世界产生了广泛而深刻的影响。马克思主义包括三个部分,政治经济学、马克思主义哲学和科学社会主义。这三个部分是有机结合的。对中学生进行马克思主义教育,应该立足马克思主义基本原理、基本观点，特别是辩证唯物主义和历史唯物主义。这是认识论的重要思想武器,具有方法论的重要意义。中学生学会了辩证唯物主义,就懂得了运用矛盾的观点来认识问题、分析问题、解决问题,就不会害怕困难,害怕矛盾,因为他们懂得了世界时时刻刻都处在运动变化中的道理,懂得了矛盾无时不在,无处不在,从而以更加积极的心态面对生活、学习中的困难。中学生学会了历史唯物主义,才能树立人民群众是历史创造者的观念,从而勇敢打破对于英雄人物崇拜的迷梦,才能正确认识历史发展的规律,从而自觉站在人民群众的立场,努力发奋,报效祖国人民,建设美好生活。

2.社会主义共同理想教育

与以往的原始社会、奴隶制度、封建制度、资本主义制度不同,社会主义制度是全新的社会制度,是人类历史上的一个巨大进步。我国处在并且将长期处在社会主义初级阶段,这就是当前的基本国情。因此对中学生进行社会主义共同理想教育就显得非常重要。要让中学生认识到共产主义最高理想和当前社会主义初级阶段的统一。社会主义初级阶段是通向共产主义社会的必由之路,换句话说社会主义是当代的共产主义,是共产主义社会的不发达阶段,是共产主义社会在现当代的具体体现。社会主义制度是中国人民做出的历史选择,是能够符合现在中国国情的一种社会制度。再好的制度,都有一个被中学生了解和接受的过程。因此不仅要教育中学生知道社会主义的过去,懂得社会主义的现在,而且还要教育中学生明白社会主义的将来。

使中学生对社会主义有全面深刻的了解和认识，懂得社会主义的来龙去脉，从而发自内心热爱社会主义，拥护社会主义，自觉做社会主义的建设者和接班人。毛泽东曾经指出："新的社会制度还刚刚建立，还需要一个巩固的时间。不能认为新制度一旦建立起来就完全巩固了，那是不可能的。需要逐步地巩固。要使它最后巩固起来。"[①]这也正是非常坚决毫不犹豫地强调在中学生中要加强社会主义共同理想教育的原因。

3.民族精神、时代精神教育

在辉煌的中华五千年历史文明中，中华民族形成了以爱国主义为核心的团结统一、爱好和平、勤劳勇敢、自强不息的伟大民族精神。民族精神是民族的血脉，是精神的根基，因此必须将民族精神贯穿于中学生价值观教育之中。爱国主义要求中学生热爱自己的祖国，热爱自己的家乡，心中有祖国，时刻关注国家民族的未来，并将爱国热情化为努力学习的动力，具有强烈的民族自豪感和自信心。勤奋学习，做一个勤劳的人，一勤天下无难事。勇敢地面对生活中的困难、挫折、挑战和一切不如意的事情。面对问题的时候，不回避，不逃避，不气馁。勇于发现问题，解决问题，在与困难的斗争中成长进步。天行健，君子自强不息。中学生人生不会一帆风顺，肯定会有风风雨雨，必须乐观处之，自强不息。

在当代改革开放的新时期，中华民族又形成了勇于改革、敢于创新的时代精神。这就要求中学生敢于打破陈规陋习、打破旧思维、旧框框的束缚，对自己的各方面进行改进。时代是变化发展的，特别是在互联网时代，过去先进的东西，现在可能不先进；过去科学的东西，现在可能就不那么科学。比如学习方法，中学生是从小学生过来的，小学使用过的学习方法，可能对于中学的学习就不适应，因此中学生要勇于革新方法。俗话说，不破不立。破是为

---

① 《毛泽东文集》（第七卷），人民出版社，1999 年，第 268 页。

了立。立,破就在其中。打破旧方法,代替以新方法。要学会创新,善于创新,勇于创新。如果中学生能够对非常熟悉的事物想一想创新的方法,就一定可以让自己的思维少一分束缚,多一分活力,从而成为创新的达人,更加符合未来社会发展的需要。

4.社会主义荣辱观的教育

一个社会要稳定和谐,很大程度是依赖于社会成员正确的价值判断和价值选择。什么是美的,什么是丑的;什么是真的,什么是假的;什么是高尚的,什么是低劣的;什么是光荣的,什么是可耻的。必须有一个判断,并且在判断的基础上做出行为的选择。如果判断的不正确,或者没有正确的判断依据,就会做出错误的选择。社会主义荣辱观概括起来就是"八荣八耻",即以热爱祖国为荣、以危害祖国为耻,以服务人民为荣、以背离人民为耻,以崇尚科学为荣、以愚昧无知为耻,以辛勤劳动为荣、以好逸恶劳为耻,以团结互助为荣、以损人利己为耻,以诚实守信为荣、以见利忘义为耻,以遵纪守法为荣、以违法乱纪为耻,以艰苦奋斗为荣、以骄奢淫逸为耻。中学生正处于人生观,世界观和价值观的形成阶段,树立社会主义荣辱观,对于他们健康成长非常重要,对于他们能够做出正确的价值判断、价值选择有着十分重要的意义。一定要教育中学生明确是非的界限,对是非善恶、真善美丑有一个明确的标准,从而自觉站在人民的立场,才能实现自身的个人价值和社会价值。

四、多元文化背景下中学生价值观教育的对策

马克思曾经说过,哲学家不仅仅是解释世界,问题在于改变世界。对国家而言,正确的价值观能够影响社会风尚积极向上,维护社会和谐发展,对个体而言,它是促进个体健康成长的重要保障,因此必须把价值观教育放在至关重要的位置。但就其本质而言,从属于社会范畴,应当随着社会发展而

与时俱进。价值观教育的方式方法也应该是与时俱进的,也必须是时时创新的。如果只是认识到了中学生价值观教育存在的问题,那是远远不够的,必须提出改进的方法。

(一)创新中学生价值观教育指导理念

1.尊重学生主体地位,自觉以人为本

进入新时代,要求教育工作者用新的科学方法对待学生和教育。习近平新时代中国特色社会主义思想是科学的理论,是党的理论的新发展,是马克思主义中国化的新成果,对于指导新形势下的教育工作,具有重要的意义。这一科学理论要求以人为本。在中学生价值观教育过程中就必须充分尊重学生,承认学生在学习中的主体地位,牢固树立以学生为本的教学理念。必须用发展的眼光来看待学生。作为教育工作者, 不能总是用老眼光看待学生,传统的教学理念应该改一改了。教育科学已经表明,学生是处于发展过程中的人。在学生持续的发展、不断的变化过程中,教育工作者要充分信任每一位学生,能够找到学生身上的优点和闪光之处,正确面对学生的缺点和错误,对学生充满宽容之心,对教育好学生充满信心。就能够开辟教育教学新境界,提高中学生价值观教育的水平和能力。

2.积极参加实践活动,树立实践理念

俗话说实践出真知。人类就是在不断探索周围世界的实践中获得知识的。中学生在成长过程中,也是不断实践才掌握知识发展能力的。要培养中学生良好的价值观,也需要在实践中提高,这是有一定科学依据的。美国教育家杜威认为,人们要走进社会,加入真实的生活中去,才能获得身心的成长,经验的改造,这也是人们成长的正当途径。所以教育工作者要把简单的教授知识的课堂,转变为学生实践活动的乐园,积极引导中学生自愿地投入实践活动,从实践活动中潜移默化地,润物细无声的养成品德,获得科学知

识，树立正确的价值观，从而实现生活、生长和经验的改造。这就需要教育部门，积极主动地多多开展实践活动，让每个中学生都有机会在实践中成长。牢固树立实践的教育理念，用教育的理论联系实际，针对中学生价值观培养中出现的新问题新情况，在实践中发现问题，在实践中解决问题，在实践中提高认识问题、破解问题的能力。

（二）加强中学生价值观教育队伍建设

1.德才兼备，做好教师工作

要搞好中学生的德育工作，离不开高素质的教师队伍。中学教师对中学生价值观的引领、培养、教育显得格外重要。中学生和教师在一起的时间比和父母在一起的时间还多，中学教师的一言一行都会对中学生产生潜移默化的深远影响，因此必须注意教师工作。李克强就曾经说过：“最重要的教育资源不是楼房、不是课桌，而是教师。”[①]抓住了教师这个关键，就能够起到事半功倍的效果。教师不仅要做中学生知识的引路人，更应该是中学生道德品德的模范、楷模。中学生身心还不成熟，模仿性很强，模仿教师言行的可能性极大。德才兼备应该是对每个教师的要求。所谓的德，就是职业道德，家庭美德，社会公德，个人品德。要严格把好教师的道德关。所谓的才，就是才能，才干，就是教师的业务素质，专业素养，专业能力。有德无才，没有能力做好中学生教育工作；有才无德破坏更大，学生会模仿教师的行为，成为一个缺乏道德修养的人，未来走上社会不仅不能发挥正能量，恐怕还会危害社会。因此对于教师的道德素质和专业素质，两头都要抓，两头都要硬。

2.能力提升，开展教师培训

教师培训具有非常重要的意义，这是对教师的一种保护。在培训中，让

---

① 李克强：《教师永远是最受尊敬的职业》，《人民日报》（海外版），2013年9月10日。

教师得到身心的休憩与调整。培训能开阔教师的眼界,将教师从庸常的、枯燥琐碎的日常事务中暂时解放出来,让疲惫的身体得到休息,让疲倦的头脑得到放松。正如浙江省特级教师肖培东在文章《我要这样生活》中说道:“嘶哑的喉咙里,永远唱不出清亮的高音。病牛犁不出好田,荒土种不出茂盛。我干瘪的眼神,是上不好感动的好课的。”[①]休憩之后的教师充满力量,步伐能够坚实起来。一个疲于奔命的教师在教学上是无法全心投入、直道而行的,就算有天大本事也发挥不出来,所以培训休整十分必要。

教师培训也是一个验证经验是否正确的机会。就像中国古代的学者,在学问是大彻大悟之后必定找一个大师来印证自己的彻悟是否合理。普通教师很少有机会和名师面对面近距离地交流,培训是良好契机,可以求教名师,验证教师的课堂教学得不得法,专业发展方向正确不正确。如果发现与名师是契合的,就会满怀信心继续前行,并逐渐使之臻于完善。如果发现不对头,错误了,走偏了就可以毅然决然地摒弃,及时调整前进的方向。不怕慢,走得慢一点儿也不可怕,怕的是走错方向,缘木求鱼,南辕北辙,就会渐行渐远,走入误区还浑然不自知。走对方向才能事半功倍的搞好中学生的教育工作。从这个意义上来说,教师培训具有方法论的重要意义。教育培训在纠偏的过程中,也就提高了教育教学的效率效果。教师培训就是提高教育生产力。长期从事一线教学,繁重的教学任务让老师们疲于应对,也渐渐地让其与教育理论、教学理论发展的最前沿脱节。无法运用最新教育科学、心理科学的研究成果,提高教育生产力。教师培训可以帮助他们补上这一课,顺利完成与最新前沿教育科学的接轨,从而保证了教师的教育、教学不与时代脱轨,并且获得效率上的极大提高,从而提高中学生价值观教育的效果。

---

① 肖培东:《我要这样生活》,《人民教育》,2013 年第 9 期。

（三）优化中学生价值观教育环境

1.发挥优势，和谐家庭氛围

中学生是家庭里出生长大的，不同的家庭环境塑造了不同的性格特征、能力兴趣。不论家庭环境是好还是不好，都会对中学生产生非常深刻的影响。这种影响是学校无法代替的。一个良好的家庭环境，可以促进中学生健康成长；一个恶劣的家庭环境，会阻碍中学生的发展成长，甚至将中学生的才能扼杀在摇篮里。中学生未来是成为杰出人才还是成为犯罪分子，家庭都具有不可推卸的责任。搞好家庭环境，为中学生成长成才创造良好的条件，是每一个家长义不容辞的责任。然而因为每个家庭的具体情况不同，每位家长的能力素质不同，各个家庭对中学生进行价值观教育时，毫无疑问就会受到自身各种条件的限制，就会采取不一样的方法，不一样的内容。这就需要从中把握住一些规律性的东西，能够运用到不同的家庭，让家长都可以做到。运用这些规律要求家长必须具备一定的知识水平，并且在实践的过程中不断提高能力。

家长可以营造良好的家庭氛围，培养中学生广泛的兴趣爱好和良好的思想道德素质。古人有求忠臣于孝子之门一说，说明家庭氛围对于培育人才的重要作用。古语云，墨悲丝染，诗赞羔羊。说的是墨子某一回路过染坊，发现一个现象，白色的生丝在染缸里被染了颜色之后，无论如何去漂洗，却没有办法再将染了颜色的丝恢复生丝的本色。墨子悲叹道："染于苍则苍，染于黄则黄，不可不慎也。"（《墨子·所染》）这个故事不论是对家长，还是对教育工作者，都有很重要的启迪意义，每个中学生出生以来的天性原本都是天真善良的，但是在成长的过程中，受到环境的影响就成为不同的样子。因此家长应该时时警醒自己，自己的一言一行对孩子会产生什么样的影响，想一想自己创造的这个家庭环境，是否有利于孩子的健康成长。环境氛围对孩子的熏陶影响，不是立竿见影的，在潜移默化中却绝对是有深远影响的，因此常常被一些家长所忽视。良好的家庭氛围需要物质文明和精神文明。精神文明就是在家庭中树立知识改变命运，学习成就未来的理念，建设学习型家庭。要让中学生感觉到在家庭中有“崇尚知识，崇尚道德，崇尚科学”的信念，在精神上有感召力。这可以体现在家长日常的谈话中，和孩子交流的内容，要有良好价值取向。物质文明就是要给中学生提供书籍、文具和动手实践的条件，这是家庭物质文明环境建设的重要条件。一本好书对中学生的影响有时候往往大于家长和老师的苦口婆心教导。书籍是成长的阶梯，是智慧的明灯，是中学生兴趣爱好产生的重要来源。提供道德实践、知识实践、能力实践的机会更有助于中学生价值观的养成。

2.创新文化，美化校园环境

校园文化是一个学校的灵魂，能够让学校形象得到展示，能够让学校内涵得到提升，能够让学校更好地发挥育人的功能。因此，创新校园文化，有着重要的意义。必然会对学生的人生观、世界观、价值观的养成，造成潜移默化的影响，这种影响是内在的、隐性的。对于增强中学生的思想道德修养，开阔中学生的视野，培养中学生成长成才具有深远意义。校园是中学生学习和生活的地方，是中学生成长的摇篮，也是孕育理想，放飞梦想的地方。因此，一定要着力打造高品位的校园文化，优化学校的环境氛围。努力解决校园文化的现状与育人要求之间的矛盾。在中学生成长过程中，教育起重要作用。良好的教育环境能够促进人的发展，“孟母三迁”说明创造中学生成长的良好环境，能给中学生带来良好的学习和生活氛围，能够促进中学生成长。校园“文化建设是育人的精髓，要努力培育一种积极向上的校园文化，着力构建体现学校理念、学校精神、学校品位的校园文化”①，形成厚重的文化育人氛围，使其发挥良好的育人功能。

---

① 时琴：《校园文化建设如何创新》，《现代教育科学》（普教研究），2014 年第 2 期。

良好的学校环境氛围是对中学生进行价值观教育的基础。良好的学校环境氛围包括完善的中学生价值观教育教学的设备和场所的物质环境，也包括浓厚文化气息和深厚校园文化底蕴的精神氛围。有着先进完备的教学设备，各方面功能完善的校园是进行中学生价值观教育的良好基础。浓厚的校园文化气息能够潜移默化地影响中学生的思想、行为、举止，为中学生价值观教育提供良好的文化背景，营造求学上进的良好氛围。良好的学校环境氛围还有助于增强中学生的责任感、使命感。良好的学校环境氛围，能集中体现学校对外的社会形象，有利于推动学校的建设，使中学生自觉维护学校的声誉和形象，有利于中学生于无形中提高文化品位。良好的学校环境氛围，能够促进中学生的综合素质提高，使中学生能够自觉与学校同呼吸共命运，形成高尚的情感。良好的学校环境氛围对中学生的思想品德的形成具有熏陶作用。近朱者赤，近墨者黑。学校环境氛围可以“润物细无声”般地影响中学生，对其思想品德的形成和心理素质的提高产生影响。美丽的中学校园，给中学生美的感受，能使中学生心旷神怡，激发中学生热爱生活的美好情感；窗明几净的教室，先进齐备的教学设施，宽敞舒适的住宿环境，能让学生的学习热情得到激发，学习的主动性和积极性得到充分调动，良好的学习生活习惯得以养成；积极乐观向上的宣传标语，伟大人物的千古名言，激励中学生不断奋勇向前。

总之，良好的家庭环境氛围有利于中学生高尚道德情操的培养和良好思想品德的形成。良好的学校环境氛围有利于调动中学生参与价值观教育活动的积极性和主动性，使其在利用和享受良好学校环境氛围的同时，产生创造性思维，推动价值观教育活动的开展。

(四)创新中学生价值观教育模式

1.唱响主旋律,社会主义核心价值观

实践产生理论,理论指导实践。没有相应的教育理论,就没有相应的教育实践行为。一定的教育实践都是在一定的教育理论指导下进行的。过去进行中学生价值观教育可能存在笼统性,对所要进行的价值观标准不是特别清晰。在今天这已经不是问题了,对中学生价值观的培养教育,在当代中国,就是帮助中学生树立社会主义核心价值观意识。这样就树立了一个正确的价值标杆,树立了一个前进的旗帜,清晰明确:建立一个“富强、民主、文明、和谐”的国家;建立一个“自由、平等、公正、法治”的社会;每个公民都应该做到“爱国、敬业、诚信、友善”。之所以要把社会主义核心价值观作为进行中学生价值观教育的目标旗帜,因为它是对中华民族优秀传统文化的继承,是中国共产党人进行社会主义建设的智慧结晶,同时又吸收了西方文明的成果,可以有效协调各方面利益,引导人们合法追求正当利益,使国家朝着健康、和谐的方向发展。另外,社会主义核心价值观还能够召唤人们追求更高的精神境界。把社会主义核心价值观的精神传递给中学生,在中学生教育中唱响社会主义核心价值观的主旋律,就使得中学生有了价值判断的思想武器,这对于中学生未来的发展有着积极的作用。

2.运用“产婆术”,价值澄清彰显大威力

“产婆术”教学方式历史悠久,最早是古希腊学者苏格拉底提出的,因此“产婆术”又称为“苏格拉底方法”,其主要方法是,先向学生提出一个关于某事物的假设,然后层层反诘,步步深入,让学生陷入认知的困境,再循循善诱,诱导解困,从而让学生能够认清事物的本质和规律。中学生逻辑思维能力有一定发展,已经不再单纯满足于教师的灌输,如果仅仅让中学生知其然,而不知其所以然,中学生不会信服,对教师的教导也不会深刻理解,只有

采取“产婆术”循循善诱，一步一步引导中学生自己得出结论，才能让中学生信服。这样通过学生自己思考得出的结论，比直接告诉学生应该怎么样的“填鸭式”方式要高明得多，效果也要好得多。中学教育工作者要在社会主义核心价值观的目标指导下，精心引导中学生，对于价值问题进行深入思考，在经过了“众里寻他千百度”的长期思索过程之后，中学生就能够在变幻莫测的价值观大海面前廓清迷雾，进行正确的价值判断，做出正确的价值选择。

3.与时代偕行，构筑互联网德育空间

21 世纪不仅是地球村的世纪，全球化深入发展的世纪，更是互联网的世纪，互联网信息化时代已经到来。互联网已成为中学生生活中必不可少的搜集信息的工具，在中学生的学习、生活、娱乐中发挥着重要的交流平台和工具的作用，对中学生良好习惯的养成，正确世界观、人生观、价值观塑造也具有重要作用。教育部门要充分利用各类互联网上的教育信息资源，大力发展校园网络，打造出一批有思想、有特色、有影响的中学生公益主题网站。重视运用微信、微博、微视、微电影等方式，开展以社会主义核心价值观为主题的宣传教育活动，发挥网络媒体的效应，扩大核心价值观的影响力和覆盖面。走网络德育路线，充分挖掘互联网在中学生德育中的力量，营造一个良好的网络德育空间。

4.加强立体化育人，加强多层次平台建设

价值观要落到实处，落在中学生心里，就要加强立体化育人，就必须要从制度上加以保证。打造良好的价值观教育、传播、实践多层次平台，从制度上来落实和保证。

具体而言，就是要价值观教育平台多层次化。就是将核心价值观教育融入学科教学之中，积极探索情景式、探究式教学方法，切实提高教学的有效性。通过党团校集中培训、专题讲座、学习研讨及主题党团日活动，开展核心价值观教育，让学生干部和共青团学生骨干学深学透、先学先行。

价值观传播平台立体化。利用好学校宣传栏、校园广播站、学校校报等传统宣传阵地，深入开展核心价值观宣传教育，唱响宣传核心价值观的主旋律。依托网络媒体平台，构建良好网络传播空间，在线开展核心价值观教育活动。

价值观实践平台多元化。组织中学生社会实践团队，开展“道德实践”、向贫困儿童献爱心等有社会影响的活动，增强中学生的道德实践。举办优秀毕业生文化讲座，开展新生入学教育，道德故事演讲、青春励志报告会活动。结合校园开放日、学校志愿活动，设计一系列实践活动，推进核心价值观融入中学生日常生活。

第二章　新时代加强大学生法治教育的思考

法治教育是思想政治教育的重要内容，从长远来看，法治教育的好坏关系着党的依法治国的基本治国方略能否顺利实施。习近平在中央人大工作会议上的讲话中深刻指出："坚持走中国特色社会主义法治道路，建设中国特色社会主义法治体系，建设社会主义法治国家，弘扬社会主义法治精神，依照宪法法律推进国家各项事业和各项工作，维护社会公平正义，尊重和保障人权，实现国家各项工作法治化。"[①]因此加强青年大学生法治教育十分必要，这既是青年大学生成长成才的需要，也是建设中国特色社会主义的必要途径。

一、加强青年大学生法治教育的必要性

首先，加强青年大学生法治教育，有助于青年大学生更加全面准确地理解党依法治国的基本方略，坚定走中国特色社会主义道路，加强实现中华民

① 习近平：《在中央人大工作会议上的讲话》，《求是》，2022 年第 5 期。

族伟大复兴中国梦的理想信念。依法治国是党领导人民治理国家的基本方略。依法治国就是广大人民群众在党的领导下,依照宪法和法律的规定,全面地管理国家各项事务,保障国家各项工作都依法进行,逐步实现社会主义民主的制度化、法律化。依法治国是社会文明进步的显著特征,是国家长治久安的重要保障,是社会主义民主政治的基本要求,也是建设中国特色社会主义的必然要求。加强青年大学生法治教育,有助于青年大学生全面准确地理解依法治国的必要性、合理性和必然性,理解党带领人民依法治国的良苦用心。这是深化中国特色社会主义共同理想教育和中国梦教育的重要组成部分。

其次,加强青年大学生法治教育,有助于青年大学生树立民主、平等、公正、法治的现代理念,促进其自觉践行社会主义核心价值观。法治教育与社会主义核心价值观教育息息相通。法治是社会主义核心价值观的基本要求之一。法治的内在精神在于平等和公正。习近平指出:“司法是维护社会公平正义的最后一道防线。公正是司法的灵魂和生命。深化司法体制改革,要广泛听取人民群众意见,深入了解一线司法实际情况、了解人民群众到底在期待什么,把解决了多少问题、人民群众对问题解决的满意度作为评判改革成效的标准。”[①]开展法治教育可以帮助青年大学生树立平等、公正的法治精神,同时也就是社会主义核心价值观的教育。

最后,加强青年大学生法治教育,有利于青年大学生知法、守法、护法,为建设社会主义法治社会奠定基础,为青年大学生健康成长指明方向。青年大学生是祖国的未来,青年大学生能否模范地知法、守法、护法关系到依法治国基本方略能否顺利实施。对青年大学生进行法治教育,加强其法治精神和法制规范,可以培育整个中华民族对法律的信仰。习近平指出:“人民权益

① 习近平:《以提高司法公信力为根本尺度　坚定不移深化司法体制改革》,《光明日报》,2015年3月26日。

要靠法律保障,法律权威要靠人民维护。要充分调动人民群众投身依法治国实践的积极性和主动性,使全体人民都成为社会主义法治的忠实崇尚者、自觉遵守者、坚定捍卫者,使尊法、信法、守法、用法、护法成为全体人民的共同追求。”①没有全体人民对法律权威发自内心的拥护和真诚信仰,就不可能实现建立法治社会的宏伟目标。不可否认,当前社会上存在种种不守法的现象,这些丑恶现象冲击着青年大学生对法治的信仰,但是正是这些现象的存在说明加强青年大学生法治教育的必要性,只有加强法治教育才能提高全民族的法治精神,培养法治文化,为依法治国奠定法治的文化基础。大学生作为祖国的未来、民族的希望和社会主义现代化建设的中坚力量,法治意识的状况更是直接关系到中国法治建设的前程,对其加强法治意识教育理应成为当代高校素质教育的一项迫切任务。②

二、青年大学生法治教育的内容

(一)法治精神教育

在不同的历史时期,不同国家的法治精神是不同的,作为上层建筑的法律思想文化精神,必然反映一定的政治经济关系,带有时代的烙印和阶级的意识。当前我们处在并将长期处于社会主义初级阶段,这就决定了我们的法治精神也必然反映这一时期的特点,而不能脱离这个实际。应该说,我国当前法治的发展,取得了很大的进步,法治精神也随之而发展。总之,社会主义法治精神就是依法治国、执法为民、公平正义、服务大局和党的领导。这五个

① 习近平:《毫不动摇坚持和加强党的全面领导》,《求是》,2021 年第 18 期。

② 参见沙艳蕾:《依法治国背景下加强大学生法治教育的思考》,《兰州交通大学学报》,2015 年第 2 期。

方面缺一不可，只有完全具备这些精神，法治社会的实现才成为可能。遵从立宪民主；为社会公正做贡献；广泛、积极、负责地参与公民生活；尊重人类的基本尊严和权利；赞成合法解决社会冲突和差异。[①]如果一个民族没有规则意识，没有依法治国的先进理念，没有依法约束权力的意识，那么就不可能真正摆脱人治的悲剧。因此培养青年大学生的法治精神是一种非常有意义，同时具有特殊作用的事情。

（二）法治文化教育

文化是人类全部精神活动及其产品。东西方的历史背景不一样，表现出了不同的文化，作为文化中非常重要一环的法治文化也就不同。在西方文化中，人是罪恶的，因为犯了罪，被上帝赶出伊甸园，因此西方的文化中就表现出一种对人的不信任，或者说性恶论的倾向。反映到法治文化中，就是相信制度，相信规则。而在中国传统文化中，相信人之初，性本善，将少数天才统治者看作是真理的象征，觉得他们是对的。于是出现了以人治为主的思想倾向。这样的观念影响了中国几千年，导致中国人法治信仰的缺失，而期盼英明的统治者和清官，如唐太宗和包拯，等等。所以从源头上来说，中国人就缺少这种法治的文化。法治文化是相对于人治文化而言的，它包括法律制度结构和法律观念结构，以及自觉执法、守法、用法等行为方式，是包含民主、人权、平等、自由、正义、公平等价值在内的人类优秀法律文化类型。用法律来治理，肯定比依赖统治者的英明要划算可靠得多，所以应该把中国文化中缺乏的营养元素补上。

（三）法治思维教育

法治思维是指人们按照法治的精神、原则、理念和判断标准分析和处理

① 参见贺佐成：《大学生法治教育的问题与建议》，《探索与争鸣》，2004 年第 10 期。

问题的理性思维方式。其特征在于法律至上、权力制约、人权保障和正当程序。对青年大学生进行法治思维教育,就是要求青年大学生能够在想问题、办事情的过程中,自觉运用法律法规来分析和判断问题。学会用法律的视角和眼光看待问题,培养青年大学生运用法律法规知识的能力。青年大学生刚刚步入成年人阶段,在法律上来讲,就是刚刚具备完全民事行为能力的人。他们在学习成长的过程中应该说或多或少懂得一些法律知识,或者听说过一些法律故事,像杀人偿命、欠债还钱这样的通俗法律文化知识和思维是具备的。然而在更深刻更复杂的问题面前,他们就缺乏法律思维的判断了。这就要求我们要从根本上进行法治思维的教育,让青年大学生在出现意外情况的时候第一时间能够想到法律,并且能够从法律的角度去看问题,想问题,做事情。要将法治思维内化到大学生的思想和行为中去,使其做到从心而不逾矩,成长为现代社会所需要的具有现代法治思维观念的高素质人才。

(四)法制规范教育

法治包含了法制。法制就是法律制度。简而言之就是现存的法律法规以及司法制度。青年大学生在中学阶段都接触过一定的法律法规知识,然而对于浩如烟海的法律法规知识而言,可谓是九牛一毛。这与青年大学生作为青年知识分子的身份不相匹配,与青年大学生作为青年中的先进分子的身份也不相匹配,也不符合党和国家对青年大学生的期待,更无法适应现代社会对青年大学生法律法规知识的要求。因此青年大学生必须也非常必要学习一定的法律法规的实际知识,也就是我国现存的法律条文和司法制度。其中主要是宪法、刑法、民法典,等等。要将这些基本的法律知识交给青年大学生,让青年大学生记得住、能运用。只有懂得了这些基本的法律知识,才能做到有法可想,有法可用。

三、加强青年大学生法治教育的原则

（一）反映法治的新成果

法治教育必须与时俱进，能够反映法治社会的新进展、新成果。法治教育内容应该包括国家立法、执法的最新进展、党中央关于依法治国的新论断、新部署，尤其是党的历届全会精神。只有反映法治的新成果才能在法治教育的内容和形式上与时俱进，而不是与时代脱节，空谈理论。法律的实效性非常强，同样一件事，也许去年是合法的，但由于法律的修改今年就不合法了，去年不合法的今年就合法了，这些都必须在法治教育中予以及时的反映，否则就会犯错误。

（二）适应现代社会的需要

法治是现代社会的重要标志。每一个现代公民都必须知法、懂法、守法、护法。只有懂得用法律来约束自己的行为，才能在现代社会立足。法治教育能够帮助青年大学生适应现代社会。要让青年大学生树立起与现代社会相适应的契约精神、法律理念等现代观念，懂得与日常生活息息相关的一些法律常识。青年大学生在生活中具有权利人、义务人等多重身份，与这些身份相适应都会遇到形形色色的问题，这就需要法治思维去解决。法治思维并不是唯一的思维方式，在现代社会却是不可或缺、极其重要的。法治教育必须适应现代社会发展的需要，面对复杂的状况更需要法律的调节。

（三）符合青年大学生心理特点

法治教育只有符合青年大学生心理特点，才能深入人心，让法律成为青年大学生的精神信仰。当代青年大学生主要年龄在18~24岁这个阶段，生理的发展基本上已经成熟，但是思想还不够成熟，而且思想活跃，好奇心强，这个阶段的这一特点，就要求法治教育以促进其心理成熟，促进其面对困难以个人和社会的责任感为主。青年大学生性意识比中学时代有了很大的发展，可以说是迈向成人前的最后一步，这一步走不走得好，对于青年大学生影响很大，对此要引起教育部门的普遍关注，对于与性相关的法律法规及时进行教育，在普及性知识的同时，也要将婚姻家庭方面的法律加以教育，使青年大学生知晓，而不会因为不懂法走上性犯罪的道路。青年大学生以独生子女居多，因而又呈现出了感情脆弱、心理不成熟、依赖性强、容易情绪化的特点。大学生违法犯罪的原因包括个人、家庭、社会、国家等多种方面。[①]针对这样的特点和多方面的犯罪原因，要对症下药，进行法律的宣传教育，预防情绪化犯罪、情境化犯罪，从而达到既保护青年大学生自身安全，又让大学校园安全隐患降低的目的。

四、加强青年大学生法治教育的路径建设

（一）加强法治教育教师队伍

教师队伍建设是一切教育活动的先决条件。高素质的师资力量是培养大学生法治素质的基本保证。[②]加强青年大学生法治教育首先要从抓教师队伍开始。学生都是从学校出来的，在学校里受教师的影响非常大，教师的一言一行莫不对学生产生潜移默化的深刻影响，因此加强法治教育的教师队

① 参见王琳、李军海：《大学生法治教育研究》，《山东青年政治学院学报》，2015年第7期。

② 参见杨健燕：《大学生法治教育中存在的问题及其解决对策》，《学校党建与思想教育》，2006年第8期。

伍建设刻不容缓,格外重要,一批依法办事、具有较高法学修养的教师才能培养好学生的法治意识。古语有之:以己之昏昏,何能使人昭昭。高素质的法治教师,首先必须是对法律非常精通的专业人士,其次又必须懂得教育教学的客观规律,深刻把握大学生心理和思想的特点,能够创造性、创新性地解决新形势下大学生法治观的教育中存在的问题。

(二)改善青年大学生思想政治教育

大学生法治教育既是大学生德育的重要内容,也是高校思想政治理论课的题中之义,因此必须改善和创新大学生的思想政治教育工作。在对大学生的法治素质的培养过程之中,应正确引导大学生,要大学生必须坚持马列主义的法治观,必须坚决地、毫不犹豫地反对资产阶级法治观。还应该做到:坚持社会主义道路,坚持中国共产党的领导和人民民主专政,反对资产阶级自由化,树立大学生的社会主义法律素质观和科学的民主法治观。[①]这就需要我们大学的德育工作者,加强和改善德育工作,利用和借鉴最新的思想政治理论研究的成果,在工作中改善自己的方式方法。

(三)营造法治的良好校园文化氛围

对学生加强思想道德品质的培养,创造一个良好的环境氛围是非常重要的,一个明理创新、明礼诚信、勤奋向学、你追我赶、尊师重道的学习氛围,对学生品质的提高是非常有帮助的。在此环境中,身为教师应当做到以身作则,除了教育教学之外,在其他方面也要成为大学生学习的楷模、模仿的好榜样。教师自身良好的品德、高超的学术修养就是最好的环境、最佳之氛围。另外,对大学生群体而言,应当广泛开展“爱国、守法、知礼、诚信、合作”教

① 参见董升太:《当代大学生法治教育现状及对策分析》,《菏泽学院学报》,2011 年第 1 期。

育，努力形成和谐校园的精神支撑。[①]一个热爱祖国的人，就会努力为祖国奉献，不会做危害祖国、违背法律的行为，从而做到遵守法律。如果大学生都能做到热爱祖国，知书达礼，诚实做人，善于与他人合作，那么点滴溪流汇聚成大海，大学校园将成为一块真正的人间净土，而这个良好的校园文化氛围反过来，又能够对大学生法治教育起到良好的促进作用。

（四）积极开展网络法治教育

互联网的飞速发展带来伦理道德与法律的双重考验，当前网络犯罪活动频发，“青年网络犯罪是目前网络违法犯罪的主流”[②]。青年大学生思想活跃，接受新鲜事物的能力比较强，对网络信息技术的掌握有得天独厚的优势，然而青年意志力比较薄弱，容易受到社会上不良风气的影响，把信息技术的优势化为不当牟利的工具，对青年大学生展开网络教育势在必行。一方面，要加强网络道德的教育，教育青年大学生正确使用信息技术，在网络活动中要坚守伦理道德的底线，弘扬正能量，不做出格的事。另一方面，要以网络为载体和平台开展广泛的法治教育，正如习近平曾经指出的人在哪我们的工作就应该做到哪，当前我国网民人数已经突破 10 亿，青年大学生几乎全部都是网民，而且很多青年大学生把大部分时间花费在网络空间中，要对大学生进行卓有成效的法治教育必须过好网络这一关，利用好网络开展形式多样、丰富多彩的法治教育。

总之，青年大学生是祖国的未来，民族的希望。在全面依法治国这一背景下，要充分认识开展和加强大学生法治教育的重要意义。加强大学生法治教育，既是为依法治国奠定群众基础，也是为青年大学生成长成才扣好人生观、价值观的第一颗纽扣。只有把大学生法治教育纳入高校思想政治教育的

① 参见李全文、胡鹤玖、杨新宇：《加强和完善大学生法治教育》，《教育与职业》，2008 年第 5 期。

② 王建敏：《青年法治思维培育探析》，《马克思主义与现实》，2017 年第 1 期。

统一规划,做好顶层设计,才能为社会主义远大事业培养未来全面发展的可靠建设者和接班人。

专题二
优秀传统文化教育

第三章　中华优秀传统文化的价值、内涵及其创造性转化[①]

习近平高度注重发挥中华优秀传统文化在治国理政中的重要价值，充分吸收和借鉴传统文化中的一系列先进成分和因素，推动中华优秀传统文化的现代转化。习近平关于中华优秀传统文化重要论述主要围绕三个问题展开：一是中华优秀传统文化有无价值，有什么样的价值，这是认识传统文化的最基本的前提性问题，只有回答这个问题才能破除历史虚无主义的迷雾，重新认识中华民族的历史文化；二是中华优秀传统文化有哪些精华性内容能够给我们今天以借鉴，这是给我们具体的示范；三是中华优秀传统文化怎样继承创新，这是今天我们要走的路，怎样在中华文化复兴的过程中推动中华民族伟大复兴。

① 本文原载于《湖南大学学报》(社会科学版)2022 年第 1 期，作者冯刚、鲁力。此处有修改。

一、中华优秀传统文化的重大价值

习近平既站在人类社会发展的高度来认识中华优秀传统文化的历史地位，又从个体自由全面发展的实际需要出发来挖掘中华优秀传统文化的现实价值。中华优秀传统文化对于个人、社会、国家民族和人类这四个不同层次的价值主体同样有着重大价值。

（一）个体价值

人是由文化塑造的，一个人身上继承的前人创造的文化财富的多少就决定了其思想和精神层次。中华优秀传统文化对个体的作用主要表现在促进个体思想道德素质发展、提升个体精神境界。其一，中华优秀传统文化有利于树立正确的“三观”。中华优秀传统文化中富含着辩证唯物主义与历史唯物主义的思想元素，能够帮助人们正确认识世界、认识社会、认识自我。习近平指出：“中国传统文化博大精深，学习和掌握其中的各种思想精华，对树立正确的世界观、人生观、价值观很有益处。”[①]其二，中华优秀传统文化有利于提升道德境界。习近平指出：“中华优秀传统文化，蕴含着丰富的思想道德资源……我们要利用好中华优秀传统文化中的这些宝贵资源，增强人们的价值判断力和道德责任感，不断提高人们道德水平，提升人们道德境界。”[②]其三，中华优秀传统文化有利于坚定信仰信念。马克思主义理想信念的树立，需要文化的沃土和滋养。中华优秀传统文化与马克思主义在很多方面都有共通性、契合性，能够帮助人们走向马克思主义。习近平指出：“没有中华优秀传统文化、革命文化、社会主义先进文化的底蕴和滋养，信仰信念就难

① 《习近平谈治国理政》（第一卷），外文出版社，2018年，第405页。

② 《习近平关于社会主义文化建设论述摘编》，中央文献出版社，2017年，第141页。

以深沉而执着。"[①]

（二）社会价值

一个社会不能没有精神力量的支撑，优秀传统文化为中国社会提供了精神支撑。其一，中华优秀传统文化是培育和弘扬社会主义核心价值观的立足点，也是涵养社会主义核心价值观的重要源泉。任何一个社会都不能没有全体社会成员共同遵循的核心价值观。核心价值观可以起到凝聚人心、优化社会风气、促进社会发展的作用。培育和弘扬社会主义核心价值观是灵魂聚气、强基固本的基础工程，关系到社会的和谐稳定与正常运转。习近平指出："培育和弘扬社会主义核心价值观必须立足中华优秀传统文化。牢固的核心价值观，都有其固有的根本。抛弃传统、丢掉根本，就等于割断了自己的精神命脉。"[②]其二，优秀传统文化有利于培育平和理性的社会心态。中华优秀传统文化对于维系世道人心，在全社会树立讲道德、尊道德、守道德的良好社会道德风尚起着强基固本的作用。在每一个中国人心灵深处，对真善美的追求，都离不开优秀传统文化的滋养。其三，优秀传统文化是思政课的内生动力。思政课的价值就在于促进人的社会化，通过思想引导让青少年接受社会规范，为社会源源不断输送合格的社会成员。"中华民族几千年来形成了博大精深的优秀传统文化，……为思政课建设提供了深厚力量。"[③]

（三）国家和民族价值

文化是民族的精神血脉，是人民的精神家园。对于中华民族和中国人民的过去、现在和未来，中华优秀传统文化都起到了无与伦比的作用。

---

① 《全面贯彻落实党的十八届六中全会　增强全面从严治党系统性创造性时效性》，《光明日报》，2017 年 1 月 7 日。

② 《习近平谈治国理政》（第一卷），外文出版社，2018 年，第 163~164 页。

③ 《习近平谈治国理政》（第三卷），外文出版社，2020 年，第 329 页。

其一,中华优秀传统文化推动了中华文明的形成和发展。习近平指出,中华优秀传统文化“对中华文明形成并延续发展几千年而从未中断,对形成和维护中国团结统一的政治局面,对形成和巩固中国多民族和合一体的大家庭,对形成和丰富中华民族精神,对激励中华儿女维护民族独立、反抗外来侵略,对推动中国社会发展进步、促进中国社会利益和社会关系平衡,都发挥了十分重要的作用”[①]。

其二,中华优秀传统文化是中华民族的“精神标识”和“丰厚滋养”。习近平指出:“博大精深的中华优秀传统文化是我们在世界文化激荡中站稳脚跟的根基。中华文化源远流长,积淀着中华民族最深层的精神追求,代表着中华民族独特的精神标识,为中华民族生生不息、发展壮大提供了丰厚滋养。”[②]

其三,中华优秀传统文化是中华民族的“文化基因”和“精神力量”。习近平指出:“在历史长河中,中华民族形成了伟大民族精神和优秀传统文化,这是中华民族生生不息、长盛不衰的文化基因,也是实现中华民族伟大复兴的精神力量,要结合新的实际发扬光大。”[③]“优秀传统文化是一个国家、一个民族传承和发展的根本,如果丢掉了,就割断了精神命脉。”[④]

其四,中华优秀传统文化是深厚的“文化软实力”和中国特色社会主义的“文化沃土”。习近平指出:“中华优秀传统文化是我们最深厚的文化软实力,也是中国特色社会主义植根的文化沃土。每个国家和民族的历史传统、文化积淀、基本国情不同,其发展道路必然有着自己的特色。一个国家的治理体系和治理能力是与这个国家的历史传承和文化传统密切相关的。解决

①④ 习近平:《在纪念孔子诞辰2565周年国际学术研讨会暨国际儒学联合会第五届会员大会开幕会上的讲话》,《人民日报》,2014年9月25日。

② 《习近平谈治国理政》(第一卷),外文出版社,2018年,第164页。

③ 《建设中国特色中国风格中国气派的考古学 更好认识源远流长博大精深的中华文明》,《光明日报》,2020年9月30日。

中国的问题只能在中国大地上探寻适合自己的道路和办法。”①

其五，中华优秀传统文化是海峡两岸同胞的“根”和“魂”。两岸同胞身上流淌的都是炎黄血脉，都是中华优秀传统文化的传人。“中华传统优秀文化植根在两岸同胞内心深处，是两岸同胞的‘根’和‘魂’。”②在未来，要推动两岸相亲，就要一起来弘扬中华优秀传统文化，“厚植两岸同胞的精神纽带，促进心灵契合”。

（四）人类价值

中华优秀传统文化不仅属于中国，更属于全人类。其一，从历史来看，中华优秀传统文化推动了世界文明发展。2019 年 5 月 15 日，习近平在亚洲文明对话大会开幕式上的主旨演讲深刻指出：“中国的造纸术、火药、印刷术、指南针、天文历法、哲学思想、民本理念等在世界上影响深远，有力推动了人类文明发展进程。”其二，从现实和未来看，中华优秀传统文化将继续为人类文明进步做出新的更大贡献。当今世界有许许多多的难题，在西方人的思维框架和文化传统内，是无法解决的，必须向东方寻找智慧，中西兼济互补才有可能找到解答时代之问的答案。包括西方许多有识之士在内的世界人士都认识到“中国优秀传统文化中蕴藏着解决当代人类面临的难题的重要启示”③。要构建一个美好的世界同样离不开中华优秀传统文化。

---

① 《牢记历史经验历史教训历史警示　为国家治理能力现代化提供有益借鉴》，《人民日报》，2014 年 10 月 14 日。

② 《习近平总书记会见中国国民党主席洪秀柱》，《光明日报》，2016 年 11 月 2 日。

③ 习近平：《在纪念孔子诞辰 2565 周年国际学术研讨会暨国际儒学联合会第五届会员大会开幕会上的讲话》，《人民日报》，2014 年 9 月 25 日。

二、中华优秀传统文化的精华内容

中华优秀传统文化博大精深,在思想理念、政治制度、科学技术、教育文化等方方面面都有很多的独创性内容,其中的精华部分极其丰富多彩。习近平高度重视中华优秀传统文化精华内容的挖掘和创造性转化运用,对优秀传统文化中的许多精华内容都做了提炼和指示。这既是习近平关于中华优秀传统文化重要论述的重要内容,也为我们掌握中华优秀传统文化的精华提供了典范,指明了方向。对中华优秀传统文化的这些精华内容,需要我们加大挖掘和创新转化力度。

(一)独特的思想理念和价值体系

思想理念和价值体系是文化的核心和灵魂,也是不同文化的区分之所在。中华文化不同于西方文化就在于内在的思想理念与价值体系上的独特性。这种独特性决定了中国人必须走自己的路,既不能照搬西方的现代化模式,也不能照搬其他国家的社会主义模式。中国特色社会主义正是中国人走自己的路,开辟的符合中国历史与现实的唯一正确的道路。习近平指出:"中华文明绵延数千年,有其独特的价值体系。中华优秀传统文化已经成为中华民族的基因,植根在中国人内心,潜移默化影响着中国人的思想方式和行为方式。"[①]这些宝贵的思想是由站在每个时代前沿的思想家所创造,体现在思想家的著作和理论之中。"在漫漫历史长河中,中华民族产生了儒、释、道、墨、名、法、阴阳、农、杂、兵等各家学说,涌现了老子、孔子、庄子、孟子、荀子、韩非子、董仲舒、王充、何晏、王弼、韩愈、周敦颐、程颢、程颐、朱熹、陆九渊、

① 《习近平谈治国理政》(第一卷),外文出版社,2018年,第170页。

王守仁、李贽、黄宗羲、顾炎武、王夫之、康有为、梁启超、孙中山、鲁迅等一大批思想大家，留下了浩如烟海的文化遗产。”[①]中华民族为世界贡献了老子、孔子等影响深远的大思想家和伟大思想，这些思想家和他们的思想直到今天依然闪耀着智慧的光芒。习近平列举了“民惟邦本”“天人合一”“和而不同”“天下兴亡，匹夫有责”“扶贫济困”“不患寡而患不均”等一批思想和价值理念，指出其具有永不褪色的时代价值。这些思想理念是中华优秀传统文化的精华所在，直到今天仍有强大的生命力，值得今天的中国人继承和发扬。

（二）丰富的治国理政历史经验

重视汲取治国理政的历史经验是中华民族的优秀传统。中华民族在漫长的历史时期，积累了丰富的国家治理经验，也创造了曾领先世界的政治文明。习近平非常重视优秀传统文化中治国理政历史经验的汲取和运用。其一，历史经验。中华民族有着5000多年的文明史，史学十分发达，各种文献汗牛充栋，留下了宝贵的历史经验，这些是先人留下的一笔重要财富，可以让我们汲取经验教训少走弯路。习近平指出：“治理国家和社会，今天遇到的很多事情都可以在历史上找到影子，历史上发生过的很多事情也都可以作为今天的镜鉴。”[②]其二，国家治理思想。习近平指出：“在几千年的历史演进中，中华民族创造了灿烂的古代文明，形成了关于国家制度和国家治理的丰富思想，……这些思想中的精华是中华优秀传统文化的重要组成部分，也是中华民族精神的重要内容。”[③]其三，优秀传统法治文化。治国理政不能不依靠制度，法律制度就是一种十分重要的制度。中国人很早就制定了法律，依

① 习近平：《在哲学社会科学工作座谈会上的讲话》，《光明日报》，2016年5月19日。

② 《牢记历史经验历史教训历史警示　为国家治理能力现代化提供有益借鉴》，《人民日报》，2014年10月14日。

③ 《习近平谈治国理政》（第三卷），外文出版社，2020年，第119~120页。

靠法治来管理国家，形成了中华法系，创造了中华法制文明。中华优秀传统法律文化含有很多的治理智慧，值得我们传承。

（三）浩如烟海的文艺精品

文化艺术精品是民族的瑰宝，是滋养民族的宝贵精神财富，具有不可替代的作用。习近平明确指出浩如烟海的文艺精品是中华优秀传统文化的精华组成部分，并高度重视对历史上流传下来的文艺精品的传承利用。习近平指出："从老子、孔子、庄子、孟子、屈原、王羲之、李白、杜甫、苏轼、辛弃疾、关汉卿、曹雪芹……从诗经、楚辞到汉赋、唐诗、宋词、元曲以及明清小说，从《格萨尔王传》、《玛纳斯》到《江格尔》史诗……留下了浩如烟海的文艺精品，不仅为中华民族提供了丰厚滋养，而且为世界文明贡献了华彩篇章。"[①]在现代社会中，中华民族历史上流传下来的文艺精品依然滋养着人们的精神世界，丰富着人们的精神生活。

（四）丰富的道德资源

重视道德建设是中国文化的重要特性，也是中华民族的优良传统，古人在这方面留下了十分丰富的思想道德资源。习近平强调要传承中华传统美德，明大德、守公德、严私德，守护中华民族的良善信仰。其一，传统美德。习近平指出："要不断体会和弘扬先人传承下来的传统美德，……为为人处世、安身立命提供重要启示。"[②]其二，家庭美德。家庭是社会的细胞，中华民族自古以来就注重培育良好的家风家教。习近平指出："要积极传播中华民族传统美德，传递尊老爱幼、男女平等、夫妻和睦、勤俭持家、邻里团结的观念，倡

---

① 《十八大以来重要文献选编》（中），中央文献出版社，2016 年，第 120~121 页。

② 《习近平谈治国理政》（第二卷），外文出版社，2017 年，第 148~149 页。

导忠诚、责任、亲情、学习、公益的理念。”①其三，修身之道。中国人自古以来就强调修身是做人的根本，上至天子，下至黎民百姓都要把修身齐家放在首要位置，明辨是非善恶，从起心动念做起，争做圣贤君子。习近平指出：“中国人历来强调‘正心以为本，修身以为基’，强调‘一念收敛，则万善来同；一念放恣，则百邪乘衅’。”②优秀传统文化中关于修身的道德资源，对于今天的人们立德修身都是最好的精神营养剂。

（五）敦煌文化和甲骨文

中华民族是对世界有重大贡献的民族。中华民族的先辈们创造了璀璨的文化，留下了宝贵的文化遗产，这些文化遗产至今还有很多活在中华民族的集体记忆里，产生着影响。其一，敦煌文化。敦煌文化因东西文化交流结合而孕育，熔铸了建筑艺术、彩塑艺术、壁画艺术、佛教文化等多种文化和艺术成果，展现了中华民族博大浩瀚的胸襟和强烈的创新创造精神。习近平指出：“敦煌文化延续近两千年，是世界现存规模最大、延续时间最长、内容最丰富、保存最完整的艺术宝库，是世界文明长河中的一颗璀璨明珠。”③其二，甲骨文。习近平指出：“殷墟甲骨文的重大发现在中华文明乃至人类文明发展史上具有划时代的意义。甲骨文是迄今为止中国发现的年代最早的成熟文字系统，是汉字的源头和中华优秀传统文化的根脉，值得倍加珍视、更好传承发展。”④

---

① 《习近平谈治国理政》（第二卷），外文出版社，2017 年，第 355 页。

② 习近平：《推进党的建设新的伟大工程要一以贯之》，《求是》，2019 年第 19 期。

③ 习近平：《在敦煌研究院座谈时的讲话》，《求是》，2020 年第 3 期。

④ 《坚定文化自信　促进文化交流互鉴》，《光明日报》，2019 年 11 月 3 日。

（六）优秀传统乡土文化、地域文化和少数民族文化

优秀传统乡土文化、地域文化和少数民族文化都是中华文化的重要有机组成部分，共同为中华文化的大花园贡献了千姿百态的奇葩。其一，优秀传统乡土文化。众所周知，中国文化是一种农耕文化，中国文化的根在乡村。历史悠久的农耕文明留下了优秀的文化遗产，乡土意识植根于中国人的心中，田园牧歌式的“乡愁”留在了中华民族的内心深处。中华民族伟大复兴的必然要求是乡村振兴，延续和发扬中华民族的优秀传统乡土文化，重建中华民族的乡土家园。习近平指出：“我们要深入挖掘、继承、创新优秀传统乡土文化。”[①]其二，优秀地域文化。党的十八大以来，习近平的足迹遍布祖国大地。在考察期间，习近平实地考察并肯定了各地的优秀地域文化。例如，2018年4月27日与印度总理莫迪共同参观湖北省博物馆精品文物展时指出：“荆楚文化是悠久的中华文明的重要组成部分，在中华文明发展史上地位举足轻重。”[②]2018年6月9日在上海合作组织青岛峰会欢迎宴会上指出：“山东是孔子的故乡和儒家文化发祥地。儒家思想是中华文明的重要组成部分。”[③]2019年9月18日在黄河流域生态保护和高质量发展座谈会上指出：“黄河文化是中华文明的重要组成部分，是中华民族的根和魂。”[④]2020年4月23日在陕西视察工作时强调“陕西是中华民族和华夏文化的重要发祥地之一。要加大文物保护力度，弘扬中华优秀传统文化、革命文化、社会主义先进文化”[⑤]。2020年10月12日至13日在广东考察时指出：“潮州文化具有鲜

---

① 习近平：《论坚持全面深化改革》，中央文献出版社，2018年，第406~407页。

② 《习近平会见印度总理莫迪》，《光明日报》，2018年4月28日。

③ 习近平：《在上海合作组织青岛峰会欢迎宴会上的祝酒辞》，《光明日报》，2018年6月10日。

④ 习近平：《在黄河流域生态保护和高质量发展座谈会上的讲话》，《求是》，2019年第20期。

⑤ 《扎实做好“六稳”工作落实“六保”任务　奋力谱写陕西新时代追赶超越新篇章》，《光明日报》，2020年4月24日。

明的地域特色，是岭南文化的重要组成部分，是中华文化的重要支脉。以潮绣、潮瓷、潮雕、潮塑、潮剧和工夫茶、潮州菜等为代表的潮州非物质文化遗产，是中华文化的瑰宝。”[①] 2020 年 11 月 14 日在全面推动长江经济带发展座谈会上指出：“要保护传承弘扬长江文化。长江造就了从巴山蜀水到江南水乡的千年文脉，是中华民族的代表性符号和中华文明的标志性象征。”[②]其三，优秀少数民族文化。中华民族大家庭由 56 个民族构成，每个民族都对中华民族的发展有很多贡献，留下了宝贵的文化，提炼和阐发这些文化资源对于社会主义文化建设有所裨益。习近平指出，各民族“共同创造悠久的中国历史、灿烂的中华文化”[③]。优秀少数民族文化也是一笔宝贵的精神财富。

（七）爱好和平的文化基因

中国人自古以来就爱好和平，崇尚和合哲学，无论是处理国与国之间的关系，还是处理人与自然的关系都把和谐理念作为指导，反对暴力压迫和征服。爱好和平的文化基因是优秀传统文化的精华理念，对今天处理国际关系，构建人类命运共同体依然起着重要作用。其一，崇尚和谐与和平。和谐哲学、和谐理念、和谐文化深深植根于中华民族的精神之中，深深镌刻在中国人的一举一动之中，代代相传，塑造了中华民族爱好和平的民族性格。中国人从来不曾挑起侵略和压迫的非正义战争，从来不“找事”，但也“不怕事”。习近平指出：“中华文化崇尚和谐，中国‘和’文化源远流长，蕴涵着天人合一

① 《以更大魄力在更高起点上推进改革开放　在全面建设社会主义现代化国家新征程中走在全国前列创造新的辉煌》，《光明日报》，2020 年 10 月 16 日。

② 《贯彻落实党的十九届五中全会精神　推动长江经济带高质量发展》，《光明日报》，2020 年 11 月 16 日。

③ 《习近平关于社会主义政治建设论述摘编》，中央文献出版社，2017 年，第 149 页。

的宇宙观、协和万邦的国际观、和而不同的社会观、人心和善的道德观。”[①]其二,反对零和游戏与国强必霸。中国人不会强加于人,而是“己所不欲,勿施于人”,在国际关系上同样如此,尊重每一个国家和民族自己的选择,友好地与各国交流往来。习近平指出:“中国绝不会搞国强必霸,也不认同你输我赢的零和游戏,因为中国人从来没有这种文化基因,也没有这种野心。”[②]中国代表着世界和平的力量,反对文明冲突论,秉持文明交流互鉴的和平理念。

(八)传统科技和中医药

科学技术是第一生产力，中华民族能够长期领先于世界与中国古代科技的发达是分不开的。中华民族在科技和中医药方面的成就至今仍有其重要价值。其一,传统科技。根据英国学者李约瑟的研究,中国古代科技曾经领先于西方一千多年。中国古代的制度建设也成就卓著,并对推动世界制度文明发展起到十分重要的作用。这些文化遗产是优秀传统文化中的重要组成部分,有的依然具有重要时代价值。习近平指出:“中国古代农业技术、‘四大发明’以及漆器、丝绸、瓷器、生铁和制钢技术、郡县制、科举制等在世界文明史上具有鲜明的独创性。”[③]这些伟大成就是中华民族对世界文明进步做出的突出贡献,直到今天还影响着世界的前途和命运。其二,中医药。中华文明包含着博大精深的医学文化,中医药维护了中华民族的健康。屠呦呦从中医药获得启发发现了青蒿素,充分显示了中医药在现代社会的重要价值。习近平指出:“传统医药是优秀传统文化的重要载体,在促进文明互鉴、维护人民健康等方面发挥着重要作用。中医药是其中的杰出代表,以其在疾病预防、

① 《习近平出席中国国际友好大会暨中国人民对外友好协会成立六十周年纪念活动并发表重要讲话》,《光明日报》,2014 年 5 月 16 日。

② 《习近平同希腊总统帕夫洛普洛斯会谈》,《光明日报》,2019 年 11 月 12 日。

③ 习近平:《建设中国特色中国风格中国气派的考古学 更好认识源远流长博大精深的中华文明》,《求是》,2020 年第 23 期。

治疗、康复等方面的独特优势受到许多国家民众广泛认可。”[①]“中医药学包含着中华民族几千年的健康养生理念及其实践经验，是中华民族的伟大创造和中国古代科学的瑰宝。”[②]中医药具有强大的生命力，在未来必将为维护人类生命健康发挥更大作用。

三、中华优秀传统文化的创新转化

中华优秀传统文化博大精深，包含着真理性、民主性的内涵，有利于国家，有利于社会，有利于个人。但是传统文化毕竟产生于农耕时代，体现着农耕时代的社会意识，并不完全适用于现代社会。中华优秀传统文化好比是先人留给我们的一座“富矿”，矿并不直接就是金子，要获得金子就得去挖矿和冶炼。要获得优秀传统文化的实际价值，有所裨益于当今社会，必须经过一个创造性转化与创新发展的过程。优秀传统文化的创造性转化与创新发展并不是一个脱离实际的奇思妙想的过程，也不是少数天才人物的专利，而是每一个中华儿女都应该参与的实实在在的文化工程，这个伟大的文化工程以教育为起点，包括加强文化和文化遗产保护，加强文明交流互鉴，进行分析批判，加强理论研究等丰富的内容。

（一）加强中华优秀传统文化教育

文化的传承首先靠教育，把前人已经取得的文化成果留给下一代人，在此基础上才能进一步创新和发扬。其一，要把优秀传统文化教育摆在青少年

① 《习近平致2017年金砖国家卫生部长会暨传统医药高级别会议的贺信》，《光明日报》，2017年7月7日。

② 《深入分析南水北调工程面临的新形势新任务 科学推进工程规划建设提高水资源集约节约利用水平》，《光明日报》，2021年5月15日。

教育的突出位置。青少年是祖国的未来,是中华民族的希望。传承中华优秀传统文化的历史使命将会由青少年承担,对他们开展优秀传统文化教育,塑造担负中华民族伟大复兴事业的时代新人。习近平指出,“要把我国历史文化和国情教育摆在青少年教育的突出位置,让青少年更多领略中华文明的博大精深”[①]。以此增强青少年的民族自豪感和自信心,厚植爱国情怀。其二,优秀传统文化教育要和培育和践行社会主义核心价值观相统一。要激活中华优秀传统文化的生命力就必须与现时代的时代任务联系起来,与社会发展的需要连接起来,给予传统的东西新的表现形式和内涵。习近平指出:“把传承和弘扬中华优秀传统文化同培育和践行社会主义核心价值观统一起来,引导人民树立和坚持正确的历史观、民族观、国家观、文化观,不断增强中华民族的归属感、认同感、尊严感、荣誉感。”[②]其三,要把优秀传统文化教育贯穿人才培养全过程。2018 年 9 月 10 日在全国教育大会上的讲话中,习近平指出:“学校具有集中式、系统化、持续性进行中华优秀传统文化教育的独特优势,要把中华优秀传统文化教育作为固本铸魂的基础工程,贯穿人才培养全过程。要深入挖掘和阐发中华优秀传统文化中讲仁爱、重民本、守诚信、崇正义、尚和合、求大同的时代价值,转化为学生价值观教育的丰富营养,积淀学生文化底蕴,提升学生文化素养。”[③]

(二)加强文物和文化遗产保护

文化总是凝结于一定的物质实体之上。文物和文化遗产是优秀传统文化的重要载体,保护文物和文化遗产就是保护优秀传统文化。其一,要保护

① 习近平:《在庆祝澳门回归祖国十五周年大会暨澳门特别行政区第四届政府就职典礼上的讲话》,《人民日报》,2014 年 12 月 21 日。

② 《大力弘扬伟大爱国主义精神　为实现中国梦提供精神支柱》,《光明日报》,2015 年 12 月 31 日。

③ 《十九大以来重要文献选编》,中央文献出版社,2019 年,第 450 页。

好城市历史文化遗产。一座没有历史的城市是文化的沙漠，一座没有文化的城市是没有灵魂的钢筋水泥堆。历史文化遗产是一座城市的金名片。在城市的现代化建设过程中，注意保护历史文化遗产，是对历史负责，对人民负责，也是任何一个有远见的城市管理者的必然选择。习近平指出，“要保护弘扬中华优秀传统文化，延续城市历史文脉，保留中华文化基因。要保护好前人留下的文化遗产，包括文物古迹，历史文化名城、名镇、名村，历史街区、历史建筑、工业遗产，以及非物质文化遗产”[①]。其二，要保护好少数民族文化。在商品经济大潮下，少数民族文化由于体量小，产业化程度低，保护不够，一些非物质文化遗产流失严重，必须采取措施扭转这一不利局面，保护好少数民族文化。其三，要建设好博物馆，保护好文物。文物是灿烂文明的载体，是历史文化的具象化实体，是民族精神的活化石，是中华先贤留下来的宝贵遗产，是中华优秀传统文化传承的重要载体。博物馆是收藏和保护文物的重要场所，办好博物馆，意义特殊。“保护文物功在当代、利在千秋。”[②]习近平强调，“一个博物院就是一所大学校。要把凝结着中华民族传统文化的文物保护好、管理好，同时加强研究和利用，让历史说话，让文物说话”[③]。其四，要做好申遗工作，保护好长城遗址、良渚遗址、云冈石窟和大运河文化等历史文化遗产。习近平先后对长城遗址保护、良渚遗址申报世界文化遗产、大运河文化带建设、云冈石窟，作出重要批示指示，要求依法做好保护工作，切实完善措施，更好地发挥历史文化遗产在传承和弘扬中华优秀传统文化中的独特作用。强调申报世界文化遗产工作，要统筹安排，要有利于弘扬中华优秀传统文化，有利于深化对中华文明的认识，有利于人民增强文化自信，有利于创造美好生活。坚决反对对文化遗产的过度开发和消费，坚决反对过度商

---

① 习近平：《坚定文化自信，建设社会主义文化强国》，《求是》，2019 年第 12 期。

② 《习近平关于社会主义文化建设论述摘编》，中央文献出版社，2017 年，第 190 页。

③ 同上，第 188 页。

业化。

(三)加强文明交流互鉴

中华优秀传统文化虽然是生长在中华大地上的文化，但并不是封闭僵化的文化系统,而是在与世界其他民族文化不断交流互鉴中形成的。开放性和包容性是中华文化的鲜明特点,也是中华文化保持活力的根源所在。在新时代要发扬中华优秀传统文化就必须继续加强文明交流互鉴，摄取新鲜的营养,注入新鲜的血液。其一,树立文明平等观。不同文明不分高下,都是人类大家庭的重要成员。“不同文明没有优劣之分,只有特色之别。”[①]要树立文明平等观,既不能“文化自大”,也不能“文化自卑”;既不能看轻其他民族的文化,也不能看轻本民族的文化;既要尊重别国文化,更要尊重本国文化。其二,积极开展文化交流。文化交流是文化发展的动力,各民族文化在相互交流中取长补短,共同发展。各国人民在文化交流中情感相通、心灵沟通,精神生活日益丰富,精神状态日益丰盈。习近平指出:“让文明交流互鉴成为增进各国人民友谊的桥梁、推动人类社会进步的动力、维护世界和平的纽带。”[②]其三，讲好中国故事。要提升中华传统文化的影响力就得积极开展对外宣传,讲好中国故事,让世界更好地了解中国。在讲故事的过程中,为了讲得更好、更让人接受,首先就要下一番功夫寻找到历史和现实的契合点,契合人们的精神需要。

(四)加强分析鉴别和转化利用

对待传统文化要有科学的态度,既不能盲目推崇,也不能盲目贬低,而是要从实际出发,具体问题具体分析,加强分析研判,取其精华去其糟粕,加

---

① 习近平:《论坚持推动构建人类命运共同体》,中央文献出版社,2018 年,第 209 页。

② 同上,第 209~210 页。

强转化运用使之适应现实。其一，摒弃全盘接受或全盘拒绝的简单态度。习近平指出："我们要对传统文化进行科学分析，对有益的东西、好的东西予以继承和发扬，对负面的、不好的东西加以抵御和克服，取其精华、去其糟粕，而不能采取全盘接受或者全盘抛弃的绝对主义态度。"[①]其二，进行创造性转化。对优秀传统文化中有借鉴意义的内涵和旧的表现形式，根据时代发展的要求，进行加工改造，赋予其新的生命力。例如古体诗这种写作形式是旧的，但是经过加工改造就出现许多脍炙人口的新古体诗。其三，进行创新性发展。对中华优秀传统文化已有的内涵，根据时代的进步要求，加以补充、拓展、完善。例如，中医药学就必须不断现代化，更好地发挥其独特优势。

（五）加强哲学社会科学研究

哲学社会科学的作用就在于研究社会发展各方面的规律，指引社会发展的方向。哲学社会科学工作中在弘扬优秀传统文化方面既责无旁贷，也大有可为。其一，加强中华优秀传统文化研究。习近平指出："要加强对中华优秀传统文化的挖掘和阐发，使中华民族最基本的文化基因与当代文化相适应、与现代社会相协调，把跨越时空、超越国界、富有永恒魅力、具有当代价值的文化精神弘扬起来。"[②]要建立中国特色哲学社会科学话语体系，提出中国方案，站稳中国立场，展示中国智慧，宣传中国主张，坚守中国理念。其二，发展好冷门绝学。像古文字学等一些学科今天已经成为冷门、"绝学"，然而却又是传承优秀传统文化必不可少的，事关民族精神命脉的传续，一定不能让其失传。习近平指出："要重视发展具有重要文化价值和传承意义的'绝学'、冷门学科。这些学科看上去同现实距离较远，但养兵千日、用兵一时，需

---

① 《牢记历史经验历史教训历史警示　为国家治理能力现代化提供有益借鉴》，《光明日报》，2014年10月14日。

② 习近平：《坚定文化自信，建设社会主义文化强国》，《求是》，2019年第12期。

要时也要拿得出来、用得上。还有一些学科事关文化传承的问题,如甲骨文等古文字研究等,要重视这些学科,确保有人做、有传承。”[①]其三,高度重视考古工作。考古工作对于展示中华文明的起源和辉煌成就有着其他哲学社会科学不可替代的作用。“考古工作是一项重要文化事业,也是一项具有重大社会政治意义的工作。历史文化领域的斗争会长期存在,我们必须高度重视考古工作,用事实回击对中华民族历史的各种歪曲污蔑,为弘扬中华优秀传统文化、增强文化自信提供坚强支撑。”[②]

① 《习近平谈治国理政》(第二卷),外文出版社,2017 年,第 345 页。

② 习近平:《建设中国特色中国风格中国气派的考古学　更好认识源远流长博大精深的中华文明》,《求是》,2020 年第 23 期。

第四章　论儒家文化的思想政治教育价值[①]

在纪念孔子诞辰2565周年国际学术研讨会暨国际儒学联合会第五届会员大会开幕会上的讲话中，习近平深刻指出："孔子创立的儒家学说以及在此基础上发展起来的儒家思想，对中华文明产生了深刻影响，是中国传统文化的重要组成部分。儒家思想同中华民族形成和发展过程中所产生的其他思想文化一道，记载了中华民族自古以来在建设家园的奋斗中开展的精神活动、进行的理性思维、创造的文化成果，反映了中华民族的精神追求，是中华民族生生不息、发展壮大的重要滋养。中华文明，不仅对中国发展产生了深刻影响，而且对人类文明进步作出了重大贡献。"[②]儒家文化塑造了中华民族精神的基本面貌。文化是民族的精神血脉，文化的"源"不能忘却，民族的"根"需要去挖掘。文化多元化的今天应该继承和发扬优秀的传统文化，尤其是儒家文化。

① 本文原载于《理论学刊》2015年第1期，作者陈敏、鲁力。此处有删改。

② 习近平：《在纪念孔子诞辰2565周年国际学术研讨会暨国际儒学联合会第五届会员大会开幕会上的讲话》，《人民日报》，2014年9月25日。

一、儒家文化的个体思想政治教育价值何在

习近平指出："中国传统文化博大精深,学习和掌握其中的各种思想精华,对树立正确的世界观、人生观、价值观很有益处。学史可以看成败、鉴得失、知兴替;学诗可以情飞扬、志高昂、人灵秀;学伦理可以知廉耻、懂荣辱、辨是非。"①优秀传统文化有着重要的思想政治教育价值。儒家文化作为中国传统文化最重要的组成部分及其精髓所在，更是具有巨大的思想政治教育价值。这个价值首先就体现在它对于个体精神素质的塑造上,有利于个体树立正确的世界观、人生观、价值观和高尚的审美观。

(一)认识世界:有利于树立正确的世界观

思想政治教育的首要任务就是帮助人们树立正确的世界观。着眼世界,世界观是人们对于整个世界总的观点和根本看法。每个人都会从自己的生活经历以及接受的教育中形成自己的世界观。世界观的基本问题是精神和物质、思维和存在的关系问题,根据对这两者关系的不同回答,划分为两种根本对立的世界观基本类型,即唯心主义世界观和唯物主义世界观。思想政治教育的任务就是帮助人们树立正确的世界观，也就是辩证唯物主义和历史唯物主义的世界观。辩证唯物主义和历史唯物主义的世界观也就是马克思主义的世界观。它是唯一科学、正确的世界观,因为它正确回答了世界的本原等一系列重大问题。辩证唯物主义认为,世界是物质的,物质是运动变化的,运动变化是有规律的,可以被人们所认识。历史唯物主义认为,生产力决定生产关系,生产关系反作用于生产力;经济基础决定上层建筑,上层建

① 习近平:《在中央党校建校 80 周年庆祝大会暨 2013 年春季学期开学典礼上的讲话》,《人民日报》,2013 年 3 月 4 日。

筑反作用于经济基础。只有树立马克思主义的科学的世界观,才能正确认识世界、改造世界。正确的世界观对于人生具有导向作用,世界观错了就会走弯路。然而要树立马克思主义的世界观并不是一件容易的事,因为马克思主义源于西方,同时又博大精深。准确把握传统文化与马克思主义世界观的相通性,用传统文化中与马克思主义相通的内容来介绍、格义马克思主义,可以为我们学习掌握马克思主义提供一个拐杖。

中国是朴素辩证唯物主义哲学的故乡。儒家文化中大量的唯物论、辩证法，与马克思主义的历史唯物主义和辩证唯物主义具有深厚的渊源和强大共通性。正因为如此,马克思主义在中国传播的早期很快就被陈独秀、李大钊等具有深厚儒学修养的中国知识分子接受。孔子说:“未能事人，焉能事鬼。”否定鬼神的存在,坚持唯物论的物质第一性原则。孟子说:“无恒产者无恒心,有恒产者有恒心。”坚持社会存在决定社会意识这一重要唯物论原理。荀子说:“天行有常,不为尧存,不为桀亡。”坚持唯物主义的客观性原则。《易经》说:“天地交而万物通也,上下交而其志同也”,把事物的运动变化看成是两个对立面的交合的结果,坚持了矛盾对立统一的辩证法观点。《论语》说:“知之为知之,不知为不知”,要坚持实事求是的认识原则。儒家文化中符合辩证唯物主义和历史唯物主义的论述很多，这对于人们理解辩证唯物主义和历史唯物主义、树立正确的世界观具有很大的裨益。任何真理都是具体的、历史的,马克思主义的世界观只有通过具体的事例展示和形象的理论表述才能获得更好的诠释。马克思主义也唯有用中国化的语言、形式来表述才能更利于大家理解掌握。

(二)人生诉求:有利于树立正确的人生观

构建正确的人生观是思想政治教育的重要任务。人生观是人们对于人生的目的和意义的根本性看法和态度。人生观会受到世界观的影响,由于每个人的世界观不同,因而也会产生不同的人生观。人生观要回答的是关于人生的目的和意义问题,譬如,人生的本质是什么?人活着是为了什么?人应该怎样去生活?怎样的人生才有意义?不同的人会对这些问题有不同的看法,也就会形成不同的人生观。对这些问题的回答,在历史上出现过四种不同类型的答案,也就是四种不同的人生观类型,即享乐主义的人生观、悲观主义的人生观、权力意志的人生观,以及马克思主义的科学的人生观。享乐主义、悲观主义和权力意志的人生观因为夸大了人的某一方面的需求,因而陷入了误区。唯有马克思主义实事求是地回答了人生观的问题,因而是唯一正确、科学的人生观。所谓树立正确人生观也就是树立马克思主义的人生观。"'为人民服务'是马克思主义的人生观的核心和精髓。"[①]马克思主义的人生观要求我们树立建设中国特色社会主义的共同理想,树立为人民服务的高尚情怀,在为祖国的繁荣昌盛,为人民的幸福安康而奋斗的过程中实现自己的人生价值。

儒家文化是一种政治伦理型的文化。儒家文化的宗旨修己达人与为人民服务的人生观息息相通、高度一致。中国古代儒家的人生观在社会理想上讲的是"大道之行也,天下为公,选贤与能,讲信修睦",大同理想与共产主义社会理想有很大的契合性。在个人与社会的关系上倡导"穷则独善其身、达则兼济天下"。"先天下之忧而忧,后天下之乐而乐。"在个人与他人的关系上,主张"己欲立而立人,己欲达而达人"。儒家先贤一向反对享乐主义的人生观,《礼记》说:"欲不可纵,志不可满,乐不可极";反对悲观主义的人生观,《易经》说:"天行健,君子以自强不息";反对权力意志的人生观,"圣人不利己,忧济在元元。"正是儒家这样一种利在天下、大公无私的人生观塑造了一代又一代的爱国爱民的知识分子。毛泽东、周恩来、朱德等中国共产党早期

① 丘伟光、张耀灿:《思想政治教育学原理》,高等教育出版社,1999 年,第 196 页。

的领导人也正是受到这样一种崇高精神的激励，牺牲个人的享受，把自己的人生投入到无限的为人民服务中去，为了中华民族的富强、民主、文明不懈奋斗。今天弘扬儒家文化无疑有利于为人民服务的人生观的建立，儒家文化从来不是自私的文化。

（三）价值追溯：有利于树立正确的价值观

帮助人们树立正确的价值观念是思想政治教育的题中应有之意。价值是一个表示客体对主体需要之满足的关系范畴。人们对于价值问题的认识就构成价值观。价值观是人们对于一个事物是否能够满足人们需要的一种评判。价值观主要有集体主义价值观和个人主义价值观两大类型。集体主义价值观主张，集体利益大于个人利益，当他们之间发生冲突时，个人利益要服从集体利益，同时在不损害集体利益的前提下要使得个人的利益得到实现。个人主义价值观与集体主义价值观针锋相对，这种价值观认为，个人利益高于一切，集体利益要服从个人利益，为个人利益服务，当他们发生冲突时，要优先保障个人利益。个人主义价值观是属于资产阶级的价值观，而集体主义价值观是属于无产阶级的价值观。思想政治教育的使命就是批判资产阶级的个人主义价值观，弘扬社会主义的集体主义价值观。集体主义的价值观要求我们处理好个人利益与集体利益、个人利益与国家利益、眼前利益与长远利益、局部利益与全局利益的关系。

儒家文化的家国情怀总是把个人的价值置于国家、社会、团体的集体价值之中，反对只顾一己私利的个人主义价值观。孔子说："己欲立而立人，己欲达而达人。"个人的价值实现与他人、社会的价值实现是密不可分的。与西方文化总是倡导个人主义不同，儒家文化可以称为一种集体主义文化，强调的重点是公而忘私，大公无私。大禹治水，三过家门而不入，因而大禹大公无私的形象成为儒家文化中的理想人格。"以公灭私，民其允怀。""君子之能以公义胜私欲也。”(《荀子·修身篇》)对于以个人利益绑架集体利益,为了个人利益不惜牺牲人民利益的行为,儒家先贤进行了谴责,口诛笔伐一直不断。商纣王为了一己私利搞得民不聊生,最后被周武王领兵推翻,孟子评论说:“闻诛一夫纣也,未闻弑君也。”儒家知识分子林则徐说:“苟利国家生死以,岂因祸福趋避之。”在马克思主义传入中国的早期,正是儒家文化中的整体主义思想、家国情怀与马克思主义集体主义的高度契合才让中国人民在纷繁复杂的西方思潮中坚定地选择了马克思主义。儒家文化中“天下兴亡,匹夫有责”的价值观,对于现代人树立集体主义价值观有莫大的裨益。

(四)美的召唤:有利于树立高尚的审美观

马克思主义追求的共产主义世界是一个人的自由全面发展的理想社会。人的全面发展,简单地说就是德智体美劳的全面发展。美育是人的自由全面发展不可或缺的重要环节。早在五四运动时期蔡元培先生就呼唤美育,提出以美育代替宗教教育等美育理念。中国共产党人也高度重视美育的作用。1993 年颁布的《中国教育改革和发展纲要》明确指出:“美育对于培养学生健康的审美观念和审美能力,陶冶高尚的道德情操,培养全面发展的人才,具有重要作用。要提高认识,发挥美育在教育教学中的作用,根据各级各类学校的不同情况,开展形式多样的美育活动。”开展美育也是思想政治教育的重要使命。高校思想政治教育要以中国特色社会主义的理想之美育人,以爱国爱民爱家爱乡的情感之美育人,以高超的语言之美育人,以深邃的理论之美育人,还要以博大精深的优秀传统文化之美育人。思想政治教育要培养广大公民对美的鉴赏力,自觉贬斥假丑恶,抵制低俗现象。

儒家文化非常重视美育,孔子以六艺来教导学生,其中诗教、乐教都属于美育的重要范畴。儒家的审美观对中华民族的审美心理起着巨大影响。习近平指出:“春秋战国时期,儒家和法家、道家、墨家、农家、兵家等各个思想流派相互切磋、相互激荡，形成了百家争鸣的文化大观，丰富了当时中国人的精神世界。虽然后来儒家思想在中国思想文化领域长期取得了主导地位，但中国思想文化依然是多向多元发展的。这些思想文化体现着中华民族世世代代在生产生活中形成和传承的世界观、人生观、价值观、审美观等，其中最核心的内容已经成为中华民族最基本的文化基因。”[①]儒家文化中丰富的美育思想、美育实践、美育内容对于我们今天树立高尚的审美观具有积极意义。首先，儒家文化揭示了美育的重要意义。孔子说：“兴于诗，立于礼，成于乐。”用诗歌来打动人激发人，用礼仪来规范人，用音乐来成就人。美育既是育人的起点，也是育人的归宿，要培养人就要先激发起情感动力，而最后是要让人达到一种超越的境界，物我两忘，陶醉其中。其次，儒家文化本身就是美育的重要资源。比如《诗经》作为中国第一部诗歌总集，是中国文学的鼻祖，几千年来陶冶了整个中华民族的情操，今天依然是进行诗教的经典范本。《诗经》中的篇章在两千年以前感动了我们中华民族的先民，今天同样让我们感动。最后，儒家文化丰富的美育实践为今天的美育提供了宝贵的经验和借鉴。

二、儒家文化的社会思想政治教育价值何求

儒家文化不仅对个人有重要意义，可以促进个人树立正确的世界观、人生观、价值观和高尚的审美观，而且对于社会、国家乃至世界都有十分重要的价值。“从历史的角度看，包括儒家思想在内的中国传统思想文化中的优秀成分，对中华文明形成并延续发展几千年而从未中断，对形成和维护中国团结统一的政治局面，对形成和巩固中国多民族和合一体的大家庭，对形成

① 习近平：《在纪念孔子诞辰 2565 周年国际学术研讨会暨国际儒学联合会第五届会员大会开幕会上的讲话》，《人民日报》，2014 年 9 月 25 日。

和丰富中华民族精神，对激励中华儿女维护民族独立、反抗外来侵略，对推动中国社会发展进步、促进中国社会利益和社会关系平衡，都发挥了十分重要的作用。”[①]

（一）价值追求：有利于培育和践行社会主义核心价值观

社会主义核心价值观是立国之本，兴国之魂，强国之要，它体现了社会主义文化价值观的精魂，体现了马克思主义的精髓，展现了当代中国人民良好的精神风貌。党的十八大提出，要在国家层面倡导富强、民主、文明、和谐，在社会层面倡导自由、平等、公正、法治，在个人层面倡导爱国、敬业、诚信、友善，积极培育社会主义核心价值观。社会主义核心价值观立足中国传统文化，体现了社会主义本质，吸收了世界文明成果，展现了时代精神，是社会主义先进文化建设的最新成果。培育和践行社会主义核心价值观，是当代中国文化建设的伟大工程，也是当代中国思想政治教育事业的前沿课题和重大任务。

习近平指出：“培育和弘扬社会主义核心价值观必须立足中华优秀传统文化。牢固的核心价值观，都有其固有的根本。抛弃传统、丢掉根本，就等于割断了自己的精神命脉。”[②]“中华优秀传统文化已经成为中华民族的基因，植根在中国人内心，潜移默化影响着中国人的思想方式和行为方式。今天我们提倡和弘扬社会主义核心价值观必须从中汲取丰富营养，否则就不会有生命力和影响力。”[③]习近平的讲话充分说明，培育和践行社会主义核心价值

① 习近平：《在纪念孔子诞辰 2565 周年国际学术研讨会暨国际儒学联合会第五届会员大会开幕会上的讲话》，《人民日报》，2014 年 9 月 25 日。

② 《把培育和弘扬社会主义核心价值观 作为凝魂聚气强基固本的基础工程》，《人民日报》，2014 年 2 月 26 日。

③ 习近平：《青年要自觉践行社会主义核心价值观——在北京大学师生座谈会上的讲话》，《中国高等教育》，2014 年第 10 期。

观不能脱离文化传统,理解社会主义核心价值观必须借助传统文化。仁义礼智信是中国古人的核心价值观。儒家文化作为中国传统文化的主流,也是社会主义核心价值观的重要渊源。弘扬儒家文化无疑有利于人们对社会主义核心价值观的认同。儒家文化可以给社会主义核心价值观宏厚的历史感、亲切的现实感,让人们感受到对社会主义核心价值观真切的需要。爱国、敬业、诚信、友爱作为社会主义核心价值观的个人层面的要求都是儒家文化的重要内容。培养和践行社会主义核心价值观还要吸收儒家文化在中国传播的经验。儒家文化与社会主义核心价值观具有高度的一致性。

(二)信念追求:有利于坚定“四个自信”

全党要坚定中国特色社会主义道路自信、理论自信、制度自信、文化自信。道路关乎党和国家的前途和命运、人民的幸福。中国特色社会主义道路是党带领人民不断实践探索的结果,是被实践证明的中华民族的复兴之路、国家富强之路、人民安康之路,必须坚定不移。中国特色社会主义理论体系是中国共产党带领人民进行改革开放伟大事业的理论结晶，是被实践证明的科学的理论体系，是党领导我们进行中国特色社会主义伟大事业的指导思想,必须始终坚持。中国特色社会主义制度是党带领人民治国理政、实现人民当家作主、共同富裕的光辉制度,必须坚定不移。坚定“四个自信”是实现中国梦的必然要求。思想政治教育工作要教育人民珍惜来之不易的中国特色社会主义道路、理论、制度、文化,要坚定“四个自信”。

习近平指出,文化自信是根本的自信,是三个自信的重要来源,中华民族自古以来就是一个有着强烈文化自豪感和文化自信的民族,“只是到了鸦片战争时期,在西方的坚船利炮下,中国沦为殖民地半殖民地,文化自信被严重损害”。“今天,我们不仅要坚定‘三个自信’,也要大力弘扬优秀传统文化，……增强文化自信。”①我们要坚持“四个自信”，中国特色社会主义发源于中国的历史和现实，符合中国实际，也符合中国未来的发展方向。儒家文化作为中国的历史和现实的重要组成部分，是中国特色社会主义的重要历史背景，加深了解儒家文化也就深入了解到中国实际，就更加坚信把马克思主义与中国实际相结合的中国特色社会主义。另外，加深对儒家文化的理解，就会加深对东西文化差异的理解，从而也就明白东西方有着不同文化和历史道路，破除对西方道路、西方制度、西方理论的迷信，坚定不移地走自己的路，也就是中国特色社会主义道路、制度、理论。

（三）文化追求：有利于提高文化软实力

世界著名学者、美国哈佛大学约瑟芬·奈教授第一次提出“文化软实力”的概念。约瑟芬·奈认为，一个国家的综合国力由硬实力和软实力构成。一个国家的经济、军事、科技等力量属于硬实力，而文化和意识形态的吸引力则属于软实力。随着冷战的结束，全球化时代的到来，软实力越来越重要，国家与国家的竞争越来越体现在软实力上。美国等发达国家不断地利用其软实力优势对发展中国家进行文化和意识形态的渗透。为了保护自己的文化和意识形态安全，提高综合国力，当前世界各国都在纷纷打造自己的软实力。全球化的领导者美国凭借其强大的文化软实力，不断向世界输出本土文化和价值观，企图用美国文化影响世界文化和价值观走向。面对美国文化的流行，我国的文化和意识形态安全受到巨大威胁，必须加快文化软实力建设，提高我国文化和意识形态的吸引力，保障国家文化和意识形态安全。思想政治教育为提高国家软实力服务，不断推进社会主义先进文化和优秀传统文化进课堂进社会进头脑，化解意识形态风险，保障国家文化安全，抵御西方

---

① 《习近平关注贵阳孔子学堂：弘扬传统文化　增强文化自信》，中国日报网·中国在线，2014年3月7日。

文化殖民主义的渗透。

习近平指出:“中华优秀传统文化是中华民族的突出优势，是我们最深厚的文化软实力。”“提高国家文化软实力,要努力展示中华文化独特魅力”。[①]儒家文化是传统文化的主要组成部分，儒家文化对于构建文化软实力大有裨益。儒家文化可以增强民族的向心力、凝聚力,尤其是增强对于海外华人的吸引力,营造香港、台湾地区的文化归属感。儒家文化可以增强社会主义文化的亲和力、影响力,东亚许多国家都受到儒家文化的影响,至今有着东亚儒家文化圈之称。要加强文化软实力建设就要继续发挥儒家文化巨大的感召作用,历史的中国怀柔远人,万邦归化,儒学传遍东亚世界,未来中国要继续发挥儒家文化的作用,在国际上倡导和谐、大同世界。儒家文化毫无疑义是建设社会主义文化软实力的重要文化资源，是中华民族最宝贵的精神财富。

(四)发展追求:有利于解决和平与发展的世界难题

当今世界很不太平,恐怖主义、霸权主义、军国主义蠢蠢欲动,生态破坏严重,贫富分化加剧,和平与发展的两大难题一个也没有解决。人类的可持续发展受到严重威胁。思想政治教育必须关注人类的生存困境,与人类的其他实践活动一道为化解人类的生存危机而奋斗。

儒家文化有利于解决当今世界的难题。“世界上一些有识之士认为,包括儒家思想在内的中国优秀传统文化中蕴藏着解决当代人类面临的难题的重要启示。”[②]习近平说:“当今世界,人类文明无论在物质还是精神方面都取得了巨大进步,特别是物质的极大丰富是古代世界完全不能想象的。同时,

① 《建设社会主义文化强国　着力提高国家文化软实力》,《人民日报》,2014年1月1日。

② 习近平:《在纪念孔子诞辰2565周年国际学术研讨会暨国际儒学联合会第五届会员大会开幕会上的讲话》,《人民日报》,2014年9月25日。

当代人类也面临着许多突出的难题，比如，贫富差距持续扩大，物欲追求奢华无度，个人主义恶性膨胀，社会诚信不断消减，伦理道德每况愈下，人与自然关系日趋紧张，等等。要解决这些难题，不仅需要运用人类今天发现和发展的智慧和力量，而且需要运用人类历史上积累和储存的智慧和力量。”[①]其中尤其是要运用儒家的智慧，曾经有诺贝尔奖得主呼吁，人类必须要回到孔子那里去才能得救。儒家天人合一的思想有利于缓解人与自然的冲突，民胞物与的思想有利于缓解人与人之间的隔阂，不患寡而患不均、不患贫而患不安的思想有利于消除贫富分化加强社会稳定，大同世界、万邦协和的思想有利于世界和平。在今天世界历史性的人类生存困境面前，儒家古老的智慧又露出了笑脸。

三、实现儒家文化思想政治教育价值的有效路径

“不忘历史才能开辟未来，善于继承才能善于创新。优秀传统文化是一个国家、一个民族传承和发展的根本，如果丢掉了，就割断了精神命脉。我们要善于把弘扬优秀传统文化和发展现实文化有机统一起来，紧密结合起来，在继承中发展，在发展中继承。”[②]我们必须高度重视儒家文化的现代价值，让儒家文化成为文化建设的宝贵资源，充分实现其价值。

（一）转变对儒家文化的认识，高度重视其思想政治教育价值

“儒家是中华民族根源意识。它的历史比封建社会悠久，它的命运比封建专制长远，专制君主选定它作为意识形态，并不在于它与封建君主专制配

①② 习近平：《在纪念孔子诞辰 2565 周年国际学术研讨会暨国际儒学联合会第五届会员大会开幕会上的讲话》，《人民日报》，2014 年 9 月 25 日。

套,而是借用民意,打着儒家的旗号而已。即使儒家为官方意识形态,也不过是历史上某一个历史时期而已。儒家学说广大悉备,包罗万象。不能将儒学等同于封建主义,更不能简单地将儒学简约为封建意识形态。”[①]我们要重新认识儒家文化,重新认识中国传统文化,树立我们的文化自信。近代以来我们的文化不自信根源就在于落后挨打,今天我们已经走上富强、民主、文明、和谐的大国之路,理应建立自己的文化自信,也理应正确认知自己的文化。过去我们对文化的判断是处于国家不正常的状态下做出的，知识分子们义愤填膺,希望能够赶快救国救民,错误地把板子打在儒家文化身上。今天我们以一个大国应有的正常心态重新认识自己、重新评价自己的历史和文化。否定自己的历史和文化,一味以西方的是非为是非,围着洋人转,这是历史虚无主义,不是对待历史的正确态度。

要坚持古为今用,高度重视对儒家文化现代价值的开发和利用。我们必须认识到儒家文化是思想政治教育的重要资源，对于人的全面发展和社会主义文化建设都有不可替代的作用。能否开发利用好儒家文化资源关系到当代公民道德建设、社会主义核心价值观建设的成败。儒家文化是我们建设社会主义先进文化的重要支点。理论界、学术界要自觉挖掘儒家文化的积极因素,为儒家文化的现代开发利用提供前提条件;宣传界要为开发儒家文化的价值摇旗呐喊;教育界要把儒家文化传承落到实处,进教材、进课堂、进头脑;政府部门要为儒家文化的开发提供政策扶持和经济支持。

(二)加大对儒家文化的宣传力度,重视儒家文化的教育和传承

发挥传统儒家文化的思想政治教育价值就要加大宣传力度。正如习近平指出的,对儒家文化等优秀传统文化“要加大正面宣传力度,通过学校教

① 颜炳罡:《儒学与封建专制并不配套》,《北京日报》,2010 年 5 月 17 日。

育、理论研究、历史研究、影视作品、文学作品等多种方式，加强爱国主义、集体主义、社会主义教育，引导我国人民树立和坚持正确的历史观、民族观、国家观、文化观，增强做中国人的骨气和底气”[①]。对儒家文化的宣传首先要坚持正确的舆论导向，传播正能量，反对歪曲事实的虚假宣传，反对崇洋媚外的论调。要选取儒家文化中有益于培育良好社会风气、有益于个人身心发展的积极的因素进行宣传报道，营造宣传报道儒家文化的良好氛围，树立民众的文化自信。宣传可以采取多种形式，多管齐下。儒家文化是一个伟大的文化，几千年来为中国的大统一和社会稳定做出了巨大贡献。儒家文化对世界文明贡献良多，尤其对于周边国家的文化发展和社会进步做出了突出的贡献。儒家文化对于世界不是可有可无、无关紧要，而是举足轻重，影响既深且巨。要宣传报道儒家文化的光辉成果，让民众了解以儒家文化为主导的中华文化是地球上唯一经过几千年时光变迁而不减损其价值的文化，五千年灿烂的文化是一笔宝贵的财富。

仅仅是舆论宣传还不足以发挥儒家文化的思想政治教育价值。宣传起到的效果毕竟有限。要充分发挥儒家文化的价值必须进行传统文化教育，把儒家文化纳入教育教学体系。要把儒家文化作为思想政治教育工作的重要资源。儒家文化中有很多宝贵的精髓值得我们认真继承和发扬。世界各国都注重用自己的优秀传统文化来教育自己的下一代，培养他们的民族自信心、自豪感。费孝通先生主张：“各美其美，美人之美，美美与共，天下大同。”历史已经证明，不顾一切全盘否定自己的民族传统文化，既不可能实现国家富强、人民幸福，也不利于现代化建设，相反可能走向历史虚无主义。优秀传统文化对于现代化建设事业不仅没有阻碍作用，反倒能为被工具理性压抑的现代人提供一点精神的慰藉。要发挥优秀传统文化的思想政治教育功能，必

① 《建设社会主义文化强国　着力提高国家文化软实力》，《人民日报》，2014 年 1 月 1 日。

须把儒家文化教育融入国民教育体系，加快建设儒家文化的传承机制。把儒家文化教育融入国民教育体系，可以在思想政治教育理论课中增添儒家文化的内容，把儒家文化的元素融入当前已有的思想理论教育课程，也可以把儒家文化单独列为一个思想理论教育的课程，还可以单独开设儒家文化修养方面的选修课、通识课。

（三）加强对儒家文化保护力度，促进其与社会主义社会相适应

要发挥儒家文化的思想政治教育功能就必须加强对儒家文化的保护。儒家文化是一个综合体，既包括精神文化也包括物质文化。对儒家文化要全面加强保护。中国应该加倍珍惜儒家文化，保护儒家文化遗产。一个国家的发展不能离开自己的历史文化传统。尤其是像中国这样的文明古国要更加重视保护自己的传统文化。建设中国特色社会主义先进文化的任务任重道远。要加快建设儒家文化传承机制，把当前的儒家文化遗产好好保护起来，感知优秀传统文化的化人力量。儒家文化要发挥作用不能只停留在宣传报道和理论研读的表面，要建构一个儒家文化的环境，以文化人。

要有面向世界的胸怀，面向未来的眼光，面向现代化的睿智。不断地推动儒家文化的创造性转化、创新性发展。儒家文化唯有实现创造性的转化才能更加适应时代的发展要求、适应社会发展要求。“周虽旧邦，其命维新。”儒家文化不朽的生命力正在于它能够与时俱进，永远保持对时代的敏感性，对其他文化成果的兼容并包性，不断调整和完善自己，在实践中发展自己。

第五章 孔子教育思想及其当代价值研究

孔子(公元前551年9月28日至公元前479年4月11日),姓孔,名丘,字仲尼,祖籍宋国栗邑(今河南省商丘市夏邑县),生于春秋时期鲁国陬邑(今山东省曲阜市)。中国历史上最伟大的思想家、教育家,与弟子周游列国十四年,晚年修订六经,即《诗》《书》《礼》《乐》《易》《春秋》。孔子一生从事教育工作,培养了大批优秀的弟子,相传孔门弟子三千,贤人七十二。孔子对中国教育史影响深远。孔子的教育思想是时代的产物,与孔子生活的时代背景、人生经历以及哲学思想息息相关。要理解孔子的教育思想,首先需要把握孔子教育思想产生的时代根源、思想基础乃至孔子的个人性格、人生经历,等等。

一、孔子教育思想的形成

(一)孔子教育思想产生的时代背景

孔子生活在一个礼崩乐坏的时代。当时正处于春秋时期,在经济上,井田制已经遭到破坏，土地私有制越来越成为时代的潮流。在政治上，封建宗法制越来越不能适应时代的发展要求，周天子的地位遭到各国君主的挑战。在思想上，传统的天命观念受到质疑，进入了一个人的发现的时代。

1.士阶层的崛起

简而言之，士就是指知识分子阶层。“彼学者，行之曰士也。”（《荀子·儒效》）春秋战国时期，士作为一个有独立的社会地位，有较多的文化知识，脱离物质生产劳动，专门从事脑力劳动的阶层。它的出现是时代发展的必然。从经济上来说，春秋战国时期铁器和牛耕的发明和广泛应用，劳动生产效率飞跃式突进，造成社会分工的进一步发展，脑力劳动和体力劳动逐步分离，社会能提供足够的劳动产品以养活专门从事脑力劳动的阶层。从社会层面来说，随着封建宗法制被破坏，统治阶级内部，一部分人失去了生产资料或是失去了昔日服务的对象。这些人普遍有较高的文化知识修养，但是没有了昔日的尊贵，只能靠出卖自己的脑力劳动谋生。同时，宗法制度的松动，使得庶人中的佼佼者有可能进入士这一阶层。从政治上来说，春秋战国时期，各国之间的战争十分频繁，各国为了在战争中取胜，获得生存的权利，甚至发展霸业，不惜重金招揽人才，利用他们的聪明才智来为本国服务。这极大地促进了士阶层的快速膨胀。

恩格斯曾经称赞文艺复兴时代是一个需要巨人并且产生了巨人的时代。“春秋战国时期，同样是这样一个需要巨人而且产生了巨人的时代。”①在士这一阶层中产生了中国历史上最为杰出的一群思想家以及文化巨人：思想家有老子、孔子、庄子、墨子、邹衍、孟子，等等；政治家有管仲、晏婴、子产，等等；军事家有吴起、白起、孙武，等等。可谓群星璀璨，光耀千古。②士这一阶层摆脱了封建宗法制的压制，在春秋战国那样一个自由的时代，创造活力被

① 冯天瑜等：《中华文化史》，上海人民出版社，2010年，第240页。

② 参见冯天瑜等：《中华文化史》，上海人民出版社，2010年，第240页。

极大地激发出来,他们思想活跃、意志坚定、品格高尚,有着自己独特的价值观念。

士不同于以往的贵族知识分子,有自己独特的精神世界和价值追求。首先,他们以天下为己任,而不是某一姓某一国的依附者。士不属于任何一个特定阶级,他们超越了特殊的阶级地位的局限,能站在整个民族整个国家乃至整个天下的角度来看问题。他们思考的是具有普遍性意义的课题。其次,他们积极参与政治活动,希望通过政治活动实现自己的人生理想和伟大抱负。孔子周游列国就是希望得君行道,把自己的儒家之道推广开来。孟子、墨子等莫不是政治活动家。最后,他们有强烈的社会责任感和自觉的道德修养。春秋战国时期的知识分子无一不是以天下为己任,想要救民于水火之中。他们也都有自己的道德修养主张。

2.文化与教育的转移

春秋时期的社会变革,打破了封建宗法制的藩篱,从根本上动摇了宗法制的文化与教育制度,贵族对于文化与教育事业的垄断不能再继续维持了,“学在官府”的局面维持不下去了。“在殷商西周时代,巫史掌握文化教育,只有贵族及其子弟才有受教育的特权。教育内容,也主要局限在礼制、法度、宗教神学的范围之内,政教不分,官私合一。”[①]然而到了春秋时期,公室衰败,养不活这么多人,原本在贵族、诸侯大夫门下从事文化活动的士,只能自谋出路,他们各自奔前程,使得学术下移。流落于民间的士阶层,为了自身的生存,开始讲学于民间,于是私学兴起。孔子说:“自行束修以上,吾未尝无诲焉。”(《论语·述而》)这就是说,只要出得起学费都可以接受教育。于是,教育普及到普通民众中,贵族对于文化的垄断被彻底打破了。在此之前,私人讲学是不可能的。但是春秋以后私人讲学的风气渐浓。不仅儒家进行私人讲

① 冯天瑜等:《中华文化史》,上海人民出版社,2010年,第245页。

学，诸子百家都在进行讲学，宣传自己的政治主张，按照自己的理想模式去培养人才。孔子弟子三千，墨子服役者百八十人。教育活动成为一种自觉。在私人讲学的风气中，齐国的稷下学宫最为著名。稷下学宫存在一百五十多年，汇集道、法、儒、墨兵、农、阴阳各家各派学者讲学，造成一种空前繁荣的学术氛围。

3.民本主义思潮

春秋战国时代，“是天的权威的动摇，是神的地位的沉沦，是士阶层的崛起，是人的力量的迸发”[①]。人的发展就带来了人的地位的提高。神本政治被人本政治取代。在人与自然关系上，强调人的作用。在人与人之间的社会关系上，强调普通大众的作用，而弱化君主或统治者的作用。民本主义思潮是人的发现的必然结果。

在殷商西周时代，流行的是天道观，认为天道主宰人间之事。然而到春秋时期，由于周王室的衰败，人们对天道的崇拜也动摇了，人们转而关注人道。子产说：“天道远，人道迩，非所及也，何以知之？”（《左传·昭公十八年》）受到这种思潮的影响，孔子对于鬼神只是采取一种存而不论的态度，更多强调人事。孔子对人的力量予以肯定，强调国家治理的好坏在于统治者是否遵守“仁”道，而非在于天命。如果统治者不守规矩，那么人民也会不守规矩。人间的秩序归根结底由人的行为决定。孔子向往的是尧舜时代的原始民族政治，对于统治者的专制残暴深恶痛绝，口诛笔伐。他向往民主，所以要给大众以教育，只有受过教育的民众才能更好的发展民主。

① 冯天瑜等：《中华文化史》，上海人民出版社，2010年，第248页。

(二)孔子的人生经历

孔子是中国古代伟大的思想家和教育家,被中国古代统治者尊崇,并且被认为是圣人,如清朝的康熙皇帝就给他题匾额"万世师表",予以褒奖。历朝历代的封建统治者由于统治的需要,都非常推崇他的学说。主要以他的思想为核心发展而来的儒学,在中国古代发展成为显学、官学,在古代要做官,就必须成为儒学方面有很深造诣的人,这样才能通过科举考试的选拔,成为国家文职官员系统的一员。

1.家庭出身

孔子生活在春秋时期,各国之间攻伐不断,战争频繁。孔子的父亲名叫叔梁纥,母亲名叫颜征在。结婚时叔梁纥已经六十多岁,垂垂老矣,而颜征在还是一个二十多岁的妙龄女子。父亲在孔子三岁时便去世了,母亲由于失去丈夫悲伤过度,在孔子十几岁时便早早离开了人世。这对孔子的人生观、世界观和价值观产生了非常深刻的影响。因为很小的时候父亲的去世,母亲一个人抚养孔子,孤苦伶仃,孔子为了生活而广泛参加各种社会实践活动,并不像当时大多数的士人那样,四体不勤五谷不分。孔子后来回忆称:"吾少也贱,故多能鄙事"(论语·子罕篇)。孔子的父亲叔梁纥是鲁国一个有名的将军,地位很高,属于当时的统治阶级,如果他还活着,孔子的生活不会那样差,不用操心生活,不用从事体力劳动,无忧无虑,也就失去了参与广泛的社会生活的机会,也就不会产生许多超越时代的宝贵思想。

2.政治活动

春秋时期,是一个诸侯争霸的时代,正如司马迁在《史记·太史公自序》中所指出的:"春秋之中,弑君三十六,亡国五十二,诸侯奔走,不得保其社稷者,不可胜数。"当时一边是奴隶主和奴隶制度的没落,一边是封建主阶级的产生和崛起。在那个大变革的时代,有识之士纷纷著书立说,表达自己对于社会变革的看法,表达本阶级的利益诉求和阶级主张。孔子作为新兴地主阶级的利益代表,自然也要宣传他的政治主张,实现政治抱负。因此孔子带领学生,周游列国,传播他以“仁政”为核心的政治主张。

3.教育活动

孔子一生几乎都在从事教育工作,弟子三千,贤人七十二,充分说明孔子的教育工作卓有成效。孔子的教育活动可分为三个阶段。第一阶段是起步阶段,从开始从事教育到前往齐国之前。这一阶段孔子的学生人数不多,但是由于孔子教育的效果好,已经在社会上得到较大的认可。这一时期的弟子主要有颜回和子路。第二阶段是成熟阶段,从 37 岁回到鲁国到 55 岁周游列国之前。这一阶段孔子的教育活动影响力越来越大,弟子越来越多,其教育思想也越来越成熟。这一时期孔门弟子一部分进入政界,另一部分追随孔子周游列国。第三阶段,自 68 岁周游列国结束回到鲁国一直到孔子去世。这一时期孔子也断断续续对政治产生影响,但是主要精力放在儒家文献的整理上。这一时期孔子为儒家学说的继续传播和发扬光大培养了接班人,如子游、子夏、子张、曾参。

(三)孔子教育思想的哲学基础

孔子的教育思想是以他的哲学思想为基础的。他的教育思想与哲学思想高度一致,可以说孔子的教育思想是他的哲学思想在教育领域的运用,也可以说他的教育思想是他的哲学思想的自然延伸。孔子的教育思想与哲学思想浑然一体。所以要理解孔子的教育思想必须对他的哲学思想也有所了解。

1.仁学思想

“仁”是孔子思想的核心。“在孔子的哲学思想体系中,仁作为核心范畴,既是对人的本质的把握,也是一种极高的人生境界;既是一种社会的伦理法则,也标志一种理想的人格;既是一种治国安邦之道,也表现为一种理想社会的观念。”[①]作为对人的本质的理解,孔子将“仁”理解为“爱人”。所谓仁者,人也。人生活在社会中,就需要爱自己的同类。那么如何去对待自己的同类呢?也就是仁应该怎样去践行呢?孔子提出“忠恕之道”。具体来说就是“己所不欲,勿施于人。”自己不愿意做的事,也不强迫他人去做。同时认为“己欲立而立人,己欲达而达人”,我想要获得成功,那么也同样帮助他人去成功。我想要实现自己的理想,那么也要去帮助他人实现自己的理想。孔子的“仁”道,便是体验一个人的道德情感,去关爱同类。由此出发发展出一整套的理论。

在人生境界方面,孔子认为,达到仁是非常不容易的。仁的境界就是尧、舜、禹、周公也达不到。要做到仁,首先必须克己复礼。作为一种社会的伦理法则,“仁”要求人们做到友善地对待他人,关注他人的苦难。作为一种理想人格,“仁”代表儒家的最高理想追求。作为一种治国安邦之道,“仁”是统治者的修身要求也是对统治者进行国家治理的要求,只有把“仁道”转化为“仁政”,国家才有希望。作为一种理想社会的观念,“仁”代表了一种理想的社会状态。

2.认识理论

孔子的认识论存在“生知”和“学知”的矛盾,但是孔子更注重“学知”。孔子说:“生而知之者上也,学而知之者次也,困而学之又其次也,困而不学,民斯为下矣。”(《论语·季氏》)“惟上智与下愚不移。”(《论语·阳货》)“中人以上,可以语上也;中人以下,不可以语上也。”(《论语·雍也》)在孔子看来,有的人生来就具备知识,他们的知识是天生的,是先于经验的,这些人属于上等人之列。而另外一些人则不具备接受教育的可能性。并且最有智慧的人和

① 李景林、郑万耕:《中国哲学概论》,北京师范大学出版社,2010年,第4页。

最愚蠢的人不能改变。这样,孔子就为他的教育理论找到了认识论、人性论的根据。孔子认为,有的人可以进行高深的教育,而有的人则不能进行高深的教育。孔子"生而知之"这种思想有一定的唯心主义性质。但是孔子思想也有其合理性,孔子看到人们的认识能力的差别有其先天基础。孔子非常重视学而知之这一个层面。他提出了"下学上达"的认识方法。孔子认为自己天资并不好,主要是通过自己的努力学习来发展自己的智慧。

3.中庸之道

孔子主张不偏不倚的中庸之道,将其看作是一个重要的思想方法和处事原则。孔子说:"中庸之为德也,其至矣乎!民鲜能久矣。"(《论语·雍也》)中庸的处事原则要求做到"和而不同",也就是与人和睦相处,但不直接同一,最终达到"中和"的效果。从中庸的处事原则来看"过犹不及",一件事情做过了头、过分了,和没有做到、做得有所欠缺是一样的,好比打球,力度太大打出了界或者力度不足没有打到球门,结果是一样的。中庸的原则要求做事情刚刚好,不多不少,不过也不要不及。孔子认为舜是中庸的代表,用其中于民,做人就要像舜那样去践行中庸的原则。

二、孔子教育思想的主要内容

孔子教育思想具有全面性,对于教育的地位、功能和作用,以及教师的作用,学生在教育中的地位,教育的方法等都有非常深刻的认识。孔子教育思想是一个博大精深的体系,无论是德育、智育还是美育、体育,孔子都有所论述。本节中论述的仅仅是比较主要的一些内容。

（一）孔子的教育地位观

孔子认为，教育具有重要的价值，对国家来说，教育是国家治理必不可少的工具和手段，缺少了教育，政治统治就不能良好地运行。对个人来说，教育是完善个人文化道德素质，促进全面发展的必要手段，一个人缺少教育就不可能走得太远。无论对社会还是个人，教育都是一个关键因素。

1.教育是政治的重要组成部分

柏拉图认为，教育是为政治服务的，教育是实现理想的政治的重要手段。通过教育为政治培育理想的公民，尤其是要培养具有高度智慧的统治者哲学王。为此，柏拉图主张取消家庭教育，而由国家提供的公共教育代之。所谓英雄所见略同。孔子与柏拉图的教育思想有很大的相通性，孔子把教育看成是政治的重要组成部分。孔子指出："道之以政，齐之以刑，民免而无耻。道之以德，齐之以礼，有耻且格。"（《论语·为政》）在孔子看来，教化是从事政治的最佳手段。只有通过教育让人们懂得遵守道德和法律，国家的治理才会取得实效。忽略教育手段的政治，不会取得好的效果。在孔子看来，人总要处于一定的社会环境之中，不可能脱离国家和社会而独立生活，离群索居不是人的正常生活状态。正常人的生活必定是在一定的国家或社会之中进行的。孔子的时代道德崩溃，天崩地裂，有人劝孔子离群索居，孔子说："鸟兽不可与同群，吾非斯人之徒与而谁与？"（《论语·微子》）国家应当积极关注每个成员的生活福祉，同样个人也应当积极关注公共事务，关注国家的建设和发展。孔子认为，教育的事是属于整个国家的事，而非仅仅是家庭的或个人的事，孔子反对统治阶级垄断教育资源，而推崇有教无类的思想，即每个人都有受教育的权利。同时，孔子强调教育是培育人们的理智与全面的发展，以适应政治社会的需要，而不是培养奴才。从这个意义来说，孔子对于灌输式教育方式是持有很大保留态度的，因为灌输式的教育固然可以取得一定效果，但是过分压抑了人的个性，不利于人们追求自己的幸福。

2.教育是促进个人全面发展的手段

孔子认为，教育是促进个人全面发展的手段，人的全面的和谐发展需要教育。在这一点上，孔子教育思想类似柏拉图的教育理念。柏拉图不仅重视培育学生的理智，同样注重体育和音乐对人的培育作用。孔子认为，人是肉体与灵魂的统一。教育的目的就是开发人的德智体全方位的潜能，使人得到全面和谐的发展。

首先，开展体育，训练人的身体。孔子认为，体育可以锻炼人的良好身体素质。通过骑马、射箭、体操等体育训练，人的身体机能能得到极大的改善和提高。同时孔子反对残暴的、过度的体育训练，因为过度训练反而伤害正在发育中的青少年的身体。在孔子看来，身体训练不是目的，而是人的全面发展的一个环节、一种手段。其次，开展品德教育，培养良好的道德习惯。孔子认为，道德品质是通过不断的训练而习惯成自然的，人的灵魂由理性与非理性两个部分组成。非理性如情感、欲望，无所谓善恶，贵在使其得到理性的引导与规范。得到理性引导的非理性与理性是同样属于善的。善与恶的关键都在于品德的训练，良好的品德训练能够化恶为善，使人改过自新。孔子尤为强调音乐对品德养成的作用。音乐的作用是多维的，可以娱乐，可以陶冶情感，可以供消遣时光。孔子更为强调音乐对于人的灵魂的陶冶作用。但是孔子也指出音乐教育要坚持正确导向，反对选那些低俗的作品来让学生学习，对于靡靡之音孔子进行了坚决的批判。要坚持循序渐进原则，不可揠苗助长。要反对将音乐教育专业化，音乐教育不是为了培养音乐工匠，而是为了培养灵魂的和谐。最后，开展智育，培育人的理性。品德教育的重点是培育具有仁义礼智信等优良道德品质的公民。但孔子认为，品德教育并不是教育的最高目的、最高境界。教育的最高目的是为青年正确享受闲暇做准备。孔子认为，人生最大的幸福是过一种沉思的生活，因为沉思是人的最高理性灵魂的特征,能够使人懂得沉思也就是教育对人的最大的意义。孔子不认同狭隘的专业教育,而提出“君子不器”的教育主张,这种教育就是孔子理想的教育,也就是君子的教育。

(二)孔子的教师观

孔子重视教师的地位,充分肯定教师对于学生成长成才的重要作用。孔子以身作则,展现了教师这一职业的神圣性,为提高教师的社会地位做出了贡献。同时孔子对于教师的自身素质提出了要求,他认为教师应该具有高尚的人格和良好的思想道德,教师应该是具有很强的文化和专业素养的人,教师应该具备良好的教育艺术。

1.教师应该具有高尚的人格和良好的思想道德

中国人自古以来就有尊师重教的优良文化传统。尊师重教不是没有原因的,不是对教师的盲目崇拜,而是对知识的尊重,对自然规律的敬畏。有史可考的历史之中就有神农尝百草。神农是部落的首领,为了让生病痛苦的老百姓得到医治,亲自尝试百草之性,得到了丰富的中医药知识,他算是医药学家,但是同时也是教育家,他要把自己所获得的草药知识传授给民众。民众出于对自然规律的敬畏,出于对医药知识的尊重,自然也就对作为教师的神农推崇备至,无限尊重。除此之外,尊师重教更重要的原因在于,教师是具有高尚人格的人,是具有良好的思想道德修养的人,这样的人是社会的道德所在,良心所在,值得全社会的尊重。孔子主张教师应该成为,学为人师,行为世范的人。在《论语·子路》中孔子指出:“其身正,不令而行;其身不正,虽令不从。”就是说,一个教师,如果自身正派,凡事做的过硬,就是不用命令的手段,学生也会见贤思齐,自然而然在潜移默化中去用正确的方法做正确的事情;如果一个教师,自身修养不够,为人不够正派,那么即使他采取强迫的手段,学生也不会按照他要求的去做。所以教师必须要有道德,这不仅关乎学生对你是否尊重，也关乎教育的效果。孔子就是一个有着非常正派行为和高尚思想修养的人，他在周游列国的过程中，得到了学生的鼎力相助，有的出钱，有的出力，有的甚至为之牺牲，试想，除了高尚人格魅力的感召，孰能如此？孔子在《论语·子路》指出："不能正其身，如正人何？"如果自身端正，作为教师又有什么困难的呢？如果自身都不能够端正，又如何能够使别人端正呢？

2.教师应该是具有很强的文化和专业素养的人

教师不仅要思想品德过硬，还要在文化和专业素养方面过硬。文化素养方面要求教师具有广博的文化知识，不能囿于某一个学科范围，而应该博古通今，上知天文，下知地理，学贯中西。专业素养包括两个方面内容，一个是基本的教育教学的综合素养要过硬；另一个是所专门从事的学科知识素养要过硬。所谓教育的综合素养，就是指能够从事教育工作的一些基本教育教学理论知识和特征；所谓的专门学科素养就是所任教的科目要做到胸有成竹，给学生一碗水，必须自己有一桶水，一缸水。随着科学技术的进步，特别是在信息爆炸的时代，社会分工也越来越细，越来越深入发展，这对教师提出了挑战，在知识面上要做到广博，在所传授知识技能方面又要做到专精，对所任教的科目要深入研究，才能做一名合格的教师。正如唐代大文学家韩愈所指出的："师者，传道，授业，解惑也。"传道就是教给学生宇宙人生的道理，教师没有广博的知识，就无法做到这一点。授业就是教给学生具体的某一个科目，某一项技能，教师自己如果不能精通某个科目或技艺，也无法做到这一点。学生心中有疑惑，希望教师解开，就是必须高屋建瓴，站在历史的高度，哲学的高度才能让学生如醍醐灌顶，感受到教师巨大的智慧。教师要做到这些就需要学习。孔子在《论语·雍也》指出："君子博学于文，约之以礼，亦可以弗畔矣夫！"就是要求教师广泛地学习文化知识，用道德约束自己，从而做一个不违背师道的老师。

3.教师应该具备良好的教学艺术

教师有好的品行,又有渊博的知识,还不足以成为一个优秀的、卓越的教师,还必须懂得教学的艺术。教育并不是将知识填鸭式地灌输给学生,而是要采取一定的方式方法,才能够奏效,这就涉及教学的艺术。一个平庸的教师往往是照本宣科,听着乏味,让学生打不起精神,而一个优秀教师,从走上讲台的第一天起,就懂得学习和研究教育教学的方法。平庸教师和优秀教师起初在教学知识、教学能力上面并无多大差距,但是随着时间的流逝,在经验的积累上,就显得很不同。平庸教师教了很久,还是老方法,老套路,乏善可陈,而优秀教师总是在不断学习和提高,其教学的艺术也在一步步提高,最终达到炉火纯青的境地,使受教育者如沐春风,乐于听从教诲。有没有教学的艺术差别是很大的。不懂得教学艺术,好孩子都能教成坏孩子;懂得教学艺术,坏孩子也能够教成好孩子。孔子本人就是教育艺术的积极探索者和实践者,他在实际的教学过程中,注重启发,循循善诱,收到了良好的教育效果。

(三)孔子的学生观

孔子提出有教无类的重要思想,着力于提高全民族思想文化素质。孔子也从教育的角度来认识学生,分析怎样提高教学效果,使得学生更好受益。孔子认为,学生是发展中的人,是有待提高的人;有教无类,人人都可做学生;师生关系平等和谐,但学生需要爱护。

1.学生是发展中的人,是有待提高的人

孔子对于年轻一代充满了殷切的期待。正如毛泽东曾经指出的,历史上许多伟大的事情是年轻人做的。年轻人充满了蓬勃的朝气,他们有理想有志气,国家的明天,民族的未来是他们的。对此孔子在《论语·子罕》中指出:“后生可畏,焉知来者之不如今也?”意思就是说,年少的人是可敬畏的,如何能够推断他将来比不上现在的人呢？学生是在发展、成长的，他们虽然现在年轻，可能许多地方不够完善，但是将来会成熟起来，肩负起历史的重任。

2.有教无类，人人都可做学生

学习和受教育并不是某一个人的事情，也不是某一群人的专利，人人都有受教育的权利，人人都有学习的需要和必要。孔子在二千多年前就深刻认识到了这一点，因此孔子办学，破除门户之见，对学生有教无类，只要你愿意学，他就愿意教。对此根据《论语·述而》记载，孔子的具体做法是："自行束修以上，吾未尝无诲焉。"就是只要给孔子送十条以上干肉作为见面礼的，孔子从来没有不教诲的。不论贤愚，不论家庭情况，政治背景，孔子做到了真正的教育平等，曾经进过监狱的公冶长，富得流油的子贡，家里非常贫困的颜回都平等地坐在了孔子的课堂上，并且都成为孔门高徒，最终成长成才。

3.师生关系平等和谐，但学生需要爱护

孔子一直是主张师生关系平等的，只有师生关系平等了，才能产生师生关系的和谐。师生关系和谐了，才能够调动一切对教育有利的因素，才能提高教育的质量和效果。教育不是单方面的行为，是心灵与心灵的沟通，是思想与思想的交流，是一种相互的关系，教育者在影响被教育者的同时，也受到被教育者的影响。和谐平等的师生关系，有利于师生之间的相互信任。师生之间的彼此尊重，又加深了彼此间的信任，有利于师生彼此之间的沟通，从而得到最佳的教育效果。但是不论怎么说，一般而言，老师比学生年龄要大，经验要丰富，因此老师对于学生负有教导之责，在生活上关心学生，在学习上爱护学生。根据《论语·宪问》记载，孔子曾经说过："爱之，能勿劳乎?忠焉，能勿诲乎?"意思就是，要爱护学生，怎么爱护呢？?就是让学生勤劳。要忠于教育事业，怎样做到忠呢？就是对学生进行教诲。可见孔子是十分爱护学生的，但是与我们一般想象的爱不同，孔子对学生不是溺爱，不是宠爱，不是偏爱，而是着眼于学生未来发展的大爱。

(四)孔子的教育方法观

孔子作为一名成功的教育工作者培养出了大批英才，这与孔子优良的教育方法分不开。孔子的一系列教育方法今天仍然值得我们学习。孔子要求学生善于思考,必须做到举一反三。孔子针对不同的学生做到因材施教,要求学生温故知新,及时复习,同时孔子言传身教,重视实践。孔子的教育方法具有高度的科学性和艺术性。在孔子看来,学生不是工厂的产品,而是一个个不可复制的艺术品。孔子就像对待艺术品一样去塑造每一个学生。

1.要求学生善于思考,必须做到举一反三

孔子对学生要求非常严格,对于懒惰的学生,常常给予严厉的批评,弟子宰予白天上课睡觉,孔子给予无情的嘲讽:“朽木不可雕也”。那么学生人到了,心没有到,孔子是怎么处理的呢?答案是后果很严重。孔子要求学生,在听了老师的讲解之后能够及时消化吸收,并且融会贯通,学会运用,如果不能做到这一点,说明学生没有认真学习,对于这样的学生孔子采取冷处理的办法,让学生认识自己的问题,从而不敢偷懒。《论语·述而》记载了孔子对弟子学习的要求:“不愤不咎,不悱不发。举一隅不以三隅反,则不复也。”意思就是,不到学生努力想弄明白而又无法明白的程度,就不要去开导他;不到学生心里明白却又无法完善地表达出来的程度,就不要去启发他。如果学生不能做到举一反三,就不要再反复地给他举例了。孔子说:“知之者不如好之者,好之者不如乐之者。”中国教育有着强调乐知的良好传统。老师乐于教,学生乐于学,就是乐知的良好表现。如果没有广泛的实践,就不可能有浓厚的学习兴趣,这就必须让学生多加实践。良好的学习氛围,也是促进学生乐学的有效途径,因此教师要注意在班上为学生创设一个良好的学习环境。

2.针对不同的学生做到因材施教

在《论语·先进》中记载了一个小故事,非常生动形象的给我们说明了孔子是如何对学生进行因材施教的。子路问："闻斯行诸？"子曰："有父兄在，如之何其闻斯行之！"冉有问："闻斯行诸？"子曰："闻斯行之！"公西华曰："由也问'闻斯行诸'？"子曰："有父兄在"；求也问，"闻斯行诸？"子曰："闻斯行之"。赤也惑，敢问？子曰："求也退，故进之；由也兼人，故退之"。子路问孔子："听到了一个好的道理就去实行吗？"孔子说："有父亲和兄长在，怎么能听到了就去实行呢？"冉有问孔子："听到了一个好的道理就去实行吗？"孔子说："是的，听到了一个好的道理就去实行。"公西华听到两个人问孔子同样的问题，可是孔子的答案却不同，不由得感到困惑，于是问孔子为什么回答不同。孔子说，因为子路比较勇敢，所以要让他懂得三思而后行，而不是马上行动。而冉有这个人比较怯弱，所以需要鼓励他去行动。如果不是对学生性格脾气有深刻的了解，孔子不可能做到因材施教。今天的大班化教学，一个班往往几十人，而且不同的年级会换不同的老师教，教师很难再像孔子那样对每一个学生都有深刻的认识，做到因材施教了。

3.温故知新，及时复习

在孔子看来，学习是一个渐进的过程，不可能一蹴而就。对于知识的学习和自身的修养都需要反复磨砺。不断地进行复习是孔子重要的教育方法之一。孔子说："温故而知新，可以为师矣。"（《论语·为政》）孔子本人就是这方面的榜样，孔子一辈子推崇的是"信而好古，述而不作"。孔子的思想都是通过弟子们的记载而流传下来的。孔子真正从事的创作就是整理古代流传下来的经典。孔子说："吾自卫反鲁，然后乐正，《雅》《颂》各得其所。"（《论语·微子》）孔子从卫国回到鲁国，然后订正乐谱，《雅》与《颂》都得到整理，各自归位。在孔子看来，不断温习已有的知识是一件令人快乐的事情。孔子说："学而时习之，不亦乐乎。"（《论语·学而》）重复学习这一教育方法得到今天心理学研究的肯定。德国心理学家艾宾浩斯（H.Ebbinghaus）研究发现，人的遗忘是一个渐进的过程，因而需要不断复习，知识才可能得到牢固的掌握。

孔子的复习的教育方法与现代心理学研究高度吻合，充分显示了孔子教育思想的科学性。

4.学习与思考相结合，勤于思考和自省

孔子认为，思考在学习的过程中起着不可替代的作用。只有通过思考，学习的东西才能内化为自己的能力。孔子说："学而不思则罔，思而不学则殆。"(《论语·为政》)这就是说光学习而不思考，就会迷惑而无所得，光思考而不学习也是危险的。只有在学习的基础上思考，才会既学到知识又锻炼自己的思维能力。孔子说："吾尝终日不食，终夜不寝，以思，无益，不如学也。"(《论语·卫灵公》)一个人仅仅是思考，不学习也不会思考出什么有益的东西来。书本上的知识都是前人艰苦探索的结晶，只有站在前人肩膀上才能看得更远。妄图越过前人，自己另起炉灶，肯定不行。孔子说："见贤思齐焉，见不善而自省也。"(《论语·里仁》)

5.言传身教，重视实践

孔子还注重教师的模范作用。教师自身的行为也是一种巨大的教育力量。孔子以其巨大的人格魅力感染着他的学生，让学生们乐意追随他周游列国。子禽问于子贡曰："夫子至于是邦也，必闻其政，求之与？抑与之与？"子贡曰："夫子温、良、恭、俭、让以得之。夫子之求之也，其诸异乎人之求之与？"(《论语·学而》)孔子的为人处世就是学生们活生生的榜样。所以学生们即使遇到困难也不离开孔子，而是愿意跟随孔子继续学习。孔子认为，不光教师可以起模范作用，只要是某方面做得好的人都可以成为我们的老师。孔子说："三人行必有我师焉，择其善者而从之，其不善者而改之。"(《论语·述而》)通过观察周围的人，我们就可以学习到那些优秀的品质。这与今天最新教育理论中的同伴教学法、社会学习等理论十分契合。

三、孔子教育思想的特点和影响

孔子教育思想有其理论和实践的来源，其理论来源是夏商周三代以来的历史文化，其实践来源是孔子进行教育工作，开创私学，以及周游列国的伟大实践。因此要对孔子教育思想进行正确的评价，就不可能离开对于理论与实践两个方面的分析。正确认识孔子教育思想的特点及其影响，有利于我们准确估计孔子教育思想在今天的价值。孔子教育思想没有随着时光的流逝而减损其价值，反而越来越被证明其正确性。我们今天缺少像孔子这样的教师，缺少孔子这样的精神导师。时代需要孔子。

（一）孔子教育思想的特点

特点就是一个事物的本质特征。孔子的教育思想具有自己独特的特点，这是孔子教育思想不同于一般教育思想的特点。孔子教育思想具有鲜明的实践性、深厚的民族性、不朽的超越性和高度的真理性。正确认识孔子教育思想的这些特点，有利于我们把握孔子教育思想的精髓，古为今用，推陈出新。站在孔子的肩膀上，我们有理由把中国的教育事业办得更好。

1.鲜明的实践性

孔子教育思想来源于孔子的教育实践。以孔子为代表的新兴地主阶级知识分子对实现“仁政”“王道”进行了艰辛的探索，和奴隶主阶级进行了不屈不挠的坚强英勇的斗争，最后取得了胜利，在这个过程中有许多宝贵的历史经验，这些经验经过总结就变成了有用的原则，就上升到了理论的高度，对于指导将来的事业，具有事半功倍的作用。儒家人物的教育工作是非常具有实效的。春秋战国时期，正是由于教育工作搞得好，团结了广大的新兴地主阶级知识分子和进步的士人，让地主阶级紧密团结起来，为夺取全国范围封建制度对腐朽没落的奴隶制度的胜利,做出了贡献。在封建社会时期,由于教育工作的作用得到了充分的发挥,涌现出了董仲舒、朱熹、王守仁等先进人物,因此可以说,儒家的教育工作是非常有经验的,这些经验是值得总结的,这些经验的总结和升华之后就形成了以孔子教育思想为核心的儒家教育理论和学说。

2.深厚的民族性

孔子教育思想具有深厚的民族性。任何教育思想都产生于特殊的文化土壤,因而必然带着民族性。孔子教育思想塑造了中华民族的教育史。柏拉图、亚里士多德等西方先贤造就了西方教育思想的民族性,而孔子教育思想则造就了中国教育思想的民族性。作为轴心时代的主要思想家之一,孔子教育思想具有浓厚的中国特色、中国气派,它是中国人在自己的教育实践中独立形成的教育理论体系。从它的内容来说,孔子教育思想更加适宜于中华民族的教育工作,对中国的教育实践更具有启发意义和参考价值。从形式来说,孔子教育思想也不是以理论体系的逻辑构造来完成的,而是存在于孔子的教育实践之中,体现在孔子的语言和行为中,这也是中国传统教育思想存在的典型形式。这一点和西方教育思想有很大区别。

3.不朽的超越性

孔子教育思想具有永恒性,它滋养了中华民族一代又一代教育工作者。永恒性是指孔子教育思想的超越时空的特征,也就是说孔子教育思想经历过时间考验,超越于他的时代。孔子教育思想的永恒性正是建立在孔子思想的永恒性特质之上的。从时间来说,孔子的教育思想历经两千多年而不绝如缕,孔子教育思想在发展过程中不仅没有中断,还不断被后代的儒家学者发扬光大。从内涵来说,孔子教育思想揭示了对教育活动的若干真理性的认识,具有普遍的真理性质,在中国古代孔子教育思想随着中国文化被传播到世界各地,尤其是在东亚地区,被普遍接受,日本和朝鲜半岛的教育思想的发展亦受到孔子教育思想极大的影响。孔子教育思想的影响超越了地域的限制,越出了中华民族的版图,得到了世界人民的普遍认同。其超越性也正是为什么我们今天还继续需要孔子教育思想的原因，孔子教育思想揭示的教育真理今天仍然值得我们去学习。

4.高度的真理性

孔子的思想之所以流传两千多年而不衰，最为根本的原因是其高度的真理性。如果孔子学说不具备真理的品质,那么早就被历史淘汰了。历史上出现过无数的思想理论,最后都被时间证明不具有真理的品质,因而遭到淘汰。孔子的教育思想不会因为岁月的流逝而褪色,反而愈加显示其顽强的生命力。孔子教育思想高度的真理性,首先表现在它的生命力上,随着时光流逝而日益被人们所认同。其次表现在它的理论彻底性。孔子教育思想直指人心。“有教无类”喊出了两千多年来无数被统治、被压迫、被剥夺的社会底层民众要求受教育的心声,给了他们接受教育的神圣理论论证。“温故知新”既符合人类的记忆规律,也符合人类的创造规律,好的创新都是站在前人肩膀上的。孔子一生以继承者自居,其实也是一种伟大的创造。孔子许多的教育思想被最新的心理学、教育学成果所证明。

(二)孔子教育思想的影响

孔子教育思想是中国教育史乃至世界教育史上的一颗璀璨明珠。孔子教育思想的影响既深且巨。从影响的深刻性来说,孔子教育思想影响到整个中华民族对于教育的认识,如果说整个西方哲学史都是柏拉图的注脚,那么也可以说整个中国教育思想史就是孔子教育思想的注脚。从影响的范围来说,孔子教育思想不仅影响中国几千年的教育发展进程,而且影响到世界文明的进程。

1.孔子教育思想影响了中华民族两千多年的教育思想与教育实践

孔子教育思想是中国教育思想史乃至中国思想史上的一颗璀璨明珠。他对于教育地位、特点的认识，对于教师与学生的关系、教育方法等都有很深刻的认识。孔子在论述教育地位时，指出没有教育的运用，统治者几乎不可能进行稳定的统治，国家治理在一个不讲道德的国家是无法进行的。他提倡有教无类，给予人民普遍的受教育权利，他提倡因材施教，教学相长等。这些宝贵的思想对社会产生了巨大的影响。孔子的教育思想“由于与他的理性主义的认识论和执两用中的矛盾观都有理论上的联系，并由于教学的需要而整理、传播了大量古代典籍，使他具有相当渊博的历史文献知识，形成了一套行之有效的教学方法，实际培养了相当多学思兼备的弟子和再传弟子，这在当时和以后对我国民族文化的发展更产生了巨大历史影响”[①]。孔子教育思想对于中华民族有着深远的影响，怎么估计都不会过分。

第一，孔子提出有教无类的重要思想，这是一个中国教育思想史上的伟大进步。孔子开创了中国私学的传统，促进了文化学术的下移，为千百万的下层人民带来理智之光。打破了封建贵族对于文化的垄断，有利于文化的传播和发展。

第二，孔子提倡“学而优则仕”，开创了中国古代读书做官的传统，既为广大知识分子寻找出路，给他们一个施展抱负的机会，又为提高古代官僚的文化素质奠定基础，中国古代官僚的文化素质在世界历史上看是罕见的，古代官员中涌现出无数的文学家、思想家、政治家。“学而优则仕”到后来催生了科举制度。科举制度影响了中国近千年的历史进程。

第三，孔子重视对古代文献的整理，将儒家文献整理出来，这为中国以后的教育提供了基本的教材。不可否认的是儒家教育是中国古代教育的主

① 萧萐父、李锦全:《中国哲学史》，人民出版社，1982 年，第 87 页。

流,而儒家教育的基本教材就是在孔子手上整理定型的。孔子整理的文献不仅是教育史上的光辉篇章,也是中国文化史上不可或缺的宝贵财富。

第四,孔子揭示了许多教育真理,进行了教学方法的伟大创新。很多重要的教育思想都是孔子最早提出来的如“有教无类”“不悱不发”“学而时习之”“温故知新”等。这些思想不断得到继承和阐发。虽然孔子并不懂得今天的教育学与心理学,但是凭借他的智慧,在几千年前就提出了这么多科学的教育思想,实在令人惊叹。孔子的教育思想不仅具有科学性,也具有艺术性。孔子教育方法在其效果上是科学的,但在其运用的手段上是匠心独运的,包含了高度的艺术技巧。

第五,孔子树立了教师的崇高形象。中国古代最为人们敬重的人就是孔子,孔子以一个伟大的教师形象深入人心。这无形之中提高了教师在人们心中的地位。中华民族尊师重道的风气就是从孔子开始的。没有孔子,中国教师在人们心中不可能有这样高的威望。尤其是在中国传统社会,教师还是一个社会的秩序维护者,乡里有什么纠纷都让教书先生来评理。

总之,孔子的教育思想奠定了中国古代教育思想的基础,是中华民族最可宝贵的精神财富之一,值得我们继承和发扬光大。

2.孔子教育思想影响了东亚地区乃至世界的教育思想与教育实践

孔子不仅属于中国,更属于世界。孔子不是地域文化名人,而是世界文化名人。孔子的教育思想对世界各国的教育有着重要影响。

第一,孔子的教育思想对亚洲有重要影响,推动了整个亚洲的文明进步。孔子的教育思想早在古代就传播到亚洲各国,为这些国家和地区的文明发展起到巨大推动作用。早在7—9世纪,新罗统一了朝鲜半岛,以儒家思想为正统思想,大力倡导儒学,甚至以儒学开科取士。到了李朝时期,同样大力倡导孔子之道,开科取士。孔子思想对古代越南、日本同样产生了重要的影响,各国的教育内容乃至教育制度都纷纷仿效中国,孔子思想在这些国家影响巨大。“孔子思想在东方各国的传播,对这些国家产生了巨大影响,从政治、思想、道德、法律、文化、教育直到风俗习惯、社会风貌,都深刻地打上了孔子思想的烙印。”[①]

第二，孔子的教育思想对欧洲有重要影响，推动了整个世界的文明进步。孔子的教育思想对世界文化都产生了巨大的影响。早在16世纪,孔子教育思想就经过传教士的介绍,传播到了近代欧洲,对于欧洲的启蒙运动起到很大作用。法国大思想家、启蒙运动的思想领袖伏尔泰称赞孔子为“真理的解释者”和道德的化身。[②]伏尔泰在家里悬挂孔子像,并自称孔子的门徒。孔子在俄罗斯亦影响极大。俄罗斯喀山大学200多年前就开始教授《四书》。俄国文豪托尔斯泰十分推崇孔子的思想。孔子是世界公认的伟大思想家、人类的导师、世界文明重要的缔造者之一。联合国教科文卫组织把孔子评为“世界十大文化名人”之首。

总之,孔子的教育思想具有世界历史意义,在世界文化史、世界教育史上都占有重要地位,是全人类共同的精神财富。

四、孔子教育思想的当代启示

孔子的教育思想散见于春秋时期的古籍之中。但是最主要集中于《孔子家语》和《论语》之中。《论语》是中国古代儒家经书,也是中国乃至世界教育史上完整论述教育、教学问题的名著。它首次对教育、教学的一系列理论问题进行了全方位系统性的论述，也是中国古代教育思想趋近成熟的非常重要的标志。它对教育规律的把握和阐述已经达到了一个非常高的高度,时至今日都是我们研究教育史、教育思想史非常重要的历史资料。《论语》对先秦

① 蓝云六:《孔子思想对世界东、西方文明发展的影响》,《江西农业大学学报》,1991年第5期。

② 参见王炳照:《简明中国教育史》,北京师范大学出版社,2008年,第40页。

的教育教学活动进行了深刻的总结，是先秦教育思想的大成之作，它被世界多国所翻译，并且在各国引起了广泛的关注。正是如此，作为当代教师，应该充分学习借鉴《论语》中宝贵的教育、教学思想，用于指导教育实践，因为“客观实践是不断深入的”从而更好地为当前教育教学服务。

（一）当代教师在教育教学过程中要让学生乐学

当代教育的过程中，为了片面追求所谓的升学率，一些家长和老师忽略了学生对于求知兴趣的培育，采取填鸭式、灌输式的教育方式，严重违背了教育教学过程中的规律，这样培育出来的学生，对于知识没有产生兴趣，只会机械背诵，不会主动去学习，考过就忘。成为只知应试教育的可怜虫。这样必然无法培育出具有现代要求、现代思维、现代视野的高水平人才。要根本改变这一现象，改善这种对知识无兴趣的局面，就应该大力提倡兴趣教育，培育学生对于知识，对于求知的乐趣。《论语》记载：“子曰：学而时习之，不亦乐乎”，说明学习是一件快乐的事情。古语说：人生至乐，莫如读书。读书求知是非常快乐的事情。当代的教育教学有忽视乐知的现象，而且已经很严重，造成学生厌学，家长头痛，老师无奈。这就需要我们回归传统对于求知兴趣的提倡。要让学生爱上学习，在求知的过程中感到一种好奇心的满足。学生对学习有兴趣了，教育的效果才会更好。

培养学生对学习的兴趣，不仅使得学生乐于去求知，而且能够取得更好的教育教学的效果。正如孔子说：“知之者不如好之者，好之者不如乐之者。”从知之者，到好之者，到乐之者的层层递进，说明了对知识的追求兴趣越大，进步越大，取得的成就也就越大。现代教育教学的研究也充分说明了这一点，一流的科学家对科学研究有一流的兴趣，三流的科学家对科学研究就只有三流的兴趣。强烈的好奇心和求知欲是许多著名科学家的共同特征，也是科学家能够耐住清贫与寂寞取得举世瞩目的科学成就的关键。俗话说，兴趣是最好的老师，这绝不是泛泛而谈，确实是非常正确的，高度概括了教育教学的兴趣规律，兴趣法则。兴趣达到的程度很大程度上决定了学习所达到的效果。自孔子以来的中国教育有着强调乐知的良好传统。老师乐于教，学生乐于学，就是乐知的良好表现。

兴趣不是天生就能够产生的，需要家长、老师，以及学生本人有目的地进行培养。家长和老师应该多鼓励学生，学生自己也应该自我培养对于学习的兴趣。如何培养对于学习的兴趣呢？春秋时期的经典著作《礼记·学记》给我们指出了答案："不兴其艺，不能乐学。"如果没有非常广泛的实践活动，就不可能有浓厚的学习兴趣的产生，这就必须让学生参加到实践活动中去。当代教师在教育教学过程中，应该注重加强实践的环节，比如在语文和英语的教育教学过程中，让学生朗读课文，安排学生练习作文，并进行讲评，都能够极大提升学生学习语文和英语的兴趣。环境对人的影响非常之大，这已经是一个不争的事实。好的环境会使人获得一种向上的力量，从而让人变得越来越好；坏的环境给人负能量，不良的心理暗示和坏情绪如影随形，从而对人产生消极影响，人在坏环境中就会变得糟糕不堪。创造一个良好的学习环境就成为一件非常必要的事情。良好的学习氛围，也是促进学生乐学的有效途径，因此当代教师要注意在学校里、在班上为学生创设一个良好的学习环境。这个环境能够对学生产生良好影响，使得学生热爱学习。良好的环境，其中非常重要的一点就是人际关系的环境。学生接触最多的除了老师，就是同学，因此不应该也不可能忽略学生之间的互相影响。孔子非常重视学生之间的团结友爱，这不仅是正确的人伦关系、人际关系的需要，也是学习的需要。正如《礼记·学记》中指出，"乐其友而信其道"。良好的同学关系也能够促进学生的学习兴趣，从而使学生在学习上得到提高。

(二)当代教师在教育教学过程中要注意循序渐进

现代社会人们容易浮躁,急功近利,急于求成,往往干一些揠苗助长的事情,出发点也许是好的,但由于没有遵循规律,结果往往是与初衷背道而驰,南辕北辙。表现在教育教学方面,就是恨不得一天把学生教育成天才,恨不得孩子马上成龙成凤。急于求成、浮夸冒进的做法,往往是欲速则不达,违背了现实情况和客观规律。俗话说,罗马不是一天建成的。好学生不是一天教成的,好孩子不是一天就长大的,都有一个循序渐进的客观过程。现代心理学研究表明,人的心理成熟是有客观规律的,都是从简单到复杂,从情感到理智, 一步步发展的。因此教育教学也必须遵循学生身心发展的自然规律,一个阶段一个阶段来,每个阶段都有不同的特点和任务。《论语·雍也》指出:“谁能出不由户？何莫由斯道也？”在教育教学上就要求当代教育工作者循序渐进,不能急于求成。正如《礼记·学记》指出的:“三年视敬业乐群,五年视博习亲师,七年视论学取友,谓之小成。九年知类通达,强立而不反,谓之大成。”学习必须有次序,由浅入深,根据学生的身心发展规律进行学习。对学生传授知识要“如攻坚木,先其易者,后其节目”“不陵节而施之”,就是要注意循序渐进,不能揠苗助长。当代教师起到承上启下的作用,基础在于小学,往高处是为培养大学生,培养社会需要的人才。教师是为提高学生能力服务的。要注意知识不能过浅,也不能过深。太浅了,学生得不到提高;太深了,容易打击学生的学习积极性。

(三)当代教师在教育教学过程中要善于知识内化

知识的学习,不是死记硬背就可以的,必须消化吸收。当代教育容易出现的一个毛病就是,过于注重知识的背诵记忆,而忽视了学生对知识是否真的掌握,真正地理解。当代教师教学不能把学生当鸭子,要反对填鸭式的灌输，这样最终会让学生“虽终其业，其去之也必速”。就是说，虽然学习任务、教学进度完成了，但是学生很快就会把学到的知识忘掉。学生只有在内化了学到的知识和技能后，才会“虽离师辅而不反”牢牢地掌握所学的知识技能，并最终达到教育的目的。知识要内化，要注意两个方法。第一是要把握好教学的进度，切不可贪多图快，学生去消化吸收知识的时间要充分。第二是要“时教必有正业，退息必有居学”。就是说，课堂内外要结合起来。课外要给学生布置作业，如写作文、做课外阅读的练习等，从而起到巩固课内学习、辅助课内学习的作用。

（四）当代教师在教育教学过程中要运用启发诱导

《礼记·学记》指出“记问之学，不足以为人师也”。就是说墨守成规，搞教条主义的老师不是真正的老师，还不足以称为“人师”。一个好的教师，要使学生学会思考。不仅知道所学知识的其然，而且知道知识的所以然。这就需要对学生进行启发引导，开启学生智慧的大脑，还要求当代教师“知至学之难易，而知其美恶，然后能博喻”。教师对所要传授的知识非常熟悉，同时又对学生的学习状况十分了解，启发诱导才能有效。当代教师在课下既要认真备课，熟悉所传授的知识，又要深入调查研究了解学生的学习状况，采取有针对性的教学策略。当代教师还要“道而弗牵，强而弗抑，开而弗达”。就是说对当代学生的学习应该只作引导而不是强迫其学习，多鼓励学生而不要打击压抑学生学习的积极性，在讲解的时候多加启发思考，而不要全部说尽，留白的效果更好。这样做的结果就是，当代教师与学生的师生关系更加融洽，学生对学习感到轻松容易，学生对所学知识能够进行潜心深入的思考。

（五）当代教师在教育教学过程中要使用长善救失法

当代学生的成长环境是复杂的，偏差错误在所难免。当代教师面对的教学环境也是非常复杂的，这就需要当代教师有把控复杂情况的能力，利用积极的因素，克服不利的条件，使当代教师教学在正确的方向上前进。当代教师应该“禁于未发”“当其可”“相观而善”，把握好教学的有利时机和有利条件，在学生的坏苗头出现之前，就将其及时扑杀在摇篮里。培养学生良好的学习习惯。比如坚持写日记、写周记，坚持课外阅读，坚持写读书笔记等。这比学生已经出现学习偏差再去纠正效果要好得多。在学习中，让学生互相监督、互相学习，共同提高。

第六章　诸葛亮教育思想对当代青少年的教育启示[①]

诸葛亮字孔明，山东琅琊人，三国时期著名政治家、军事家、文学家，蜀汉政权的元勋。诸葛亮在辅助刘备逐鹿天下、三足鼎立、建立蜀汉政权的历史活动中发挥了重要的作用，做出了巨大的贡献。在长期的历史中，形成了独特的诸葛亮文化，受到了人民群众的交口称赞。进入新时代以来，习近平多次提到要弘扬中华优秀传统文化，诸葛亮文化很显然属于优秀之列，在今天仍然有着独特的魅力，有着经久不衰的价值。在诸葛亮文化中，非常重要的一个方面就是诸葛亮的教育思想。诸葛亮不仅是一位伟大的政治家、军事家，也是一位了不起的爸爸，他对子女的教育至今被人们津津乐道，特别是他的《诫子书》，历来为人们所传颂，成为永不过时的教育经典。由此可见诸葛亮教育思想的非凡魅力。经典的东西不会过时，而且历久弥新。诸葛亮教育思想至今对青少年的教育有着巨大借鉴指导作用。具体而言，有以下教育启发。

① 本文系 2021 年度四川省诸葛亮研究中心立项课题“诸葛亮教育思想对当代青少年教育启发研究”（课题号 21ZGL05）的成果。

一、青少年教育关键是言传身教，家长自己做榜样

家长的一言一行会影响到孩子的成长，家长是孩子的第一个榜样，也是孩子最重要的榜样，所以如果家长做得不够好，不仅会影响自己在孩子心目中的地位，还会对孩子的人生观、世界观、价值观造成不良的影响。诸葛亮个人就非常注重言传身教，自身就做得很好，用自己的实际行动告诉子女，应该做一个什么样的人。在诸葛亮临终给后主刘禅的奏折中，他写道："臣家成都，有桑八百株，薄田十五顷，子弟衣食，自有余饶。至于臣在外任，无别调度，随身衣食，悉仰于官，不别治生，以长尺寸。若臣死之日，不使内有余帛，外有嬴财，以负陛下。"[①]就是说，诸葛亮在成都的家里有桑树八百株，薄田十五顷，子女吃穿，自有宽裕。诸葛亮在外领兵作战，没有别的收支安排，随身衣物食用，完全依靠公家，没有另治产业，以增点滴收入。这样当他死的时候，不会使家中有多余布帛，身外有多余钱财，从而辜负后主。根据历史记载，诸葛亮是言行一致的，他的奏折和实际情况完全一致。贵为一国丞相，他想有什么就可以有什么，但是骄奢淫逸和他无缘，他从来是忠孝清廉传家，树立了非常良好的家风。后来他的儿子诸葛瞻继承了他的这些优点，成长为蜀国的人才。当前的一些父母，教育孩子的时候头头是道，但是没有注重言传身教。如果家长说一套、做一套，那么子女不可能成长为表里如一的人，也不可能按照家长说的那样做，而会模仿家长的行为，所以教育子女莫过于言传身教，这一点诸葛亮无疑是最好的榜样。

---

① 方家常译注：《诸葛亮文集全译》，贵州人民出版社，1997 年，第 61 页。

二、青少年教育要循序渐进，不要揠苗助长

在中国有一个非常有名的成语叫揠苗助长。传说古代宋国有个种田之人，可能是因为第一次种庄稼，种下去之后，就嫌禾苗长得慢，于是想了个办法，就是把禾苗一棵一棵地往上拔起来一些，看上去好像禾苗长高了。然后他回家对别人夸耀说："今天我帮助禾苗成长了！"他儿子听说后，感觉很奇怪，于是跑到地里去看，结果发现禾苗都死光了。这个成语经常用来比喻违反了事物发展的客观规律，急于求成，反而会欲速则不达，坏了事。现代科学研究表明，人的身心成长存在一定的规律性，特别是青少年的心理发展，规律性、阶段性的特征非常明显，如果不按照青少年身心发展规律，强行改变，就会适得其反。诸葛亮也认识到了这个问题，因此他反对儿童过早的成熟。诸葛亮在家信中说："瞻今已八岁，聪慧可爱，嫌其早成，恐不为重器耳。"[①]就是说诸葛瞻如今已经八岁了，非常聪明可爱，但是诸葛亮怀疑他过早地成熟，恐怕成不了栋梁之材。可以看出，诸葛亮认为早熟是不好的，可能会影响后期的人生发展。反观现代的一些家长，希望孩子早慧早熟，恨不得孩子幼儿园就把小学的东西全部学会，中学就把大学的知识全部学会，过度过早开发青少年智力，这都是错误的。违背了青少年身心发展的客观规律，这种培养开发就是一种摧残，只会是揠苗助长，而不可能是促进发展。由此可见诸葛亮教育思想的前瞻性。

三、青少年教育要重视立志、重视学习

诸葛亮教育思想非常重要的一点就是高度重视教育、重视学习、重视立

① 方家常译注：《诸葛亮文集全译》，贵州人民出版社，1997年，第114页。

志，并且将此提到非常高的地位。诸葛亮在《诫子书》中指出："夫学须静也，才须学也，非学无以广才，非志无以成学。"[①]意思就是说，学习一定要心里清静，增长才能一定要通过学习，不学习就无法增长才能，没有立志向学的志气就无法学业有成。教育改变命运、成就美丽人生。教育不仅在诸葛亮的时代很重要，当今时代日新月异，教育的重要性不言而喻。青少年必须接受教育。习近平曾经指出，教育让每个人的人生都有出彩的机会。对于青少年来说更是如此，青少年接受教育不仅是自我实现的需要，更是把握人生命运、改变人生命运的重要途径。青少年要改变命运在封建时代是很难的，因此教育又显得尤为珍贵。封建时期受教育的人占全国人口比重很低，但还是有一些开明的父母为了子女的幸福而送其入学读书，这不仅与经济状况有关，更与父母思想的开明程度息息相关。提高青少年的地位，最重要的方法莫过于给予青少年接受教育的权利。青少年受过教育，社会地位自然也会提高，一个文盲是不可能在社会上拥有足够的地位和话语权的。从诸葛亮时代直到现在，青少年的教育状况已经发生了天翻地覆的改变，青少年的地位与当时那个时代已经是天壤之别，但青少年受教育的重要性仍然没有减弱，受教育不仅对青少年自身提高地位十分重要，而且与民族的复兴、国家的富强息息相关，青少年教育程度的普遍提高必将极大提高民族的文化素质，从而为民族复兴奠定基础。青少年自身要树立远大志向，为中华之崛起而读书，这样才能知道自己的目标方向，从而更好地学习成长。

四、青少年教育要重视时间观念、珍惜时间的教育

在中国古代有许多关于珍惜时间的格言警句。如一寸光阴一寸金，寸金难买寸光阴；上天无恩赐，光阴不可轻；有花堪折直须折，莫待无花空折枝，

① 方家常译注：《诸葛亮文集全译》，贵州人民出版社，1997年，第115页。

等等。这些格言警句就是告诉人们时间是有限的，一定要珍惜时间，努力学习，努力奋斗，有所成就。诸葛亮本身也是一个非常珍惜时间的人，同时他也深深地懂得时间的价值。时间可以让不会变成会，让没有知识变成有知识。诸葛亮自己就在很短的时间内，成为一个知识渊博的人，青年时期就能够运筹帷幄之中，决胜千里之外，年纪轻轻就能指点江山，激扬文字，谈笑间，樯橹灰飞烟灭，让一代英雄刘备折服倾心。诸葛亮在《诫子书》中指出："年与时驰，意与日去而遂成枯落，多不接世，悲守穷庐，将复何及！"[①]意思就是年龄随着时光飞逝，意志随着岁月一天天消失，终于使精力衰竭，学识无成，大多不为社会接纳，只好悲伤地守着贫困的家，到那时再后悔怎么来得及呢！因此，一定教育青少年要有时间观念、珍惜时间。现在的青少年一般都有手机，玩手机花费了太多时间，因此在今天强调时间观念、珍惜时间，非常有针对性。可见诸葛亮教育思想在今天仍不过时。

五、青少年教育要重视良好的人际关系

诸葛亮非常注重良好的人际关系。可以说，诸葛亮一生的成功，很大程度是人际关系交往的成功。如果没有良好的人际关系，谁会推荐诸葛亮给刘备呢？那样就算诸葛亮才高八斗，也是埋没在荒野孤村。刘备非常欣赏的人，莫不向其推荐诸葛亮，如徐庶、水镜先生，等等。诸葛亮不可能给他们好处，只能是因为诸葛亮良好的人际关系与独特的人格魅力在起作用。诸葛亮在自述中写道："昔初交州平，屡闻得失；后交元直，勤见启诲；前参事于幼宰，每言则尽；后从事于伟度，数有谏止。虽姿性鄙暗，不能悉纳，然与此四子终始好合，亦足以明其不疑于直言也。"[②]意思是说，当初结交崔州平，多次听说

① 方家常译注：《诸葛亮文集全译》，贵州人民出版社，1997 年，第 115 页。

② 方家常译注：《诸葛亮文集全译》，贵州人民出版社，1997 年，第 129 页。

自己的对与错;后来结交徐元直,常常得到他的启发教诲;以前与董幼宰共事,他每次说话一定要说完;后来与胡伟度共事,对我多有劝阻。虽然我天资愚昧浅陋,不能完全采纳其意见,然而跟这四个人始终友好融洽,这足以说明我对直率言论没有疑忌。从诸葛亮与这四个人的交往可以看出他良好的人际关系,看出他非常善于取长补短,从朋友那里学习。因此必须教育青少年建立良好的人际关系。

专题三

马克思主义创新人才培养

第七章　论思想政治教育理论创新人才培养

——基于思想政治教育学科30年标志性研究成果作者群体的研究

人才培养是高等学校学科建设的重要使命。人才培养的质量高低,不仅关系到一个学科在学术界的地位,也关系到整个民族、国家的理论高度和文明素养程度。在国际竞争日益激烈,意识形态斗争异常复杂,建设中国特色社会主义任务十分艰巨的当代中国,培养高素质的思想政治教育人才具有十分重要的意义。思想政治教育创新型人才培养,从学科的视角来看,关系到思想政治教育学科的可持续性发展以及学科在学界的地位;从国家的视角来看,关系到社会主义事业接班人和建设者的培养乃至整个中国特色社会主义建设事业的成败。探索思想政治教育学科创新型人才培养具有重要的理论和实践意义。

一、思想政治教育创新人才培养的意义

创新型人才是指“富于开拓性,具有创造能力,能开创新局面,对社会发

展做出创造性贡献的人才”[①]。思想政治教育创新型人才简单说就是,能够在思想政治教育理论研究和实践领域开拓进取,与时俱进,开创思想政治教育发展的新局面,对社会发展做出创造性贡献的人才。

(一)思想政治教育学科的学术地位呼唤创新型人才

当前思想政治教育学科蓬勃发展,学科点如燎原之势,但是思想政治教育学科高水平的人才奇缺,思想政治教育学科的教师学术水平有待进一步提高。因为思想政治教育学科成立的时间不长,缺乏必要的学术积淀,加上大多数的思想政治教育学科教师都是半路出家,学术研究较少,所以思想政治教育学科教师的学术深度、广度都还不够,与一些历史悠久的老牌学科相比还有一段距离,这限制了思想政治教育学科的进一步发展。当前思想政治教育学科在学术界影响力不强,学术成果在国内难以引起学术界的重视,一个重要原因就是人才层次问题。要发展好思想政治教育学科就必须培养面向世界、面向未来、面向现代化的思想政治教育创新型人才。

(二)思想政治教育学科的困境呼唤创新型人才

当前思想政治教育陷入一系列的困境也呼唤创新型人才。用沈壮海教授的话来说,当前思想政治教育学科陷入“范式危机”。思想政治教育学科的范式危机有四大表现:一是定域关注。思想政治教育的学科范围限定在既定的范围内,反复炒现饭,不能开拓学科研究的新领域,不能提出有价值的新问题,目光和眼界被限定在一个封闭的问题域里面。二是精细发展。精细发展与定域关注密不可分,既然关注的问题只有那么固定的几个,也就只好颠来倒去重复地研究那几个问题,把研究往精细了做,本学科的基本概念无一

① 鲁力:《论马克思主义理论学科创新型人才培养》,《思想政治教育研究》,2013年第4期。

不被反复审视、研究。三是学院式发展。思想政治教育学科越来越走向象牙塔,越来越倾向于理论的建构、逻辑体系的建立,越来越与思想政治教育的实践脱节,越来越脱离现实生活的土壤。四是解题低效。思想政治教育学科对于思想政治教育实践、对于解决重大现实问题缺乏有力的指导,思想政治教育越来越没有实际效果。显然,要解除思想政治教育的范式危机也只有依靠能够开拓进取、奋发有为的思想政治教育创新型人才。

(三)思想政治教育学科的发展呼唤创新型人才

思想政治教育是党的特殊优势,党历来高度重视思想政治教育工作。从毛泽东、邓小平到江泽民、胡锦涛、习近平,党每一代的领导人都发表了大量关于思想政治教育的谈话,都对思想政治教育工作给予厚望。在党和国家的亲切关怀下,思想政治教育学科取得了飞速的发展,无论是博士点、硕士点数量,还是在校学生人数,都增长较快。思想政治教育学科取得了可喜的成绩,然而在党和国家扶持下的粗放式急速扩张,越来越暴露出思想政治教育学科发展的瓶颈和问题。思想政治教育学科要进一步巩固自己的学科地位,要从粗放式发展转向内涵式发展,必须依靠创新型人才。只有依靠创新型人才方能把思想政治教育学科由大变强,使其成为名副其实的强大学科。

二、思想政治教育理论创新人才的特征

2014 年是思想政治教育学科(专业)创建 30 周年。为全面回顾 30 年来思想政治教育学科建设史,系统梳理与总结思想政治教育学科建设成果,为构建服务于学科人才培养的基本文献序列提供参考,《思想理论教育》编辑部于 2013 年 11 月中旬启动了“30 年思想政治教育学科标志性研究成果评选活动”。本次评选活动分三轮进行评审,最终评选出 30 部著作、30 篇论文。这

是到目前为止，对于思想政治教育学科成果最为权威的一次评选，这些成果基本代表了思想政治教育学科 30 年来的最高水平。所谓创新人才就是能够对社会某一方面做出开创性贡献的人才。思想政治教育理论创新人才就是能够对思想政治教育学科理论建设做出创新型贡献的人才。是不是创新型人才一个关键就在于能不能产生创新型成果，有没有创新型成果。思想政治教育学科 30 年标志性研究成果的作者群体无疑就属于思想政治教育理论创新人才群体。研究他们的成长历程对于今天我们进行思想政治教育理论创新人才培养具有重要启发。

本次一共评选出 30 部著作、30 篇论文，有的著作是多人合作完成，为了统计方便一律只算第一作者共计 39 人，分别是张蔚萍、王玄武、邱伟光、邱柏生、陆庆壬、刘建军、陈立思、杨芷英、郑永廷、王树荫、吴潜涛、骆郁廷、佘双好、项久雨、李辉、沈壮海、张耀灿、陈秉公、石云霞、万美容、张澍军、张再兴、杨威、黄钊、罗洪铁、金林南、王东莉、徐文良、高国希、祖嘉合、苏振芳、石书臣、黄蓉生、戴锐、冯刚、王学俭、余玉花、白显良、孙其昂（排名不分先后）。

（一）高学历特征

首先，从第一学历来看，大多毕业于 211 以上院校。其中 24 人毕业于 985 高校，约占总人数的 61.5%；8 人毕业于 211 高校，约占总人数的 20.5%；7 人毕业于其他高校，约占总人数的 17.9%。其中 36 人第一学历专业为文科专业，约占总人数的只有 92.3%；3 人的第一学历专业是理工科专业，约占总人数的 7.7%。这说明 985 高校的先进教学水平对于培养创新型人才具有很大作用。

其次，从最终学历来看，大多获得研究生学历。其中 22 人获得博士学位，约占总人数的 56.4%；12 人获得硕士学位，约占总人数的 30.7%；5 人获得学士学位，约占总人数的 12.8%。考虑到许多人年纪比较大，当时并没有研究生学位制度，在1978年以后上大学的人中，获得博士学位的人占79.4%。

（二）分布不均特征

首先，从这些人才工作单位的分布来看，思想政治教育创新人才呈现聚合特征，以创新成果发表时的单位来看，武汉大学有8人进入思想政治教育创新人才行列，占总数的20.5%；西南大学有3人进入思想政治教育创新人才行列，占全国的7.7%；复旦大学、中山大学、华中师范大学分别有2人，各占0.51%。

其次，从地域特征来看，创新人才的分布非常不均匀，少数地区高度垄断了创新人才。以创新人才所处单位所在地域来看，湖北地区一共有11人，约占全部人数的28.2%；北京地区一共9人，约占全部人数的23%；上海地区一共5人，约占全部人数的12.8%。只有9个省份拥有思想政治教育创新人才，其他省份没有入选的思想政治教育理论创新人才。

最后，从性别特征来看，男女比例严重分化。女性共6人，约占总人数的15.4%，而男性有33人，约占总人数的84.6%。

（三）学习与工作单位一致性特征

首先，求学与工作单位一致特征。这些学者中大多求学与工作都是在同一个单位。其中30人毕业后留在母校工作，约占总人数的77%。留校工作然后成长为思想政治教育学术界有影响力的学者比较多。

其次，本硕博专业一致特征。思想政治教育学科建设较晚，所以早期从事这方面教学与研究的老师大多从别的专业转过来。然而在思想政治学科成立以后成长起来的年轻思想政治教育学者，均是本硕博就读于思想政治教育专业，其他专业转过来的学者成长为本专业创新人才的现象反而减少了。

(四)高产特征

从作者来看,作者群体比较集中。专著加上论文一共是60个成果,共计39位作者,平均每位作者约有1.53部(篇)作品。其中成果最多的属张耀灿,专著2部、论文2篇,人数只占总人数的2.56%,成果却占总数的6.6%。专著和论文加起来有2个及以上成果的作者有15位,这15位作者拥有33项成果。15位作者约占作者总人数的38.4%,而成果数占成果总数的55%。

三、思想政治教育学科创新成果的特征

(一)出版单位集中特征

从成果发表的出版社和期刊来看,思想政治教育创新成果出版高度集中。30部著作中,出版于中国社会科学出版社的有8部,占全部著作的26.6%;出版于武汉大学出版社的4部,占全部著作的13.3%;出版于人民出版社的3部,占全部著作的10%。仅这3个出版社出版的创新成果就占到全部成果的50%,剩下的50%的著作则由14个不同出版社分别出版。30篇论文中,发表于《思想理论教育导刊》的论文6篇,占全部论文的20%;发表于《思想教育研究》和《教学与研究》的各5篇,各占全部论文16.9%;发表于《教学与研究》和《马克思主义研究》的各4篇,各占全部论文的13.3%,这5个期刊一共发表了80%的思想政治教育创新论文,剩下的20%成果则在6个不同刊物发表。

(二)出版时间集中特征

从成果出版的时间来看,著作出版和论文发表时间比较集中。首先来看

专著，第一个 10 年(1984—1993)，出版的专著共 5 部，约占专著总数的 16.9%;第二个 10 年(1994—2003),出版的专著共 11 部,约占专著总数的 37%；第三个 10 年(2004—2014)，出版的专著共 14 部，约占专著总数的 47%;后 20 年成果占到全部成果的 83.3%。再看论文,第一个 10 年(1984—1993),发表的论文共 0 篇,占论文总数的 0%;第二个 10 年(1994—2003),发表的论文共 3 篇,占论文总数的 10%;第三个 10 年(2004—2014),发表的论文共 27 篇,占论文总数的 90%。

(三)主题集中特征

从成果的分类来看,大多集中于基本的理论探讨或学科建设。从专著来看,其中思想政治教育原理 18 部,占总数的 60%;思想政治教育方法论 3部,占总数的 10%;思想政治教育史研究的 3 部,占 10%;其他的研究 6 部,占 20%。从论文来看,其中关于思想政治教育原理研究的 14 篇,约占论文总数的 46.7%;关于思想政治教育学科建设的 13 篇,约占论文总数的 43.3%;关于比较思想政治教育等其他领域的 3 篇,约占论文总数的 10%。这说明思想政治教育研究高度集中于基本理论的探讨。

(四)年轻化特征

从成果发表时作者的年龄来看,大多集中于青壮年。根据通行标准,我们把 20~45 岁划为青年,46~60 岁划为壮年,60 岁以上划为老年。从专著来看,其中青年写作的成果 13 部,约占总数的 43.3%;壮年写作的成果 10 部,约占总数的 33.3%;老年写作的成果 7 部,约占总数的 23.3%。从论文来看,其中青年发表的论文 9 篇,约占总数的 30%;壮年发表的论文 16 篇,占总数的 53.3%;老年发表的论文 5 篇,约占总数的 16.7%。

四、思想政治教育理论创新人才群体特征的启示

第一，培养思想政治教育创新人才985高校要发挥主力作用。培养创新人才首要的是生源质量，985高校良好的生源质量和学术水平为培养创新人才奠定了坚实的基础。可以考虑扩大985高校思想政治教育专业的招生规模。

第二，培养思想政治教育创新人才学科高地要发挥重要作用。我们看到大多数创新人才都是毕业于思想政治教育学科建设比较好的高校，如武汉大学、西南大学。同时思想政治教育专业刊物也肩负着培养思想政治教育创新人才的任务，为高水平的思想政治教育成果出版创造条件。

第三，培养思想政治教育创新人才要注重本硕博一贯制培养。现在思想政治教育已经成为一个大学科，培养人才的任务不能再依靠教育学、伦理学等相关学科而应该依靠自己。要从本科培养起步，打好基础，注重长期深造。

第四，培养思想政治创新人才要积极扶持边疆以及西部经济文化落后地区。思想政治教育学科建设区域发展不平衡现象十分严重，必须追求均衡化发展，大力支援经济文化落后地区思想政治教育学科发展以及人才培养。

第八章　论马克思主义理论学科创新型人才培养

党中央提出我国要建成创新型国家，而建设创新型国家的关键就在于培养数以万计的创新型人才。当前探讨和实践培养科技方面创新型人才的比较多,探讨和实践培养人文社会科学创新型人才的比较少,而探讨培养马克思主义理论学科创新型人才的少之又少。事实上,培养马克思主义理论创新人才是整个马克思主义理论学科乃至我们国家不容回避、不容忽视的重大任务,而这个重大问题从当前来看一定程度上被忽视了。“马克思主义理论教育是思想政治教育的基础和核心的内容。”长期以来我们的思想政治教育强调马克思主义理论教育,让马克思主义大众化,但是也在一定程度上把马克思主义简单化了,推广马克思主义的效果也并不十分理想。在许多大学生心中马克思主义理论相关课程仅仅是被迫学习的考试科目，而没有成为他们自觉的需求。同时从整个学界情况来看，整个马克思主义学科话语不强,甚至有被边缘化的危险。问题的关键就在于我们的马克思主义理论学科建设的落后、马克思主义理论学科整体研究水平与社会发展的需要还有距离,马克思主义理论学科要引领时代的潮流还需要努力。要改变这种状况只有靠培养马克思主义理论创新型人才。

一、马克思主义理论创新型人才的内涵、特征

马克思主义理论创新型人才简单地说就是具备高超的马克思主义理论水平,坚定的马克思主义信仰,开阔的国际视野,广博的知识,能够在马克思主义理论研究和实践领域开拓进取,与时俱进,开创马克思主义发展的新局面,对社会发展做出创造性贡献的人才。其具有如下特征。

(一)高超的马克思主义理论水平

作为马克思主义理论创新型人才毫无疑问首先必须具备高超的马克思主义理论水平,这是成为马克思主义理论创新型人才的基础。创新不是盲目的,必须在前人的基础上进行。只有充分学习、吸收前人成果,才能站在巨人的肩膀上看得更远。他们不仅要熟悉马克思主义经典著作,对马克思主义基础理论具备深厚的学养,能根据时代的发展和形势的变化灵活地运用马克思主义理论去分析解决现实问题,把马克思主义理论与现实结合起来,还必须熟悉各种马克思主义流派,如西方马克思主义、东欧马克思主义、后马克思主义,等等,能对这些马克思主义流派的思想学说进行分析批判,去其糟粕、取其精华。

(二)坚定的马克思主义信仰

很多西方马克思主义者具备深厚的马克思主义修养,也大量吸收了马克思主义的营养,但是他们不是纯粹的马克思主义者,或者说他们不是马克思主义者。还有许多曾经的马克思主义者如考茨基、伯恩施坦等,因为信仰的不够坚定而误入歧途,走向了马克思主义的反面,扛起了反马克思主义的

大旗。这些曾经的马克思主义者对马克思主义的破坏比资产阶级学者更有力、更能蛊惑人心。作为马克思主义理论创新型人才,其培养的目标是为我国社会主义建设服务,不是为学术而学术,也不是凭一时兴趣而随意地研究马克思主义,所以必须具备坚定的马克思主义信仰。坚定的马克思主义信仰就是坚信共产主义一定会实现、坚信马克思主义是颠扑不破的真理、坚持马克思主义的基本原理、坚持中国特色社会主义。

(三)开阔的国际视野

马克思主义是理论性和实践性的统一,作为真正的马克思主义者就必须坚持理论与实践相统一,不能躲在书斋搞纯学术,必须具备广阔的国际视野。真正的学者都是关注时代、关注现实的。马克思主义学者必须以马克思主义理论来回应世界范围内的理论和现实问题,用马克思主义的基本观点、基本方法、基本立场来研究现实问题、回应现实。真正的哲学是自己时代精神上的精华。马克思主义不是属于某一个国家、某一群人,而是属于全世界、全人类,是关于世界历史运动的真理,是人类解放的指南。马克思主义所创立的时代背景是资本主义全球化,所要解决的问题也是全球性的问题。伟大的革命导师马克思、恩格斯、列宁考虑问题从来不会局限于某一国别或某一时段,而总是着眼世界历史、人类发展史来分析问题和解决问题。

(四)广博的知识

马克思主义的创始人马克思是一个百科全书式的学者,对于每门科学知识都有很深的修养,正是在整个人类文化成就的基础上才创立了马克思主义。马克思最亲密的战友恩格斯也是当时世界上最为博学的学者。马克思主义创新人才必须具备广博的文理科知识,深厚的人文学科素养,还有十分重要的一点就是外语能力。马克思、恩格斯都是德国人,他们的原著都是用外文写成的,而且马克思、恩格斯能用多种语言进行阅读和写作,他们的著作也是由几种不同的外语写成的。研究马克思主义就要具备研究外文原著的能力,只有这样才能从源头上把握马克思主义的精髓。

(五)能够在马克思主义理论研究和实践领域开创新局面

以上说的都是马克思主义理论创新型人才应该具备的修养和特征,而开创马克思主义理论研究的新局面才是马克思主义理论创新型人才的核心特征。他们要能够发展马克思主义基础理论,破除长期以来对马克思主义的一些错误理解和迷信,把马克思主义理论研究推上新的高度,从而推动马克思主义中国化、扩大马克思主义的世界影响力,并与国内外各种思潮展开对话,引领时代的潮流。

(六)勇于探索,锐意创新,坚韧不拔的意志品质

这是马克思主义理论创新型人才的人格特征。理论创新不是一件容易的事,不是懦夫所能为,必须是具有高度创新精神、创新能力的人才能做到。马克思主义理论创新型人才必须具备大无畏的探索精神,如马克思所说:"在科学的入口处,正像在地狱的入口处一样,必须提出这样的要求:'这里必须根绝一切犹豫;这里任何怯懦都无济于事。'"①

二、培养马克思主义理论创新型人才的重要意义

(一)培养马克思主义理论创新型人才是建设创新型国家的需要

创新型国家不仅需要数以万计的创新型科技工作者,也需要创新型的

① 《马克思恩格斯选集》(第二卷),人民出版社,2012 年,第 5 页。

人文社会科学工作者，如2012年诺贝尔文学奖获得者莫言，为国家在国际上争得了荣誉，体现了我国的文化软实力。指导我国人文社会科学研究的就是马克思主义，在我国，只有马克思主义理论大繁荣大发展才有其他人文社会科学的大繁荣大发展。改革开放以来，我国人文社会科学获得了长足的发展，从根本上说就是因为我们对马克思主义有了新的认识，提出了解放思想，实事求是，从过去对马克思主义的教条式理解中解放了出来。要发展马克思主义理论无疑就要培养创新型的马克思主义理论人才。古人云：人能弘道。马克思主义是真理，但是真理只有被人民群众掌握才能发挥它的作用。培养马克思主义理论创新型人才是建设创新型国家的客观需要，只有大量的马克思主义理论创新型人才出现，马克思主义才能蓬勃发展，进而为建设创新型国家做出贡献。

（二）培养马克思主义理论创新型人才是建设社会主义文化强国的需要

党的十七届六中全会提出建设社会主义文化强国，而文化强国建设的第一需要就是各种创新型人才，其中马克思主义理论创新型人才尤其重要。邓小平早就指出，“为了建成社会主义，工人阶级必须有自己的……马克思主义理论家的队伍，这是一个宏大的队伍，人少了是不成的”[①]。马克思主义理论创新型人才可以为文化强国建设提供智力支持。建设社会主义文化强国的指导思想是马克思主义，要用发展着的马克思主义指导新的实践，而马克思主义要发展就要靠马克思主义理论创新型人才在实践中探索新的经验，总结新的理论。马克思主义理论创新型人才本身就是社会主义文化建设的重要力量，马克思主义塑造了我国新的文化，这样一种新的文化既不是封

① 《邓小平文选》（第二卷），人民出版社，1994年，第295页。

建主义的，也不是资本主义的，而是社会主义的。社会主义文化大繁荣大发展实质就是社会主义性质的新文化的大繁荣大发展。社会主义新文化的培育和塑造，也同样需要马克思主义理论创新型人才。

（三）培养马克思主义理论创新型人才是马克思主义中国化、时代化、大众化的需要

马克思主义中国化需要马克思主义理论创新型人才，因为马克思主义作为一种理论、一种学说不可能自己发展自己，只有人才能发展马克思主义的普遍真理，使之实现中国化。近百年来，正是大量马克思主义革命家、理论家的不懈努力，马克思主义才在中华大地上生根发芽、显出勃勃生机。要推进马克思主义的进一步中国化需要更多的马克思主义理论创新型人才。如毛泽东所说的："我们所要的理论家是什么样的人呢？是要这样的理论家，他们能够依据马克思列宁主义的立场、观点和方法，正确地解释历史中和革命中所发生的实际问题，能够在中国的经济、政治、军事、文化种种问题上……给予理论的说明。我们要的是这样的理论家。"[①]马克思主义是与时俱进的理论体系，要不断在总结时代的经验和教训的基础上发展马克思主义，邓小平理论、"三个代表"重要思想、科学发展观以及习近平新时代中国特色社会主义思想都是在总结时代发展的经验教训基础上形成的，马克思主义时代化也需要大批的马克思主义理论创新型人才。马克思主义要大众化与马克思主义的普及和提高是相联系的，马克思主义大众化推动马克思主义的发展，同时马克思主义理论水平的提高必将进一步推动马克思主义大众化水平。理论要掌握，群众就必须深刻、彻底。而理论要深刻、彻底就需要有创新型的理论家对理论进行创造。马克思、恩格斯的理论创造把共产主义提高到了科

① 《毛泽东选集》（第三卷），人民出版社，1991年，第814页。

学的水平，列宁的理论创造开辟了社会主义由理论变为现实的新时代，毛泽东的理论创造促成了新民主主义革命的胜利，邓小平的理论创造开创了中国特色社会主义理论体系，使中华民族走上了伟大复兴之路。马克思主义要进一步大众化就必须进一步地实现大的发展、进行大的理论创新，所以马克思主义大众化也需要马克思主义理论创新型人才。

（四）培养马克思主义理论创新型人才是马克思主义理论学科发展的需要

要发展好马克思主义理论学科就必须培养面向世界、面向未来、面向现代化的马克思主义理论创新型人才。正如江泽民所说："我国哲学社会科学事业的发展，需要造就一批用马克思主义武装起来，立足中国，面向世界，学贯中西的思想家和理论家，造就一批理论功底扎实、勇于开拓创新的学科带头人，造就一批年富力强，政治和业务素质良好，锐意进取的青年理论骨干。"[①]

三、把握哲学社会科学人才成长规律，培养马克思主义理论创新型人才

我国是社会主义国家，培养马克思主义理论创新型人才是我们的任务。我国是无产阶级性质的国家，马克思主义是我们的指导思想，马克思主义在我国有比较高的认同度，我们的国家和人民需要马克思主义，需要发展马克思主义，因而也最需要马克思主义理论创新型人才。为了培养马克思主义理论人才，我国高校广泛建立了马克思主义学院，在社会科学界也有马克思主义研究所、研究院等马克思主义理论研究与教学机构。马克思主义理论人才

① 《江泽民论有中国特色社会主义》（专题摘编），中央文献出版社，2002年，第276页。

培养在我国得到很大发展，从党中央到各级党委都高度重视马克思主义理论人才的培养。然而我们也要看到，当前我们的马克思主义理论人才培养还存在很多问题，突出的问题表现在高水平的马克思主义理论创新型人才还很缺乏，当前的马克思主义理论学界还不能完全适应时代发展的需要和全球化的挑战。今后要从以下四个方面加强和改进马克思主义理论学科创新型人才的培养。

（一）高度重视马克思主义原典的训练

经典是一个学科存在的根据，不同的学科拥有不同的经典。哲学社会科学不同于理工科的最大特点就是要读书，读原典。当前我们的马克思主义理论创新型人才不够，这在一定程度上就是一个读书问题，经典的阅读训练严重不足。虽然也开了原著选读，但是大部分课程都是概论式的，这是很危险的。以马克思主义基本原理概论、中国化马克思主义概论代替阅读马克思主义原典的训练，容易导致对马克思主义的曲解。学生往往反映看马克思主义原典很带劲，而学习概论一类的东西没劲。许多学生由于在学校没有打下原著功底，往往毕业以后理论功底不足，难以深入开展研究，面对对马克思主义的曲解也分不清、辨不明，误把反马克思主义认作真马克思主义。概论式的东西无论是理论的透彻性还是语言的精练纯熟，都与原典不可同日而语。概论每个学校的老师都可以写，而原典只有一部，不可替代。我们今天看任何一本大学物理学教科书都可以懂得相对论，我们不必去读爱因斯坦的原典，而哲学社会科学则不同，看一万本介绍《红楼梦》的书也不及把《红楼梦》原典读一遍来得真切。介绍性的著作都只是了解原著的一个窗口、一面镜子，也许这面镜子的影像高度清晰高度保真，可是再好的镜子也不及我们在阳光下直接去看原物。对待马克思主义也是如此，再多的概论也不能代替原典，更何况许多概论还会对原著曲解、简化、附会。恩格斯于1890年在致约·

布洛赫的信中就谈到了这一点，恩格斯针对布洛赫对马克思主义的误解，说道："我请您根据原著来研究这个理论，而不要根据第二手的材料来进行研究——这的确要容易得多。"[①]近代国学大师的培养也充分说明了这一点。冯其庸先生在回忆他的大学生活时就说，他们当时"课本用的都是原典，没有用什么选本、概论之类的教材，也没有文史哲等分科。尤其难能可贵的是好多老师讲课，都不带教材，全凭记忆背诵原著"[②]。近代哲学社会科学的大师们一个共同的经历就是年轻时候的经典训练非常充分，而这正好是今天的哲学社会科学学者所缺乏的。要培养马克思主义理论创新型人才，必须遵循学科人才培养的规律，高度重视原典。西方马克思主义的众多理论家，也是通过对原典的不同释读来发展他们的马克思主义理论。我国的马克思主义者要获得世界的承认就必须在经典上下功夫，夺回对马克思主义的解释权，以回应西方人对于马克思主义的种种曲解和挑战。

（二）建立马克思主义理论学科创新基地，造就马克思主义理论大师

当前没有培养出社会需要的理论大师一个重要原因就是缺乏学术传承机制，学术发展呈现散乱状态。要培养马克思主义理论创新型人才首先要以马克思主义理论的创新为目标导向，加强问题意识、研究意识，以创新为导向，建立马克思主义理论学科创新基地，会集前沿专家。不同的专家在一起相互学习、相互讨论，就可以促进他们共同提高，进而从中产生出更加高级的马克思主义理论创新型人才——马克思主义理论大师。马克思主义理论大师的出现就会极大地促进我们的马克思主义理论学科创新型人才培养。众所周知，大学的最重要特征就是会聚大师，大师是大学培养人才的关键，只有大师才能培养新的大师。大师的造就不是靠知识的灌输，而是靠环境的

① 《马克思恩格斯选集》（第四卷），人民出版社，2012年，第606页。

② 刘桂秋：《无锡国专编年事辑》，中国大百科全书出版社，2011年，第95页。

熏陶,尤其是人文环境和榜样的熏陶。牛津、剑桥的导师制熏陶出一代又一代的风流人物。多少大师的学生、助手又成为新一代的大师！苏格拉底培养了柏拉图,而柏拉图又培养了亚里士多德。当前我们的马克思主义理论学科缺少大师,但是我们可以把马克思主义理论学科名家汇聚起来,建立马克思主义理论学科创新基地,通过众多名家的熏陶和积累,未来我们也可以培养出自己的马克思主义理论大师。而大师的造就反过来又会极大地促进我们的马克思主义理论创新型人才培养。

(三)国际化的视野,开放的教学模式、管理模式

当前没有培养出社会需要的理论大师的一个重要原因就是没有突破过去传统的教学方式,而依旧在传统应试教育的圈子里打转。马克思主义不仅属于中国更属于全世界、全人类,马克思主义是全世界无产阶级寻求解放的明灯,是人类社会发展的智慧结晶。关起门来研究马克思主义是不行的,马克思主义研究自说自话也是不行的,要广泛开展对外学术交流,与国际学术界展开交流对话。也许在开始阶段国外的马克思主义研究对我们的影响比我们的研究对他们的影响大,甚至在一定程度上被西方话语所湮没,但是随着对外交流的加深,我们的研究水平、理论创新水平、理论自信都会提高,加上我们身处中国特色社会主义的伟大实践中，好多重大理论问题等待着我们去解答，我们一定会达到国际学术界一流水平，并逐渐扩大我们的影响力,最终我们的马克思主义研究水平不仅是公认的世界一流,而且在各个方面都会显示出更大的影响力和生命力。把马克思主义理论创新型人才的培养置于这样一个开放的学术环境无疑会有益于学生形成开阔的国际视野。创新型人才最大的特点是创新,既然要创新就要打破旧有的条条框框,我们的教学模式和管理模式也必须随之更新，教学模式要由知识灌输型向研究学习型转变。学习的过程就是研究的过程,历史上许多大学者对某方面的问

题进行实践性学习研究，然后高水平的专著就拿出来了，比如毛泽东通过学习苏联的哲学教科书和马克思、恩格斯的著作就写出了《矛盾论》《实践论》两篇光辉的著作。

我们今天的教学有两个不足。一个是过分注重知识的灌输，要求学生理解记忆然后考试，其实这只是锻炼了学生的记忆力。另一个不足就是过分强调打基础，不相信学生的创造力，总觉得理论创造应该是中老年人的事情，青年学生就是打基础。正是这样的观念束缚了人们的理论创造力，造成青年缺乏理论创造的自信。事实上，青年是有很大理论创造力的。马克思 29 岁执笔写出了《共产党宣言》，标志着马克思主义的诞生；列宁 23 岁就写下了他的第一本马克思主义著作《农民生活中新的经济变动》，29 岁写出了《俄国资本主义的发展》一书，38 岁写成了《唯物主义和经验批判主义》；普列汉诺夫 27 岁就写出了代表作《社会主义和政治斗争》，29 岁写出了《论一元论历史观的发展》，30 岁写出了《论个人在历史上的作用问题》《唯物主义史论丛》；艾思奇 24 岁写出了《大众哲学》。

当前我们的管理也有两个缺陷。一个是威权型管理，老师是管理者，学生是被管理者，管理者处处包办、代替，而被管理者是被动的、服从的。这是不利于创新型人才培养的。我们的管理必须是平等的、协商的、服务型的，为学生成长成才服务。另一个是数字化管理，对学生学业都实行数字化考核，很多学校对硕士研究生、博士研究生毕业要求发若干篇核心论文，这造成了学生学业压力的增大，助长了浮躁的学风，败坏了学术风气。我们的管理必须以人为本，从实际出发，倡导厚积薄发，研究重大问题，倡导坐冷板凳，不搞短平快，形成踏实的学风。

(四)马克思主义理论教育普及与提高并行,吸引优秀人才加入马克思主义理论研究的队伍

马克思主义“是靠自己的正确性,靠它指导实践的价值来赢得自身的存在和尊严的”①。当前马克思主义大众化深入开展,广大学生对马克思主义、中国特色社会主义认同度不断提高。但是也存在一个问题,我们过分强调马克思主义的大众化,用尽可能通俗易懂的语言和理论体系去表述马克思主义原理和中国化马克思主义最新成果,使得一些人得出了一个马克思主义太简单的结论,觉得马克思主义就这些东西,不值得深入研究。广大大学生处于人生发展的黄金时期,渴望真理,渴望了解宇宙人生,渴望解开头脑中的种种谜团和困惑。而过于简单化的马克思主义理论教学体系不能满足他们的需求,于是他们就到其他一些地方去寻找答案。当前宗教向大学校园渗透、各种社会思潮影响大学生都是抓住了这样一种形势。我们在普及马克思主义理论和中国化马克思主义最新成果的同时,要注意提高向非马克思主义理论学科的学生提供更多的理论指导,让他们学习更多的马克思主义理论,获得更高的马克思主义理论修养,进而在人生中和学习中自觉以马克思主义为指导。

马克思主义理论研究有两种,一种是马克思主义理论学科以内的人研究马克思主义的理论,还有一种就是马克思主义理论学科以外的人以马克思主义为指导进行各门具体学科的研究。当前第二种马克思主义理论的研究方式显然被忽视了。一个重要原因就是其他学科的学生接受的马克思主义理论教育太少,不能自觉地以马克思主义为指导。只有在马克思主义大众化的同时注意提高工作,让大家都来以马克思主义为指导,马克思主义理论

---

① 刘建军:《再谈思想政治教育的真理魅力》,《思想政治教育研究》,2011 年第 4 期。

研究本身才会获得更大发展。吸收其他学科优秀的人才加入马克思主义理论学科,可以带来新的思路,启发马克思主义理论研究。马克思、恩格斯起初也不是马克思主义者，他们是在掌握了广博知识的基础上才发现了人类社会的发展规律,创立了马克思主义,其他非马克思主义专业的学者加入马克思主义研究的队伍可以极大地改善马克思主义理论人才的知识结构、拓宽学科的视野，他们因为有更多其他学科知识反而比仅仅懂马克思主义的人更具有优势。

第九章 关于马克思主义理论创新型人才培养的思考

人才培养是高等学校学科建设的重要使命。马克思主义理论学科创新型人才的培养与科学技术创新型人才培养同等重要,不可等闲视之。马克思主义理论创新型人才培养,从学科的视角来看,关系到马克思主义理论学科的可持续性发展以及学科在学界的地位;从国家的视角来看,关系到社会主义事业接班人和建设者的培养乃至整个中国特色社会主义建设事业的成败。我们党从成立之日起就关注这个重大问题。

一、马克思主义理论创新型人才培养的可能性和必要性

马克思主义理论创新型人才,简单说就是能够在马克思主义理论研究和实践领域开拓进取,与时俱进,开创马克思主义发展的新局面,对社会发展做出创造性贡献的人才。

(一)马克思主义理论创新型人才培养的可能性

我国是以马克思主义为指导思想的社会主义国家，马克思主义在我国不仅是主流的学术思想,更是一种主流意识形态,一种坚定的信仰,因而在我国培养马克思主义理论创新型人才具有得天独厚的条件。

首先，中国特色社会主义伟大事业为马克思主义理论创新型人才的发展创造了广阔的前景。人才的培养是为社会发展的需要服务的,人才的成长更是与人类社会历史发展的潮流息息相关。要想培养创新型人才就要知道社会发展的需求是什么。今天中国最大的需要是建设中国特色社会主义伟大事业的需要,最大的潮流是建设中国特色社会主义伟大事业的潮流。马克思主义理论创新型人才培养正是适应了这一伟大的需要、这一伟大的历史潮流。中国特色社会主义事业需要大批的马克思主义理论创新型人才。在建设中国特色社会主义的伟大事业中，马克思主义理论创新型人才可以如鱼得水、尽显风流,做时代的弄潮儿。

其次，改革开放伟大事业为马克思主义理论创新型人才培养奠定了实践基础。马克思主义哲学告诉我们,理论只有来源实践,理论之树才能长青。在计划经济时代,一切都是固定不变的,社会处于一种特殊的稳定状态,理论发展缺乏相应的实践基础。改革开放以来,我国社会活力显著增强,人们的生活世界更加丰富,更加广阔,同时各种问题层出不穷,为马克思主义理论研究奠定了深厚的实践基础。生活世界是科学发展最坚实的土壤,它的丰富为科学的发展提供了有利的条件。改革开放进程中大量的问题等待着我们去研究,大量的矛盾等待着我们去解决。

最后，马克思主义理论学科的建立为马克思主义理论创新型人才培养提供了制度保障。创新型人才培养是具有长期性、复杂性、艰巨性的系统工程,要有目的、有计划、有步骤地推进,没有制度保障显然难以成功。马克思主义理论学科的建立为马克思主义理论创新型人才培养提供了制度保障。从此马克思主义理论学科建设正式成为有建制的正规军,而不是游击队。我们建立了本硕博一贯制的马克思主义理论人才培养体系，能够依靠学科平台,培养马克思主义理论创新型人才。

(二)马克思主义理论创新型人才培养的必要性

培养马克思主义理论创新型人才是党和国家的重要使命。培养马克思主义理论创新型人才不仅必要而且迫切。

首先,中国特色社会主义伟大事业呼唤马克思主义理论创新型人才。指导我国社会发展的理论是马克思主义，马克思主义理论的不断创新是推动社会进步的强大动力。改革开放以来,我国社会经济获得了长足的发展,就是因为我们对马克思主义有了新的认识，提出了解放思想，实事求是的方针。要发展中国特色社会主义、建设社会主义强国就要培养创新型的马克思主义理论人才。

其次,改革开放伟大事业需要马克思主义理论创新型人才。邓小平早就指出:“为了建成社会主义，工人阶级必须有自己的……马克思主义理论家队伍,这是一个宏大的队伍,人少了是不成的。”[①]马克思主义理论创新型人才可以为改革开放提供理论支持。我国改革开放的指导思想是马克思主义，要用发展着的马克思主义指导新的实践，而马克思主义要发展就要靠马克思主义理论创新型人才在实践中探索新的经验,总结新的理论。马克思主义理论创新型人才本身就是改革开放事业的重要力量。

① 《邓小平文选》(第二卷),人民出版社,1994 年,第 295 页。

二、马克思主义理论创新型人才培养的理论依据

培养马克思主义理论学科创新型人才具有重要的理论依据。我们要相信人人可以成才，哲学家和搬运工之间的差别比家犬和猎狗之间的差距还要小。现代教育学、心理学的研究都表明，杰出的创新性人才的出现不是偶然的、神秘的，而是有规律的。只要我们吸收最先进的教育学、心理学相关成果，构建适应于马克思主义理论创新型人才的培养体系，我们就肯定能为中国特色社会主义伟大事业培养大批的马克思主义创新型人才，甚至是马克思主义大师。我们要告别过去那种认为杰出创新型人才是天生的陈腐思想，大胆借鉴现代科学研究成果，构建马克思主义理论创新型人才培养的科学体系，让马克思主义创新型人才成批地出现。

（一）来自教育学、哲学的启示：破除关于创新能力的神话

根据教育哲学家石中英教授的研究，培养创新型人才要破除五种关于创新能力的神话，唯有破除了这五种神话，我们的创新型人才培养才能走出迷雾，建立在科学可靠的基础上。第一种神话是特质的神话，即认为有某些人格、气质、特质的人特别地适宜于创新能力。比如我们常常说的旺盛的求知欲、强烈的好奇心，等等。第二种神话是精英神话，即认为创新型能力在人群中的分布是不均的，创新是少数具有创新倾向特征人群的专利。第三种是创造力神话，即右脑神话，认为创造力来源于右脑的活动，因此创新型人才的培养靠开发右脑。第四种神话是文化神话，即认为某些文化环境特别适宜于创新能力的发展，而其他的文化环境天生具有阻碍创新的特点。第五种神话是价值神话，即认为创新能力是好的、值得追求的。石中英教授指出，要培养创新型人才就必须打破这五种关于创新的神话。特质神话不过是研究人

员先有结论再去找材料证明出来的一种偏见，精英神话也同样是如此制造出来的，右脑神话容易导致人的片面发展，文化神话导致一种文化自卑感，价值神话容易导致创造性活动偏离了正确的轨道。我们要破除五种创新神话的误导，关注学生的全面发展，面向全体学生的发展，树立文化自信，用正确的价值观来引导学生的成长。[①]

（二）来自心理学的启示：一万小时定律

根据英国科学家的研究，要成为某个领域的专家，需要花费一万小时去练习，按比例计算就是：如果每天工作 4 个小时，一周工作 5 天，那么成为一个领域的专家至少需要 10 年。这就是所谓的一万小时定律。也有人提出一个十年定律，认为没有十年时间不可能成为顶尖级的专家，[②]不管你多么有天赋也不例外。换句话说，只要是正常人，经过一万小时的精心练习都可以成为专家，这为我们培养创新型人才提供了非常重要的理论基础。一万小时定律对于人才的培养指明了方向。

首先，一万小时定律认为，天赋的作用没有那么重要，后天的学习和训练更为重要。许多人开始没有表现出天赋，例如华罗庚中学时数学补考，爱因斯坦高考落榜补习了一年，爱迪生小时候成绩差常常被老师骂，这些人通过自己的后天努力反而成了杰出的科学家。不论是什么才能都可以通过培养而获得，不管是音乐家、美术家、文学家还是科学家、政治家、企业家都可以采取某种方法进行培养。

其次，一万小时定律认为，要成就世界级的人才最少要勤学苦练一万个小时。没有下够一万小时的功夫不可能有世界级的杰出人才，许多出成绩早

---

① 参见石中英：《创新型人才培养的哲学思考》，《国家教育行政学院学报》，2006 年第 4 期。

② 参见［美］杰夫·科尔文：《哪来的天才？——练习中的平凡与伟大》，张磊译，中信出版社，2009 年，第 82 页。

的人不是因为他们天赋高而是因为他们开始用功的时间早，如年轻的奥运冠军，他们往往四五岁就开始训练了，到十七八岁拿冠军的时候早已经训练十多年了。

最后，一万小时定律认为，人才的培养要苦干加巧干，同样是一万个小时，采用的训练方法不同，得到的效果肯定也会有差异，只有采用有效的方法进行训练才能达到更好的效果。举个简单的例子，跳伞运动员现在通过风洞训练 4 天时间就达到了过去 1 个半月的训练量，并且训练效果和安全性都比过去大大提高。

三、马克思主义理论创新型人才培养的路径

马克思主义理论创新型人才培养要自觉以最新科学研究成果为指导，构建一套适合于马克思主义理论学科人才培养的科学体系。这里仅仅是指出了几个比较重要的方面，即培养批判性的思维方式，创新型的知识储备方式，以名家、大师为主体的学术传承机制，以及开放的教学管理模式。

（一）培养批判性的思维方式

马克思主义理论学科创新型人才培养必须构建马克思主义的创新型思维，也就是批判思维。马克思、恩格斯正是在批判中发展他们的理论。马克思主义哲学是在批判德国古典哲学的基础上建立起来的，马克思主义政治经济学是在批判英国古典政治经济学的基础上建立起来的，科学社会主义是在对空想社会主义的批判中建立起来的。马克思主义理论创新型人才必须要学会批判性的思维方式。运用批判性的思维方式，马克思主义理论创新型人才可以吸收人类社会发展到今天所取得的一切有益成果，洋为中用，古为今用，去其糟粕，取其精华。培养批判性思维首先要培养实事求是的精神。批

判性思维不是悬在空中的,它是一种实事求是的思维,实事求是的精神。批判的目的不是为批判而批判,而是为了获得更多的真理,为了在更高的层次上把握真理。只有实事求是的批判才是真批判,才能在本质上揭示被批判对象的内在矛盾,才能寻求更加合理的理论构建。这就要求在学习和阅读过程中做到不唯上、不唯书、只唯实。培养批判性思维还要培养否定性思维。批判性思维是一种否定性思维,否定不是抛弃一切,而是扬弃。时代在不停地发展,过去的理论是过去的实践经验的总结,总会受到历史条件的局限性,在新的历史条件下必须予以反思才能实现理论的发展。在反思中实现思维层次的跃迁,解除旧思想的逻辑禁锢。

(二)构建以原典为主体的创新型知识体系

当前,我国的马克思主义理论创新型人才培养的一个瓶颈就是原典的训练不足。虽然也开设了一些原著选读的课程,但大部分课程都是概论、导论,大部分都是二手材料。以二手的知识代替马克思主义原典的训练,在内容上过于浅显,也容易导致学生对马克思主义的曲解。概论、导论一类的课程作为公共政治课教学无可厚非,作为马克思主义理论专业的学习入门也是没错的,但是高层次的创新型人才培养如果依赖这类课程那就十分危险。我们今天看任何一本哲学史教材都可以懂得许多哲学常识,但是对于一个将来从事哲学研究的人,这是严重不足的。教材只能给我们最基本的常识,而且教材往往是一些陈旧的知识,距离学术前沿有很大的距离。人文社会科学研究必须要重视第一手的资料,也就是原典。对待马克思主义也是如此,再多的概论和教材也不能代替原典。很多近现代人文社会科学大师的成长历程也充分说明了这一点。冯其庸先生在回忆他的大学生活时说,他们当时“课本用的都是原典,没有用什么选本、概论之类的教材,也没有文史哲等分科。尤其难能可贵的是好多老师讲课，都不带教材，全凭记忆背诵原著”[①]。马克思、恩格斯等革命领袖也都非常注意读原典的问题，马克思熟读黑格尔、费尔巴哈的著作，恩格斯在给青年的信中也强调学马克思主义要读原典而不要被二手材料误导。构建以原典为主体的创新型知识体系，首先要树立原典意识，深刻认识原典对于马克思主义理论学科存在的重要意义，以及原典在马克思主义理论创新型人才培养中的重要地位。要认识到马克思主义原典是马克思主义理论学科存在的根据，也是马克思主义人才成长必须熟悉的理论来源。其次要加强原典学习指导，要对学生的原典阅读进行必要的指导，同时马克思主义理论学科人才培养不能局限于马克思主义的原典，还要广泛汲取人类文明的精华，这些精华就在各式各样的经典原著中。最后要建立原典课程体系，要研究确立原典训练的范围和课程设置等，建立一套基于原典教学的人才培养体系，把原典教育制度化、组织化。

（三）建构以名家、大师和学派为主体的学术传承机制

众所周知，大学的最重要使命就是人才培养和文化传承与创新，而大师是大学培养人才的关键。大师既是大学培养人才的目标，又是大学培养人才的最重要的手段。历史表明，大师的学生、助手们最有可能成长为新一代的大师。苏格拉底培养了柏拉图，而柏拉图又培养了亚里士多德。围绕在马克思周围也出现了大量高水平的马克思主义理论家。在生活中我们知道，把已经成熟的苹果和没有成熟的青香蕉放在一起，可以大大加快香蕉成熟的速度。在人才培养中，大师就好比是成熟的苹果，而学生就好比青香蕉，要快点成熟只有通过大师的作用，这也是文科人才培养不同于理科人才培养的地方。美国哈佛大学的理工科现在地位大不如前，加州理工伯克利分校等学校

① 刘桂秋：《无锡国专编年事辑》，中国大百科全书出版社，2011年，第7页。

大有后来居上之势,而哈佛文科则仍然遥遥领先。原因就在于哈佛有人文社会科学的传统,有大批人文社会科学的大师。人文社会科学更需要学术积累和传承。建构学术传承机制,首先要发掘当代的马克思主义理论界的名家、大家,充分发挥他们的作用。三国时期吴国最弱,可是也能造成三足鼎立的局面就在于吴国善于发掘和大胆起用人才,陆逊、吕蒙等人先后被发现并予以破格重用。把现有的人才的潜力充分挖掘出来这个力量不可小视。其次要培育马克思主义理论学派。历史上有名的学术团体很多以学派的形式出现,比如西方历史上的兰克学派、法兰克福学派等影响深远的流派,都代表了学术方法、学术范式发展的较高水平。没有学派的学术研究就如同散兵游勇,独木难支,难成大器。团队的力量在21世纪的科学研究中作用越来越大,没有完美的个人,只有完美的团队。学派依靠学术共同体的作用,使每个人都能发挥更大的潜能。

(四)塑造开放自由的学习环境和研究环境

要进行理论创造就必须先解放思想,破除教条主义的条条框框,这只有在开放自由的环境中才能做到。被禁锢的头脑、被囚禁的心灵不会有什么理论创造。马克思主义理论创新型人才培养必须要有一个开放自由的学习环境和研究环境。开放主要有三个维度:面向实践开放,面向国外开放,面向创新开放。面向实践开放就要密切联系实际,从实践中发现问题和解决问题,理论学习和创新不能仅仅面向文本,面向理论,更要关注现实生活中的重大利益问题,关注实践中的难题和热点问题。面向国外开放是说马克思主义理论研究和教学不能仅仅局限于国内,而要把视野扩展到全球,汲取全人类的文明成果,关注全人类在实践中遇到的共同的难题。面向创新开放就是鼓励理论创新,鼓励挑战权威的大胆探索,摒弃无谓的意识形态争论。自由就是让人们有更多自由探索的权利,保证学术探索的独立性,排除非学术因素的干扰。开放自由的学习环境和研究环境是马克思主义理论创新型人才成长的沃土。塑造开放自由的学习环境和研究环境要加大对内对外交流,让大家能够走出去,开阔视野。我国马克思主义研究的每一次进步无不与视野的扩大有关。首先要请进来,把国际国内有影响的学者请来讲学。其次要加强问题意识,观察和思考中国特色社会主义实践中的现实问题和人类面临的共同困境,这样理论研究才有现实感。最后要倡导学术自由。坚持党中央宣传有纪律、学术无禁区的精神,在学术范围内大胆探索。

专题四

近现代教育思想

第十章　张之洞的国学教育思想

张之洞是我国近代著名政治家、思想家、教育家，为我国的教育近代化事业做出了巨大贡献。张之洞也是一个学者，具有丰富的国学修养，著有多部国学著作，可以说是名副其实的国学家。他用《书目答问》教导青年人学习国学，用《劝学篇》来说明怎样正确处理国学和西学的关系。对于国学教育他有诸多思考和实践，在《奏定学堂章程》中提出了普及性国学教育和专业化国学教育的宗旨和办法，提议设立存古学堂以培养高水平国学人才。在全球化时代，国学越来越引起人们的重视，许多高校还开设了国学专业或建立了国学院、国学研究院。社会上也掀起一波又一波的读经热。张之洞的国学教育思想，对于我们当今的国学研究与国学教育不无裨益。

一、国学教育的内容与方法

国学即中国传统学术，也就是经史子集四部为代表的中国学术，尤其是指传统的儒学。在张之洞看来，国学教育包括以下方面。

（一）经学教育

经学教育指儒家经典教育，也就是十三经。在张之洞看来，经学教育要注意以下方面。一是读经要读全本，而不可读选本、删节本，虽然可以有重点地读但是也必须把全本读过一遍，然后再选读里面的重要部分。二是解经要先识字，古代文献由于年代久远，不先识字肯定读不懂，识字可以读字书《尔雅》《说文解字》。三是读经宜正读音，古代读书讲究讽诵，如果把字音弄错了就会读错，会因此发生一系列错误。四是要讲汉学，汉代人注经态度严谨，在训诂上是很精确的。五是要专治一经。十三经能够精通一部就不错了，历代大儒大多数也只是以精通一部经而扬名。六是读经要有次第。先读《诗经》《礼记》等较切于人事者，然后读《春秋》《尚书》，最后才读《周易》。

（二）史学教育

史学教育内容主要为正史和《通鉴》等，读史须注意以下几点。一是要先读正史，然后才可以看别史、杂史，如，刘知几的《史通》，万斯同的《历代史表》，沈炳震的《廿一史四谱》，王鸣盛的《十七史商榷》，赵翼的《廿二史札记》，钱大昕的《廿二史考异》等书，也是史学教育不可少的书。二是正史之中应当先读四史，也就是《史记》《汉书》《后汉书》《三国志》四部伟大的历史书。这四部书开创了中国史学的传统，并且文笔也非常好。三是要读《通鉴》，正史大多是断代史，读《通鉴》和《续通鉴》则可建立一个整体的历史脉络。四是要读《通考》。五是史学也只适宜专精一种。范祖禹精通唐史，人称唐鉴公。

（三）子学教育

子学教育也就是读诸子著作，有三个原则。一是读子书是为了通经的需要，子书可以在多方面佐证儒家经典。二是读子书要讲求训诂，看古人的注。

唯有用实事求是的严谨态度来读子书，才能不凭空穿凿，获得实益。三是要买丛书。清代比较精的子书刻本都是丛书。

（四）文学教育

文学教育就是读古人文集，学做文章的教育，文学教育有以下几点注意事项。一是要知道文体的概要，关乎国计民生的文章要认真读，而留恋风景一类的文章略读即可。二是词章家宜读大名家专集，只有把一家的全集通读一遍，见其瑕疵处，才能见其好处。三是《昭明文选》要读全本，不要读删节本。四是读选本要读比较权威的版本或者说善本。

二、国学教育的价值

在张之洞看来，国学教育具有重要的意义。从小来说，国学教育是关乎个人品行的道德教育；从大来说，国学教育关乎一个民族的存亡。

（一）国学教育是爱国主义教育的根本

张之洞认为，如果一个人仅懂西学而不通中学，那么就会崇洋媚外而敌视本国的历史文化。“如中士而不通中学，此犹不知其性之人、无辔之骑、无舵之舟，其西学愈深，其疾视中国亦愈甚，虽有博物多能之士，国家亦安得而用之哉！”[①]更有甚者，唯恐天下不乱，希望中国乱下去，以求外国人的统治，张之洞说：“昏墨之人，则视国家之休戚漠然无动于其心，意谓此非发捻之比，中华虽沦，富贵自在，方且乘此阽危，恣为贪黩，以待合西伙为西商，徙西地入西籍，而莠民邪说甚至诋中国为不足有为，讥圣教为无用，分同室为畛

① 陈山榜：《张之洞教育文存》，人民教育出版社，2008 年，第 202 页。

域，引彼法为同调，日夜冀幸天下有变，以求庇于他人。若此者，仁者谓之悖乱，智者谓之大愚。”[①]一些人主张全盘西化就是极端崇洋媚外心理的表现，这些人恨不得被西方国家奴役，让祖国成为西方国家的殖民地，他们也好做外国人的走狗。这样的主张一直都有，但是没有哪个国家丧失了自己的主体地位而能获得富强的，即便是文化也不可丧失，在全球化时代，文化安全更加重要。张之洞虽然不懂文化安全这个概念，但他看到了一个民族的文化对这个民族生存和发展的重要作用，因此他批评那些主张全盘西化的人愚不可及，昏聩到不可救药。语言文字是民族存在和发展的根据，要加强中国语言文学的教育。“今日环球各国学堂，皆最重国文一门，国文者，本国之文字、语言、历古相传之书籍也。即间有时势变迁不尽适用者，亦必存而传之，断不肯听而澌灭。至本国最为精美擅长之学术、技能、礼教、风尚，则尤为宝爱护持，名曰国粹，专以保存为主。凡此皆所以养其爱国之心思，乐群之情性，东西洋强国之本原，实在于此，不可忽也。”[②]张之洞从历史的视野看到举凡强大的国家都珍惜自己民族的文化，这样来培养人民的爱国情感和民族自豪感。从《居里夫人传》中我们看到，当时的俄国侵略者是多么积极地在波兰推行俄语教育，而波兰人民又是多么积极地保存波兰本国的语言文化。

（二）国学教育是德育的重要手段

文化与伦理道德是密不可分的，有什么样的文化就有什么样的伦理道德体系。德育是传承传统的伦理道德体系，使之在新一代人中生成，为新一代的人接受、认可、践行。因此张之洞认为国学是对人们进行传统美德教育的重要手段。“若中国之经史废，则中国之道德废；中国之文理词章废，则中

① 陈山榜：《张之洞教育文存》，人民教育出版社，2008 年，第 195 页。

② 同上，第 523 页。

国之经史废。国文既无，而欲国势之强，人才之盛，不其难乎！”[①]中国人的传统美德都是从中国传统文化中学习的，如果传统文化废掉了，那么中国人的传统美德也就丢失了。而道德显然是人才的根本，没有道德也就没有可用的人才。西方人入侵以后中国传统伦理道德开始被破坏，社会充满浮华的风气，实在是不利于民族振兴、国家富强。只有加强传统文化教育，保持中国人的传统美德，才能培养能够担当国家大任的人才。

（三）国学教育与西学教育互补

张之洞认为，国学是中华民族先人重要的历史经验、科学知识的总结，与西方现代知识一样是治国平天下的大学问。中华民族发展了几千年，创造了极为辉煌的文化。在西方学术思想传入以前，中国人对宇宙、人生的认识都非常深刻，形成了中国传统的学术，内容之丰富前所未有。而这其中又包含了许多有益的经验和理论总结，这正是中国人为世界文明所做的贡献。国学的地位和价值不容否定，不能因为当时中国的落后而否定中国传统文化。张之洞的这一思想具有重要意义。张之洞在当时没有失去对民族文化的信心，而是看到正是因为国学具有与西学的不同点，因而可以作为不同于西学的一个重要参照，在很多方面都可以启发西学，弥补西学的一些不足。张之洞坚持大力引进西学以自强，同时也坚持国学不可废。没有西学不足以自强，没有国学不足以为中国人。要改变的是国学教育的形式和内容。要改变过去陈旧的国学教育体制，树立新的国学教育体系，在课程设置等方面采用新的方法来进行国学教育。

① 陈山榜：《张之洞教育文存》，人民教育出版社，2008 年，第 525 页。

三、国学教育的制度化建设

近代中国教育改革浪潮势不可挡，传统的经学教育已远远满足不了时代发展的需要，张之洞积极推进由科举制度向学堂制度的转变，使延续一千多年的科举制度被废除。传统的经学教育必须向国学教育转变。在张之洞看来，科举虽然可以废除，但中国传统的道德文章不可废除。即便西学大举引进了，传统的“中学”仍然是每个中国人的立身之本。在新的教育制度下，对国学教育进行规划十分必要。

（一）在初等教育和中等教育阶段设立国学课程

张之洞认为“小学不读经，中学不温经，万万不可”。国学教育首先是一种大众化、普及化的教育，每一个进学校读书的人都应该接受基本的国学教育。国学教育要从小抓起，但是不能采取过去的老办法，四书五经全背显然不现实，也无必要。可以适当地重点读几本国学经典。张之洞认为，初等教育和中等教育，“重在开发国民普通知识，故国文及中国旧学钟点不能过多”[①]。也就是说初等教育和中等教育中的国学课程是为普通人才培养服务的，是一种普遍的要求，故而牵涉的时间、精力不能太多。大体来说十五岁以前要读《孝经》以及四书五经的正文，懂得文中的意思，并且读一些天文、地理、诗歌和唐宋人的散文。十五岁以后，讲求经史、诸子、理学、政治、地理、小学各门。这个阶段五到十年，过了这个阶段就是专门的教育了，根据学生的兴趣和需求，攻读西学各门学问，或者深造国学学问。

① 陈山榜:《张之洞教育文存》，人民教育出版社，2008 年，第 525 页。

(二)建立国学专科学校,培养高水平国学人才

有感于经书废绝,张之洞后来提出要建立国学专科学校,培养高水平的国学人才。后来也有人实践了他的这一主张，最典型的是无锡国学专修学校,培养了大批国学人才。可惜的是国学专修学校后来还是断绝了,从此国学只能在文史哲三类现代学科里苟延残喘。张之洞看到当时新学堂培养的人才国学程度太浅,仅可以做国文发蒙教师,如果没有专门从事国学研究和教学的高层次人才,国学可能会断绝,于是上奏设立存古学堂,专门培养高层次的国学人才。“凡毕业者,将来备充各师范、各普通中学、高等学、大学等学堂文学专门之师。”[①]存古学堂共分为3个学科门类,分别是经学门、史学门、词章门,学习年限是7年。经学门以经学为主课,史及词章为补助课,其余各学为通习课。史学门以史学为主课,经学及词章为补助课,其余各学为通习课。词章门以词章学为主课,经学及史学为补助课,其余各学为通习课。主课时间占总课时的三分之二,补助课占总课时的六分之一,其余各学占总课时的六分之一。这个课程设置把大部分的时间用在了主要课程上。这样就能保证国学专业教育拥有充足的时间。经学门头两年遍览九经全文,讲明群经要义,以为根基,再用四年治一部大经,最后一年讲求实用,理论联系实际。史学门头三年博览全史要事大略,再三年治专门史学,最后一年讲求实用,理论联系实际。词章门头三年纵览重要的历朝总集,练习诗文写作,再三年研究名家专集,最后一年讲求实用,理论联系实际。

四、张之洞国学教育思想的启示

张之洞国学教育思想对于当今的国学教育及推广中华优秀传统文化有

---

① 陈山榜:《张之洞教育文存》,人民教育出版社,2008年,第526页。

着重要的启发意义。首先,张之洞指明了国学教育的重要意义,为我们今天开展国学教育提供了理论指导。国学对于中华民族的民族认同起着重要作用,是我们之所以是中国人的文化依据。我们必须在义务教育阶段普及国学教育,在高等学校建立国学专业。其次,国学教育要破除好大喜功、求大求全的心理,踏踏实实一步一个脚印。说到国学教育,有的人就恨不能把十三经硬塞到小孩的头脑中,其实这是很不现实的。按照张之洞的说法,在清朝的时候,以四书五经为主要学习对象,还有许多读书人连四书五经都背不全,何况今天呢?普及型的国学教育只需要传授四书就够了,国学教育不可揠苗助长,不可加重学生负担。国学教育贵在坚持,常抓不懈。只有持之以恒地进行国学教育,人们的国学水平才会不断提高。最后,要注重高层次的国学人才培养,普及型的国学教育仅仅是修身养性,高水平的国学人才必须要进行专门的培养,要建立国学专科学校或者建设专门的国学学院,靠零零碎碎的国学教育是出不了国学大师的。总之,张之洞国学教育思想对于今天的国学教育具有重要的参考价值。

第十一章　论张之洞“中体西用”教育思想及其启示

张之洞是我国近代著名的政治家、教育家、思想家，其“中体西用”教育思想影响深远。张之洞认为，在近代中国不学西方是死路一条，因为中国的落后是明显的，仅仅依靠传统的学问是拯救不了中国的。而全盘西化也是不行的，因为这样就会产生盲目崇洋媚外的卖国思想，最后也会导致国家的灭亡和中华民族的灭亡。张之洞认为，“中学为体，西学为用”才是救亡图存的好办法。张之洞不仅大力倡导“中体西用”的教育思想，而且创办了大量的学校，对中国近代教育的发展产生了重要的影响。

一、西学是开民智、兴中华的必要手段

学习西方在近代具有特殊重要的意义，要救亡图存，守旧的思想肯定行不通，所以必须要学习西方。张之洞看到近代中国的危机是前所未有的，唯有学习西方才是解决之道，守旧没有前途，不想灭亡只能学习西学。“今欲强

中国,存中学,则不得不讲西学。”①

(一)西学是开民智的必要手段

在张之洞看来，讲西学是开民智的方法，只有民智大开才能与外国竞争,庶几拯救民族的危难。“大抵国之智者,势虽弱,敌不能灭其国;民之智者,国虽危,人不能残其种。印度属于英,浩罕、哈萨克属于俄,阿非利加分属于英、法、德,皆以愚而亡。美国先属于英,以智而自立;古巴属于西班牙,以不尽愚而复振。”②智慧的民族虽然贫弱但是不会亡国,而愚昧的民族则会灭亡。“自强生于力,力生于智,智生于学。”③要增长民族的智慧唯有靠学习,显然中国要自强就必须向西方学习。张之洞认为,欧洲各国由于处于比较狭小的地理范围内，因而互相之间竞争异常激烈，为了在这种艰难的环境下生存,各国都不断创新,唯恐落后,于是各种科学技术进步尤其快。而中国处于东方,四周环绕的都是相对落后的小国,没有国家可以与中国竞争,中国只需要“守其旧学,不逾范围,已足以治安而无患”④,故而增长了中国人的惰性,守旧的思想根深蒂固,于是中国与科技、文化日新月异的西方国家比就落后了。张之洞认为,一个又一个的国耻就是上天警醒国人要振作起来,改变泄沓的习惯,学习西方,然而上天的警示没有被士大夫们意识到。张之洞列举了六大事件,一是割让台湾,二是丢掉琉球,三是伊犁条约,四是朝鲜被日本侵略,五是越南、缅甸沦为法国殖民地,六是甲午之战败于日本。这六件大事显示出国家危亡的败象,而士大夫们“茫昧如故,骄玩如故”。对于传统士大夫们的愚昧、守旧,张之洞感到无可奈何。

---

① 陈山榜:《张之洞教育文存》,人民教育出版社,2008 年,第 201 页。

② 同上,第 212 页。

③④ 同上,第 211 页。

(二)要广泛而全面地学习西学

要开民智以存国保种就要全面学习西方,各行各业都要讲究智巧。“夫政刑兵食,国势邦交,士之智也;种宜土化,农具粪料,农之智也;机器之用,物化之学,工之智也;访新地,创新货,察人国之好恶,较各国之息耗,商之智也;船械营垒,测绘工程,兵之智也。此教养富强之实政也,非所谓奇技淫巧也,华人于此数者,皆主其故常,不肯殚心力以求之。若循此不改,西智益智,中愚益愚,不待有吞噬之忧,即相忍相持、通商如故,而失利损权,得粗遗精,将冥冥之中,举中国之民已尽为西人之所役矣;役之不已,吸之、朘之不已,则其究必归于吞噬而后快。是故智以救亡、学以益智、士以导农工商兵。士不智,农工商兵不得而智也;政治之学不讲,工艺之学不得而行也。”[①]要开民智就得讲求西学,全民全面学习西方的学问。

二、中体西用的教育是解决近代民族生存危机的改革措施

在张之洞看来,中体西用的教育是解决近代民族危机的最好手段,因为民族复兴的根本在教育,而中体西用的教育方式正切合了近代历史的主题,既能保存国粹,又能师夷长技。

(一)民族复兴的根本在教育

“教育为政治服务,主要是通过培养人来实现的。”[②]张之洞认为,教育关乎国运兴衰及政治清明与否,因为国家是由人来治理的,而治国的大小官吏的文化水平就决定了国家的政治运行的好坏。尤其是在近代中国,政治活动

① 陈山榜:《张之洞教育文存》,人民教育出版社,2008 年,第 212 页。

② 黄济:《教育哲学通论》,山西教育出版社,2011 年,第 356 页。

的特征就是人治,往往人存政举,人亡政息。政治家的素质决定了整个国家的好坏。出现雄才伟略的政治家就可能出现王朝“中兴”的局面,如果上层统治集团都昏聩乏力,那么国家就只能衰败下去。熟读中国历史的张之洞深深明白这个道理,所以他说:“古来世运之明晦,人才之盛衰,其表在政,其里在学。”[①]又说:“造就人才为一切政治之根本,培植之法全在学校。”[②]政治的根本在于造就能够担当重任的人才,而人才的成长需要学校的培养。正是所谓“学术造人才,人才维国势”[③]。身处近代那样一个大变革的时代,外敌入侵,清政府丧权辱国,作为清王朝的重臣,国家的顶梁柱,怎样振兴国家和民族是张之洞思考的时代课题。

张之洞认为要自强只有实行教育改革,向国外学习,因为国外富强也是由推行学校而富强的,中国要富强也必须广开学校,大力学习外国。张之洞说:“窃维学校之盛,近推泰西,合计英、法、德三国幅员不及中国之半,而所设初学、中学、大学三等学堂凡二十余万区,所收学生在堂有额可稽者共一千七百八十余万人之多,所习则史册、地志、富国、交涉、格致、农事、商务、武备、工作各学,其专门小学堂尚不在此数。魄力雄厚,何患无才。中国力图自强,舍培植人才,更无下手处。”[④]世界各国的竞争就是人才的竞争。要提高国家的竞争力就必须加强人才的培养和建设。世界各国都在普及教育、培养人才,中国要自强也必须从教育下手,培养大批的优秀人才。国家的竞争就是每个国家国民素质的竞争、人才多少和质量的竞争。而人才不是凭空生长出来的,只有通过教育才能培养大批优秀的人才。所以张之洞说:“国势之强弱在人才,人才之消长在学校。环球各国竞长争雄,莫不以教育为兴邦之急务。”[⑤]

① 陈山榜:《张之洞教育文存》,人民教育出版社,2008 年,第 183 页。

② 同上,第 171 页。

③ 同上,第 187 页。

④ 同上,第 126 页。

⑤ 同上,第 405 页。

(二)中体西用的教育是切合近代历史主题的教育

面对近代的危机,出现了两种倾向,一种是保守的,一种是激进的。保守主义者拒绝学习西方,力图保持旧传统,而激进主义者反对传统,力主西化。对于这两种倾向,张之洞都不赞同。他力图在中西之间保持必要的平衡和张力。张之洞说:"图救时者言新学,虑害道者守旧学,莫衷于一。旧者因噎而废食,新者歧多而羊亡。旧者不知通,新者不知本。不知通则无应敌制变之术,不知本则有非薄明教之心。夫如是,则旧者愈病新,新者愈厌旧,交相为瘉,而恢诡倾危、乱名改作之流,遂杂出其说以荡众心。……吾恐中国之祸,不在四海之外,而在九州之内矣。"[①]张之洞认为,保守派不知变通,因噎废食,制敌无术,只能被动挨打,亡国灭种指日可待。作为一个开明的朝廷要员,张之洞明白,面对危机的形势,保守派空谈义理之学是不起作用的,穷则思变,唯有适应时代的发展要求引入西方先进的科技才能抵御西方的入侵。而激进派崇洋媚外,完全失掉了民族自信心,恨不得做外国的殖民地,给外国人当奴才,激进派这样做可能丢掉优秀的民族文化传统,被彻底西化,最终失去民族特性,导致亡国灭种。这两种倾向争论不休,最后都会误国。

于是,张之洞提出了他著名的"中体西用"教育思想。"四书五经、中国史事、政书、地图为旧学,西政、西艺、西史为新学。旧学为体,新学为用,不使偏废。"[②]关于体用,无非有三种:中体中用,这是在中国古代的体用方式,在近代显然已经不合时宜,因为伦理中心主义的中国,缺乏科技的力量来面对近代殖民者的洋枪洋炮;西体西用,这是西方的体用方式,或者是全盘西化,这是激进派的主张,如果如此那就不必抵御外国入侵,做外国的殖民地好了,这显然也是不可以的,无论是中国民众还是清政府都是绝不会答应的,"因

---

① 陈山榜:《张之洞教育文存》,人民教育出版社,2008年,第183页。

② 同上,第216页。

为文明是保守的，而且，所谓全盘西化在‘量’上根本不可能”[①]；中体西用，这是张之洞所主张的，既保持中国优良的传统文化，又吸收西方先进科技，这是为当时中国人所能接受的最好方案。

三、张之洞教育思想的启示

张之洞的中体西用教育思想虽然有其保守的一面，但是正如有的学者指出的：“因其有旧，才使得改革能获准实行。若不能获准实行，那么再好的改革措施也将无济于事。”[②]在当今全球化浪潮席卷而来的情势下，我们国家的意识形态遭到强大挑战，国家需要富强，民族需要复兴，张之洞的教育思想可以给我们很多启发。

第一，弘扬中华优秀传统文化，以中华民族的语言文化为载体加强爱国主义教育和德育教育。加强爱国主义教育要以我们的母语——汉语及汉文化为重要载体。语言学的研究表明，语言是具有意识形态性的，维护国家文化安全，坚持社会主义主导意识形态就必须重视对于本国语言的保护。加强爱国主义教育，民族语言文化是最好的载体，如果民族语言被抛弃了，那么民族就失掉了文化的自信。我们不同于近代中国的是，当时优秀的留学人才愿意回国效劳，而今天的优秀留学人才多不愿回国。反思当前的德育工作，不能不说当前的爱国主义教育存在一些不足之处。我们要搞清楚，一个贫困落后的中国当时为什么能吸引那么多优秀的留学人才回来，这些人即便在欧美也是顶尖人才。而今天的中国经济繁荣，国家富强民主文明，却有那么多优秀的留学人才选择留在国外，一个重要的原因就在于民族文化被破坏，人们对民族没有认同感，觉得中国文化就是落后的文化，于是中华民族的自

① 林毓生：《中国传统的创造性转化》，生活·读书·新知三联书店，1988年，第187页。

② 陈山榜：《张之洞教育文存》，人民教育出版社，2008年，第7页。

信心自豪感也没有了，错误地认为既然中国都是学习外国，不如留在外国学习外国好了。要转变这种状况只有加强民族语言文化的教育。

第二，更加积极学习西方，在学习中超越。不可否认，当前西方在很多方面都比我们先进、发达，学习西方仍是我们的重要任务。但是我们对西方先进科技、文化的学习决不可停留于简单的模仿、复述，更重要的是在西方的基础上创造更加先进的文化，否则我们永远只能跟在人家后面亦步亦趋。我们要发挥玄奘法师求法的精神，不畏艰难，取得真经，同时还要超过西方。我们学习西方的目的是要超过西方，后来居上，这是我们学习西方的最终目标，只有如此我们的民族才能复兴。

第三，民族复兴，国家富强，要把教育摆在更加突出的位置，注重人才培养的数量和质量。长期以来我们都说科教兴国，可是教育经费的投入总达不到世界的先进水平，我们的人才培养水平远远达不到世界一流，这说明我们的教育是有问题的。很重要的一点就是对教育的重要性认识还不够。张之洞作为一个封建官僚都能认识到教育对民族复兴、国家富强的重要意义，奋力筹措资金开办各种学堂，选派留学生，聘请国外专家来华讲学，我们今天更应该重视教育的重要作用，提高全民的受教育水平。

总之，张之洞的爱国主义教育思想是在当时历史条件下形成的宝贵思想，是探索中华民族自强之路的宝贵成果，虽然由于时代和历史的局限性不可能十全十美，但是其闪烁着智慧的光芒，值得我们认真学习和借鉴。

第十二章　批判与重构：钱穆对中国近代学风的思考

钱穆乃一代大儒，生在近代而不为时代潮流所裹挟，一心师古，卓然自立，终成一代大家。对于中国近代学风，钱穆有切身的感受和精微的思考。钱穆对于近代学风的反思于我们今天依然有着很大的现实意义。近代几种不良学风不仅有害于当时的学术界，而且有些影响到今天。这些不良学风并没有完全被克服，有一些以新的形式在今天重生。我们要优化学术环境，培育学术人才，创新学术成果，继承钱穆这一份宝贵的思想遗产十分必要。

一、对几种不良学风的批评

近代中国处于一个三千年未有之大变局之中，旧的社会秩序已经不能维持了，而新的社会秩序又远未形成。时代的忧患反映到学术界就是一种极端的狂躁，旧的学术规范，人们不愿意遵循，而新的学术风尚又远未形成。不新不旧、不中不西是近代学术的重要特点，也是一些学人的自觉追求。时代的动乱影响到学术的发展，学术的发展同样影响时代的动荡。重视知识分子对社会的引领作用是中国的文化传统，学术界对于时代有领导作用。钱穆对于中国近代一些不良学风进行了批判。他认为中国近代学术界存在一些不良学风，这些不良的风气加剧了时代的动荡；只有克服这几种不良学风，建设新的学风才有可能，规划中国未来美好蓝图也才有可能。

（一）“懒而躁”的浮躁之风

钱穆认为，中国近代学风的问题首先就表现为懒和浮躁，也就是不愿意踏踏实实读书，而将读书的目的放在找题目写文章博虚名。“懒是不肯平心静气，精详阅读。躁是急于成名，好出风头，掩盖先贤，凌驾古人。”[①]早在清末，学者陈澧就指出：“但能全观一经者已少，况欲其融会乎？皆节取一二与，为题目，作经解耳。”[②]在那个时候，科举以经学为正宗，学术界亦以经学为正宗，而学者已经不看全经，其学风之懒与躁可想而知。“只求觅得书中一罅缝，提得出一个题目，写得出几条笔记或一篇文字，或甚至一本书，便谓学问能事已尽。却于所读那书之全体上，或大体上，懒于玩索。”[③]学术界这样一种懒和躁的心理，为害不小。陈澧认为，“学者之病，在懒而躁，不肯读一部书。此病能使天下乱”[④]。待到读书人都受到这种不良风气的影响，由他们来领导社会，必定是天下大乱。钱穆对于陈澧的观点深以为然。“从来只有读书通了才去著述，并没有为要著述才来读书的。若为著述而始读书，那读书所得的印象决不会很深，因为他早已心傲气浮，他所读的书，只当成他一己著述的材料看，决不肯虚心静气浸入书籍的源深处。继此而往，读书功夫，便会渐渐地变成为翻书。”[⑤]

---

① 钱穆：《学龠》，九州出版社，2010年，第90页。

② 转引自钱穆：《学龠》，九州出版社，2010年，第88页。

③ 钱穆：《学龠》，九州出版社，2010年，第88页。

④ 转引自钱穆：《学龠》，九州出版社，2010年，第90页。

⑤ 钱穆：《学龠》，九州出版社，2010年，第139页。

但是那些不肯从头到尾细心读书，而专做零碎收集的人，还有一套为自己辩护的理论。他们说:“不识字即不能读书。”钱穆评论说:“若待识尽字再读书，岂不真是河清难俟？若论考据，则范围更广大。若果读书为学，不先融会大义，只向零碎处考释，则此路无极，将永无到头之期。如是则读书人永远在搜集材料，为人作工具的准备。永远是一些竹头木屑之收藏，永远无一间半架真建筑。照此下去，尽可遍天下是读书人，而实际并无一真读书人，社会上亦并不会受到读书人的真效用。”①

懒而躁的学风还表现在重视理论轻视知识，虚而不实。“今日学术界大病，则正在于虚而不实。所以陷此大病，亦由时代需要，群求有思想，有理论，俾一时得所领导而向往。思想无出路成为时代的呼声，而学术界无此大力，学术与时代脱节。于是一般新进，多鄙薄学问知识而高谈思想理论。不悟其思想理论之仅为一人一时之意见，乃不由博深之知识来。”“不经学问而自谓有知识，其知识终不可靠。不先有知识而自负有理论，其理论终不可恃。不先下种，遽求开花结果，世间宁有此事？”②

钱穆认为，懒与躁的心理不仅表现于陈澧生活的年代，直到 20 世纪二三十年代还是存在。“虽则其所考索的内容，与乾嘉经学已有不同，然就种种方面看，今天学术界的风气与路径，却还是乾嘉旧辙。大体上，陈澧所谓懒与躁的心病，似乎仍是深深埋在我们的身里。而世道衰乱，我们学术界也还不得不负相当的责任。”③正是这样一种懒与躁的心理，造成非常坏的学风，但求速成，不求真学问，所以面对时代的问题手足无措，不是错误诊断时代的病症就是开错药方，于是天下越来越乱，近代中国的乱象不能说学术界没有责任。

---

① 钱穆:《学龠》，九州出版社，2010 年，第 91~92 页。

② 同上，第 144 页。

③ 同上，第 94 页。

(二)"博士之学"的乖僻之风

所谓"士大夫之学"与"博士之学"是由陈澧提出来的,钱穆特别赞赏士大夫之学而批评博士之学。钱穆认为,近代学风的一大问题就是过于注重博士之学,而忽视士大夫之学,这样一种学风是浅陋的,会导致表面上博学而实际一无所知,读了很多书还是无用处。陈澧说:"有士大夫之学,有博士之学。近人几无士大夫之学。士大夫之学,更要与博士之学。士大夫无学则博士之学亦难自立,此所以近数十年学问颓废也。"[①]那么什么是士大夫之学呢?陈澧说:"略观大义,士大夫之学也。"[②]相对而言,博士之学也就是训诂考据,钻牛角尖,知道一些人家所不知道的生僻的知识,但于世道人生毫无瓜葛,不切于用。"博士之学"造成一种骄矜之气,不能汲取前人之学术成就而一味吹毛求疵。"博士之学,正因为其不究大义,只从难解难考处留心,所以又渐渐养成了一种骄矜之心,其读书似乎只在寻求古人罅隙,有意和古人为难,却并不能把前人所著书平心静气从头细读。"[③]

"博士之学"还带有狭隘的门户之见,只注重小的考据训诂而忽视学问大体的汇通。钱穆指出:"直到如今,陈氏所说当时学术界的种种病痛,也多还未能洗涤净尽。似乎现在一般的读书风气,也还脱不了极狭的门户之见,也还看重在小节目上的训诂考据之类,而看轻从学问大体上来求大义之融会与贯通。也还只像是多数走在博士之学的路上,以'为学术而学术'之语调为护符,而实际则学术未必有俾于身世。"[④]

"博士之学"导致学术研究的琐碎不堪,只见树木不见森林,造成一种学术的内循环,而无补于普通社会大众之需要。"似乎近来的风气,只注意在各

①② 转引自钱穆:《学龠》,九州出版社,2010年,第89页。

③ 钱穆:《学龠》,九州出版社,2010年,第89页。

④ 同上,第93页。

自做各自的专门家，或教人去做专门家，而没有注意到为一般人着想。”[①]“治文学，则往往不肯熟读细读前人必读的名集，而专意搜求人家读不到的读，僻书碎札，可为我作文学史的发见与创解。”[②]“读书只会越读越生僻，绝不会耐心去读人人必读之书。只会愈读愈疏略，绝不会读到熟读成诵。读书的成绩，只是一批批的论文和著作，专家和发现，却不会从读书中造成对政治、社会、民族、文化有力量有效益的学者。”[③]

钱穆认为一味关注冷僻知识的学风影响到学校教育，只教一些所谓的绝学，造成人才在学校体制内的循环，培养的人才除了继续留在学校教授这些偏僻的知识没有出路。“多病今日学校开设学科之细碎，与夫基本智识之不够。”[④]钱穆强调，学校教育为着培养社会有用的人才，应当强调通识教育。钱穆说：“教育精神自有去大者远者，此则惟通才达识者之知之，擅一材一艺以绝业名专门者，往往不知也。若就鄙见所及，创立不分系之学院制，其学成者，虽不能以专门名家，然其胸襟必较宽阔，其识趣必较渊博。其治学之精神，必较活泼而真挚。”[⑤]在钱穆看来，这种通识性的教育，虽然从专业性较强的学者的视角出发好像博而不精、难以以某一方面的专业能力而成名，但是这种方法最利于学习者去探索学问的大本大源、真理之博大精深、世事之纷繁复杂，最利于调动学习者的真情实感，最利于启发学习者的智慧。相比于仅仅局限于一个狭隘的领域进行学习和研究以求成名的学习者，通识教育之下的学习者之精神境界更为博大厚重，对于国家民族的贡献更为深远。在钱穆看来，要培养民族的中坚力量、国家的领袖人才、社会的栋梁之材，必须在此种博大的通识教育中求之。而对于那些愿意从事专门之学的学习者，则

---

① 钱穆：《学籥》，九州出版社，2010 年，第 136 页。

②③ 同上，第 138 页。

④ 钱穆：《文化与教育》，九州出版社，2014 年，第 182 页。

⑤ 同上，第 183 页。

可以“于普通学院之上复设研究院，以资深造”。

（三）“必以西方为准则”的崇洋之风

近代以来西学流入中国，对中国学术界产生了巨大的影响，也变革了传统的治学方式。在思想界、学术界没有充分的准备之下，西方学术的涌入，使人头晕目眩，很难不被时代的潮流所裹挟，而崇洋媚外之学风自然而然形成了。钱穆说：“此数十年来，国内学风，崇拜西方之心理，激涨靡已，循至凡属义理，必奉西方为准则。一若中西学术，分疆割席，俨如泾、渭之清浊相异，又若熏莸之不同器。治中学者，若谓中国学术，已无义理可谈，惟堪作考据之资料。其悍而肆者，则肆情谩骂，若谓中学不绝，则西学不流。西学不流，则中国之在天壤之间，将绝不可再立足。……此种风气，言之尤堪痛心。”[①]对于学术界崇洋媚外的风气钱穆深感痛心而又无可奈何。在钱穆看来，那些崇洋媚外的人并未得西学之真。西方学术思想并非铁板一块的整体，而是一个内部充满张力的复杂系统。西方学术思想同样有时代的差异、地域的差异、学派的差异。研究西方学术思想也应当遵循考据的方法，去探究其来龙去脉。因为西方每一种学术思想的兴起背后都有重要的西方文化背景与时代背景、思想资源、学术立场乃至学者个性的特殊性。如果按照科学的方法去考察就会发现，西方学术思想并非是放之四海而皆准的普遍真理，不可得西学之只言片语便奉为金科玉律。相对于西方学术思想，中国传统学术思想并非一无是处，中国传统学术思想与西方学术思想在很多方面是相通的。对于本国的国情民情，中国传统学术思想“有其独特妥当融洽处”。中国传统学术思想中的很多先进之处值得继承和发扬。但遗憾的是在近代从事中国传统学术研究的学者少有人敢于明确肯定中国传统的价值。

① 钱穆：《学籥》，九州出版社，2010年，第149页。

在崇洋之学术风气影响下，中国传统优良的治学方式也被弃而不顾，学者们一味以西为尊，而实际上都只是得其皮毛。“近五十年来中国思想界之大毛病，一面是专知剽窃与稗贩西洋的，而配合不上中国之国情与传统；一面是抱残守缺，一鳞片爪地捃摭一些中国旧材料、旧智识，而配合不上世界新潮流与中国之新环境。”[①]钱穆引用梁启超的话说：“饶你学成一位天字第一号形神毕肖的美国学者，只怕于中国文化没有多少影响。若这样便有影响，我们把美国蓝眼睛的大博士招一百几十位来便够了，又何必诸君！”“中国人要追上现时代，它的问题应在如何把它原有文化打开一条生路，使和现时代接气；又如何把西方现代的新文化，打开一条通路，使它和中国原有的旧文化接气。这是现代中国人所特有的问题”。[②]

（四）“以批判代学问”的疑古之风

钱穆对于中国传统文化是一种择善固执的态度。他反对那种“以批判代学问”的疑古之风。他认为如果以疑古的手段把传统文化全都打倒抛弃，必然只能导致学风愈发空疏。钱穆说：“晚近学术界，因尊考据，又盛唱怀疑论。”[③]这种怀疑的风气导致一种没有根基的做学问的方式。“似乎近来的风气，全看自己的地位远在前人之上，读书只是为供给我著书的材料，著书便是我自己学问的表现。因此无论读文学、读哲学，其意亦只在供我之考订批判。”[④]怀疑而导致喜欢为翻新而翻新，不顾实事求是的原则，一心做翻案文章，最后的结果只是学术的混乱，而非学术的进步，如近人的许多翻案文章受到世人的诟病。钱穆说：“近人写历史论文，有些都有意好做翻案文章，此

---

① 钱穆：《中国思想史》，九州出版社，2010年，第278页。

② 钱穆：《文化与教育》，九州出版社，2014年，第204页。

③ 钱穆：《学籥》，九州出版社，2010年，第145页。

④ 同上，第137页。

事实在要不得。以前人写下的历史,实在也无很多大案可翻,但我们却可从前人所没有注意的旧材料中来开拓新的方面。"[①]

这样一种疑古的风气其实是一种狂妄的风气,自以为是,目空一切,这种治学态度有百害而无一利。钱穆说:"今抱怀疑,先抱一不信心。其实对外不信,即是对己自信。故其读书,如踞高堂而判阶下之囚,其心先不虚,先已高自为主,傲视一切,则如何肯耐心细心从事于学问,学问不深,如何有真训练,真能力,真知识?因此其运思构想,乃不肯承认向来自有成规。其本身思想,粗疏矛盾,乃不自晓。其批判各家,一凭己意,高下在心,而实非各家思想之真实有如此。彼先未有广博明白之知识,为其自己所持理论作后盾。彼之思想与理论,乃未经学问而即臻早熟。彼乃以自信代会疑,以批判代学问。"[②]

二、理想的学风

批评不良学风是为了建设好的学风。钱穆深信学术有关世运之兴衰,关乎国家民族能否兴旺发达,学术兴、学风正则国家兴、民族兴。钱穆说:"若我们真求学术界在社会上能起领导作用,在传统上起革命作用,首要急务,则该先振起学风。"[③]为了建设未来美好中国的新蓝图,为了发挥学术界应有的作用,必须构建新的学术风气。钱穆心中理想的学风是"心性静细"的沉潜踏实之风,"士大夫之学"的经世致用之风,"广收并蓄"的汇通博雅之风和"择善固执"的笃信好学之风。

① 钱穆:《学籥》,九州出版社,2010 年,第 177 页。

② 同上,第 146 页。

③ 钱穆:《中国学术通义》,九州出版社,2012 年,第 278 页。

(一)“心性静细”的沉潜踏实之风

钱穆理想中的学风首先要踏实,踏踏实实读书,一本书从头至尾一字不漏地细细读完。慢反而是快。钱穆说:“读书先责效,是学者大病。骏快者,读一书未透,早已自立说,自谓读书见效,其实无所得。”①钱穆认为读书必须摒弃求速、求效的浮躁之气,完全把自己沉浸于书之中,细细玩味思索,反复读,把书读熟读透。这个办法看似很笨,很费力,其实是最聪明的办法,所谓“大巧若拙”,反而效果最佳。钱穆年轻时读书也有性躁心粗的毛病,但是读过曾国藩的家书以后决心痛改自己读书没有恒心的毛病。钱穆说:“我在一乡村小学中教书,而且自以为已读了不少书。有一天,那是四月初夏之傍晚,独自拿着一本《东汉书》,在北廊闲诵,忽然想起曾文正公的《家书》、《家训》来,那是十年来时时指导我读书和做人的一部书。我想,曾文正教人要有恒,他教人读书须从头到尾读,不要随意翻阅,也不要半途终止。我自问,除却读小说,从没有一部书从头通体读的。我一时自惭,想依照曾文正训诫,痛改我的旧习。我那时便立下决心,即从手里那一本《东汉书》起,直往下看到完,再补看上几册。全部《东汉书》看完了,再看别一部。以后几十册几百册的大书,我总耐着心,一字字,一卷卷,从头看。此后我稍能读书有智识,至少这一天的决心,在我是有很大影响的。”②钱穆现身说法,用亲身经历说明了“心性静细”的沉潜踏实之风应该是什么样的。正是这样扎硬寨打死仗的踏实学风才造就了钱穆先生。而钱穆那一代学者正是在扎实的功底上为今天的学者难以企及。

① 钱穆:《学侖》,九州出版社,2010 年,第 35 页。

② 钱穆:《人生十论》,九州出版社,2010 年,第 2 页。

（二）“士大夫之学”的经世致用之风

所谓“士大夫之学”是与“博士之学”相对的一种学风，它的特点是“略观大义，有益身心，有用于世”。在钱穆看来，“博士之学”只属于少数人，而“士大夫之学”则属于社会大众，属于广大群众应该领受之学。钱穆认为读书问学并不求特殊的条件，而是人人都可以实行的。钱穆并非把“士大夫之学”与“博士之学”对立起来。在他看来，少数人从事专门性极强的“博士之学”未尝不可，但不可让学术界眼界受此限制，养成了狭窄的眼界，而忘了学问之道还有更为广大的一面。对于社会大众来说“士大夫之学”更为可取，也更有实现之必要。

（三）“广收并蓄”的汇通博雅之风

在钱穆看来，治学之道贵乎“广收并蓄”，在专精的基础上汇通各家学问，达到博雅之境界。钱穆指出，进入学问有四个步骤。第一步是专门之学。专读一书，专治一人、一家、一派，这些就是专门之学。第二步是博通。所谓博通就是从此专门入，又转到另一个专门。掌握不同的专门就是博通。第三步仍然是专门。如韩愈虽然经史子集无所不读，却是专门做文章，这也就是韩愈的专门之学。第四步是成家而化。也就是既专又博，自成一家达到化境。钱穆反对那种孤陋寡闻的作风，把自己限定在太狭窄的领域里面，视野打不开，学问也做不大。钱穆也反对那种无所主张的博观泛滥，没有专精为基础的博只是一些肤浅的印象。既博且专，才能做出好的学问。钱穆举例说，有一位著名大学的教授，要治十三经，钱穆劝他先专一经，他不予采信，十三经都想要治，后来这位教授在学术上无所成就。在钱穆看来，博也非常重要，尤其是西学东渐以后，如果固守传统学术的藩篱，不学习西方的新学就会落后于时代。在现代中国治学最大的问题就是如何融汇中西，把西方学术与中国传统学术有机嫁接起来，开辟新的学术道路。

（四）“择善固执”的笃信好学之风

在钱穆看来，学问需要择善固执，培养笃信好学之风尤为重要。钱穆说：“学者之始事，在信不在疑，所谓‘笃信好学’是也。信者必具虚心，乃能虚己从人。如治一家思想，首当先虚己心，就其思想而为思想，由其门户，沿其蹊径，彼如何思入，如何转出，我则一如其所由入而入，所由出而出。此一家思想之先后深浅，曲折层次，我必虚心，一如彼意而求。迨于表里精粗无不通透，所谓心知其意，此始于信奉一家思想，姑悬为我学问之对象。我因学于彼而始得之己，遂知思想当如何运用。”[①]学者对于前人的成果首先要充分地尊重，只有尊重才能虚心接受，只有虚心接受才会学到前人的优点，并在细心学习的过程中形成自己的思维方式，并熟悉前人的成果。在此基础上，对于前人的批判也才能有的放矢，而不是为批判为批判，为立新而故放高论，实则自说自话，胡说一通。虚心承认前人的成就，不断学习，自然会不断提高，学问日进。

三、结语

虽然钱穆对中国近代学风的批判距今已有几十年，但在今天看来依然发人深省。我们不难发现，被钱穆批判的许多不良学风在今天依然广泛存在着，许多不良的学风如崇洋媚外之风、浮躁之风不仅没有随着时光的流逝而远去，反倒有愈演愈烈之势。而钱穆倡导的优良的学风反倒难得一见。历史已经证明了钱穆对学风问题的见识之高。钱穆反对浮躁的学风，也就是要求

① 钱穆：《学龠》，九州出版社，2010 年，第 145 页。

慢工出细活。钱穆反对崇洋媚外,遗憾的是在当今中国,“土博士”待遇不如“洋博士”,在国外获得学位或者去国外“镀过金”就自觉高人一等。让人清醒的是中国首位科学类诺贝尔奖得主屠呦呦既没有博士学位也没有海外留学经历,文章数量也少得可怜,然而还是在学术上取得巨大成就。屠呦呦的成功为钱穆对近代学风的批判下了一个注脚,只要坚持沉潜踏实、经世致用、笃信好学的良好学风就一定会在学术上取得成就。我们不必崇洋媚外,也不必妄自菲薄。我国已经是科研大国,每年的文章产出在数量上位列前茅,但是我国还不是科研强国,科研创新的质量还远远不够,突破性的成果还太少。要从科研大国向科研强国转化,我们必须加强学风建设。优良的学风体现了学术发展的本质规律,因而能够促进学术健康发展,而不良的学风则是违反学术发展规律的,必将破坏学术生态。历史是一面镜子,钱穆对近代中国学风的批判,是今天学术界的一针清醒剂。钱穆理想的学风也正是我们应该努力去建设的优良学风。

专题五
教育哲学思想

第十三章　关于哲学教育研究的述评

哲学教育在我国受到高度重视，过去马克思主义哲学作为大学公共必修课是每一位大学生都必须要学习的,由于国家的大力支持,哲学教育在我国蓬勃发展。后来马克思主义哲学课并入马克思主义基本原理课,虽然课程分量减轻了,可是马克思主义哲学依然是大学公共课的重要内容。探讨哲学教育,尤其是马克思主义哲学教育在我国依然十分重要,因为马克思主义哲学是树立科学世界观、方法论的基础。学者们对当前的哲学教育进行了反思,对哲学教育提出了很多有益的见解。

一、对当前哲学教育的反思

哲学教育在我国受到高度重视，我国开展哲学教育的时间和范围在世界上都是少有的,但是在多年来的哲学教育中也产生了一些问题,遇到一些瓶颈。学者们对于当前我国哲学教育的不足和流弊进行了深入反思,提出了很多一针见血和中肯的意见。

（一）哲学教育方法具有刻板性和独断性

刘大椿指出，当前我国哲学教育陷入了一种幻象之中，问题主要是哲学教育方法的刻板性和独断性。主要体现为三种幻象和三种缺失。三种幻象即真理化身的幻象、人生导师的幻象、知识大全的幻象。真理化身的幻象使哲学教师自以为是真理的代言人，让学生被动接受教条，按照固定的模式向学生宣讲真理，不加讨论和开放性探讨，导致学生主动性的缺失，只能被动接受教师的授课内容。人生导师的幻象使哲学教师自以为掌握了人生的真理，希望通过哲学课为学生指点迷津，但是这些难以驳倒的哲学命题，如"道路是曲折的，前途是光明的"并不能解决日常生活中面临的实际问题，导致学生对空洞哲学命题的反感和哲学教育针对性的缺失。知识大全的幻象使哲学教师自以为无所不通，以哲学为知识，导致学生适应性的缺失。①

有学者指出，在"应试教育"和"工具理性教育"的误导下，我国哲学教育在方法上存在教条主义和形式主义的倾向。教条主义的教育方式把在特定语境下形成的哲学教科书神圣化、真理化，独断性地展开论说，不容争辩，回避现实。形式主义的教育方式把哲学教育知识化，一味强调知识点的灌输，忽视哲学思维的训练和养成，造成认知模式上的形式主义，且使形式主义蔓延到教学与管理活动中。②

（二）哲学教育观念背离哲学精神

有学者指出，当前的哲学教育背离了哲学精神。主要体现在以下几方面：哲学教育过分重视知识教育，忽视哲学思维的训练和哲学意识的培养，把哲

① 参见刘大椿：《当代我国哲学教育的错位》，《中国高等教育》，2004 年第 2 期。

② 参见胡潇、黄禧祯：《马克思主义哲学教育生活化的思考》，《马克思主义与现实》，2008 年第 3 期。

学教育变成知识的灌输；过分强调哲学教育的意识形态功能，把哲学教育等同于思想政治教育，把哲学教育变成了思想灌输和时政论证；过分强调哲学教育的生活化，把哲学庸俗化。所有这些都消解了哲学教育应有的哲学精神。[①]

有学者指出，我国马克思主义哲学教育存在许多问题，如教材体系陈旧，内容重复，灌输式教学，但是根本问题在于教育观念问题，前面列举的问题都只是这一深层次问题的具体表现。错误的教育观念背离了哲学的精神，把哲学变成非哲学，把批判性、反思性的哲学教学变成知识的传授和记忆。[②]

有学者指出，传统的哲学教科书，不仅在内容方面存在缺陷，更重大的问题在于对教科书文本的神圣化态度，将其定于一尊，奉为金科玉律，不容置疑。这样的观念和态度的危害性远远大于教科书本身的问题，完全违背了马克思主义哲学的精神，造成哲学教科书内容的凝固和自我封闭，从而使其自身失去活力，甚至变得有害。[③]

（三）哲学教育教材内容陈旧

有学者认为，20 世纪 90 年代以来的哲学教育的教材虽然经过多次改革，哲学教材出了几百种，但是仍然没有跳出苏联模式的窠臼，基本的体系和内容都没有什么变化，依然是两部分（辩证唯物主义、历史唯物主义）和四大块（唯物论、辩证法、认识论、社会历史观），这些内容严重与现实脱节，既不反映人类认识的新进展，也不反映时代变化，陈旧不堪。[④]

有学者指出，我国目前哲学教育的教材内容主要来源于苏联，虽然经过历次改革，其基本框架和内容结构仍与半个世纪以前没有根本区别。同时，

---

① 参见张都爱：《对当前哲学教育的几点看法》，《社会科学》，2002 年第 3 期。

② 参见王成光：《论马克思主义哲学教育的本质及其观念转变》，《西南民族大学学报》（人文社科版），2006 年第 4 期。

③ 参见皮家胜：《文本·话语·叙事——哲学教育三元素刍议》，《广东社会科学》，2012 年第 2 期。

④ 参见曹向兰：《高校哲学教育的功能、问题及对策》，《黑龙江高教研究》，2010 年第 2 期。

大部分教材千篇一律，缺乏个性和独创性，显得像是观点和材料的凑合。这样的教材远远落后于时代的发展，距离现实热点问题太远，难以激发学生的学习热情。①

（四）哲学教育缺乏创新，受到冷遇

韩震指出，改革开放以来哲学和哲学教育受到一定程度的冷落，遇到一定的危机，原因就在于哲学和哲学教育自身不能适应时代发展的要求，落伍了。另外市场经济必然有一个浮躁期，人们忙着物质追求。哲学不应该抱怨，因为哲学受到冷落一定是哲学没有成为时代的先导，甚至落后于时代的步伐。哲学创新能力的不足直接导致哲学话语的相对沉寂。面对困难，哲学和哲学教育者要勇敢投入社会变革，寻找新的研究课题，还要能坐冷板凳，要有所突破不是一件容易的事。②

有学者指出，哲学被冷落是因为哲学缺乏创新，不能与时俱进。从整体上看，传统的哲学对于世界“是什么”的探讨因为超出人类认识能力的限度而毫无意义。从本质上看，传统的哲学属于教条主义，这样的思维方式远远不能适应当今这个创新、开放的时代。③

二、哲学教育的性质、特点和目标

哲学教育的性质、特点决定了哲学教育可以做什么，哲学教育可以达到什么目标，只有正确认识哲学教育的性质和特点才能正确定位哲学教育的地位。哲学教育的性质和特点与哲学的性质和特点息息相关、密不可分，学者们

① 参见赵伟：《马克思主义哲学教育的“瓶颈”与改革》，《现代教育科学》，2012 年第 5 期。

② 参见韩震：《关于哲学教育改革的若干思考》，《北京师范大学学报》（人文社会科学版），2002 年第 3 期。

③ 参见路献琴：《关于哲学教育改革的若干思考》，《教育理论与实践》，2003 年第 22 期。

大多从对哲学的性质和特点的理解来对哲学教育的性质和特点进行定位。

（一）哲学教育是一种思维方式的教育

有学者指出，哲学的本性是求知，哲学的精神是求真的精神，是一种辩证的思维方式，哲学思维方式的养成比纯粹知识的灌输重要得多，因而哲学教育是一种思维方式的教育。哲学教育应该启发学生发现哲学问题、学会哲学思考。①

有学者指出，哲学教育应该为青年提供科学的思维方式。哲学史是对人类理论思维的总结，哲学教育要用马克思主义认识论的思维方式武装大学生的头脑，也就是帮助大学生树立以实践思维为核心的理论思维方式、唯物辩证的思维理性、历史主义的思维原则。②

有学者指出，哲学教育的目的就是帮助学生树立正确的世界观、人生观，从而学会像马克思那样思考，学会马克思主义的思维方式。马克思主义哲学的目标是培养受教育者的马克思主义哲学理论素质，学到马克思主义的世界观、方法论，学会像马克思那样思考。我国马克思主义哲学的教育观念，必须实现由唯物辩证思维方式向实践思维方式的转变、由物质世界观向实践世界观的转变、由彰显世界观向彰显方法论的转变。③

有学者指出，哲学教育重在培养思维能力，因而属于一种思维方式的教育。哲学不是知识论，而是方法论，哲学提供的不是知识，而是思维方式。不同哲学家及其哲学体系的不同就在于其思维方式的不同。哲学教育就是要培养哲学的思维方式，具体来说哲学的思维方式就是分析和批判的思维方式，哲学思维能力包括基于逻辑的哲学概念的辨析能力、哲学命题的分析能力、哲学论证的分析、评价和构造能力。“哲学思维能力主要是逻辑思维能

① 参见张都爱：《对当前哲学教育的几点看法》，《社会科学》，2002年第3期。

② 参见张澍军：《论哲学教育与理想信念教育》，《教育研究》，2000年第9期。

③ 参见倪志安：《论马克思主义哲学教育观念的三大转变》，《教学与研究》，2007年第3期。

力，其核心是哲学论证能力。”①

（二）哲学教育是一种提高人生境界的教育

有学者指出，在传统哲学终结以后，哲学应该以提高人生境界为目标，与之相应，哲学教育也应该具有提高人生境界的作用。人生观是哲学的重要组成部分，哲学对于人生观问题的解答，为人们树立正确的人生观奠定了科学的基础。哲学教育可以帮助人们树立奉献社会的高尚人生境界。②

有学者指出，哲学教育要不断提升人的生活境界，帮助人们追求生活的真善美。哲学教育通过教学活动使哲学在人们的生活实践中发挥规范生活、把握生活、指导生活的作用，哲学教育的关键在于生成人生策略的实践意识，完善主体的精神境界。③

（三）哲学教育是一种人文教育

有学者指出，哲学作为一门人文学科，理应具有深厚的人文关怀和人文精神，因而人文精神也是哲学教育的题中应有之义，哲学教育是一种人文教育。哲学教育关注的是人类的生存意义和价值关怀，哲学教育应该以人为本。④

有学者指出，哲学教育是一种人文教育，应该具有深刻的人文关怀，而不应该将哲学教育视为知识教育。哲学教育不应该重知识的说教、对客观事实的认识，而忽视人的综合素质提高和全面发展，忽视人是现实中的人，忽视人的主体性。⑤

① 张燕京：《哲学教育重在培养思维能力》，《中国社会科学报》，2014年4月21日。

② 参见曹向兰：《高校哲学教育的功能、问题及对策》，《黑龙江高教研究》，2010年第2期。

③ 参见胡潇、黄禧祯：《马克思主义哲学教育生活化的思考》，《马克思主义与现实》，2008年第3期。

④ 参见李素萍：《增强高校哲学教育的人文精神——关于马克思主义哲学教学的思考》，《西南民族大学学报》（人文社科版），2003年第7期。

⑤ 参见黄振宣、唐爱琼：《以人为本：马克思主义哲学教育创新的价值取向》，《学术论坛》，2010年第7期。

(四)哲学教育是一种素质教育

有学者指出,当前我国的哲学教育应当定位为一种素质涵养的教育。过去我国的哲学教育由于偏离了素质教育的性质,片面追求教化功能,以灌输代替启迪,造成教育效果极低,以说教代替理喻,造成学生的疏离,以型范代替陶冶,造成繁荣的假象,以受动代替创造,造成哲学教育的错位。①

有学者指出,哲学教育在于培养人的思想素质,哲学教育是一种素质教育。在这一点上哲学教育有别于"应试教育"和"工具教育"。哲学教育不是达到某种实用目的的手段,而是使人成为人的手段。哲学教育是一种培养人的思想素质的教育,使人学会思考,它是素质教育的基础并贯穿、渗透于其中。②

三、哲学教育的内容和方法

(一)经典训练

有学者指出,哲学教育的最好方式是研读经典。经典是由历史积淀下来的最富有价值的部分,经典是重要的学术资源,也是从事哲学思考的起点。经典中所提出的问题是亘古长青的,通过阅读哲学经典可以保持对哲学问题的敏感,体验哲学的当代性,许多古老的哲学问题在今天以新的方式提出来。哲学维系着我们的精神传统,唯有研读哲学经典才能保持这一传统。③

---

① 参见刘大椿:《当代我国哲学教育的错位》,《中国高等教育》,2004 年第 2 期。

② 参见黄禧祯:《素质教育和哲学教育的若干思考》,《教育评论》,2009 年第 3 期。

③ 参见汪堂家:《我们需要什么样的哲学教育——哲学教育的理念与危机》,《探索与争鸣》,2009 年第 8 期。

有学者指出，相对于教科书，哲学教育更应该通过阅读哲学经典名著进行。只有通过阅读哲学名著才能掌握哲学的思维方式，哲学经典所体现的思维方式是哲学教科书不可替代的。只有阅读哲学经典名著才能在具体的历史背景下掌握哲学思维的精髓，哲学思维与它产生的历史背景息息相关，不了解相关历史背景就难以理解哲学思维的精髓，而只有通过当时流传下来的哲学经典名著我们才能更好地理解这一历史背景。阅读哲学经典名著是有效提高理解活动能力的重要途径，哲学经典名著是浑然一体的“文本”，没有被现代教科书所割裂、歪曲、异化，对于提高理解能力，进行视域融合非常有帮助。当前哲学教学应当加强哲学经典名著的阅读和教学。①

有学者指出，哲学教育要注重原著阅读。这样一种阅读主要是精读，也就是逐字逐句、精益求精地阅读哲学原著。通过“阅读首先概括出哲学家的基本观点，然后梳理出其提出观点的论证程序和充足理由，最后对哲学家的论点与论据进行评估，定位其所提出或解决问题的方式及在学界的理论或实践影响。在此基础上，将哲学家的语言转化为自己的语言，并从中提炼出自己思考问题的方式和可以借鉴的东西，不断熟悉哲学家的论证风格，经过长时间的积累和熏陶，自己的哲学思考和论证能力会有显著提高”②。

（二）哲学史教育

有学者指出，在哲学教育的内容方面，在以马克思主义哲学为哲学教育的主要内容的同时，也要进行哲学史的教育，对于中国哲学史和西方哲学史的内容进行教育，使学生搞清楚马克思主义哲学产生和发展的哲学史、思想史背景，“从而深入了解马克思主义哲学本身的来龙去脉，了解马克思主义哲学批判继承了西方哲学的哪些优秀成果，做出了哪些崭新贡献，在中国现

① 参见刘炬航：《哲学名著阅读在大学哲学教育中的作用》，《四川教育学院学报》，2007 年第 7 期。

② 王增福：《哲学教育中存在的问题与创新路径探讨》，《教育探索》，2013 年第 10 期。

当代的发展中怎样吸收了中国传统哲学的合理内容，怎样把马克思主义哲学发展到了新的高度。同时，这也能够使学生了解整个人类哲学发展的基本面貌，形成博大宽广的哲学视野”[①]。

有学者指出，除了哲学原理教育外，高校哲学教育还应该进行中西哲学史的教育，开设“中国哲学史”“西方哲学史”“中国现代哲学”“西方现代哲学”等哲学史的选修课程。“哲学史教学是对大学生人文情怀和人格理想最为生动具体的熏陶培养。同时通过哲学史，让学生们了解哲学家们在思考些什么哲学问题，他们在怎样思考这些问题，思考这些问题的角度、理路；了解历史上不同哲学观点的辩驳诘难，不同思维方式的并存等，是非常有利于思想的丰富和思维的训练的。学习哲学史是学习哲学的极好途径。”[②]

（三）启发论证式教育

有学者指出，哲学教育应该采取启发式和讨论式教学。哲学教育的目的在于培养学生的批判精神、反思能力、问题意识，而启发式和讨论式教学更容易达到这一目标。讨论式教学由教师主持，提出一个问题来让大家讨论，教师在此过程中积极引导，鼓励大家思考和发言，指出问题，进行发言点评等。这样的讨论师生之间平等沟通、以理服人，重点并不在于得出一致的结论，而在于锻炼学生的思考能力、语言能力、逻辑能力。这样的哲学教育教学相长，对师生都是极好的提高。[③]

有学者指出，哲学教育的方式应该是启发式的对话教育，而不是灌输教育。灌输式的教育使哲学远离了生活，通过记忆而来的哲学概念不过是生吞活剥，对人们的具体行为没有任何意义。“哲学教育的目的就是训练人们对

① 刘敬鲁：《哲学教育在提高国民素质中的作用》，《中国教育报》，2002 年 6 月 12 日。

② 李素萍：《哲学教育与大学生素质培养》，《探索》，2004 年第 1 期。

③ 参见王增福：《哲学教育中存在的问题与创新路径探讨》，《教育探索》，2013 年第 10 期。

人生终极关切的思考,唤起受教育者对日常生活的反思和省察的能力。苏格拉底式启发式的对话通过双方平等交流和探索,达到引人入胜的智慧境地。这种对话既是哲学或智慧的探讨过程,同时也是哲学教育的发生过程。”①

四、简评

综上所述,学者们对哲学教育进行了广泛而深入的探讨,反思了当前哲学教育中存在的主要问题。哲学教育方法具有刻板性和独断性,哲学教育观念背离哲学精神,哲学教育教材内容陈旧老化不适应时代发展,哲学教育缺乏创新受到冷遇。指出了哲学教育的性质定位,哲学教育是一种思维方式的教育,哲学教育是一种人文教育,哲学教育是一种提高人生境界的教育,哲学教育是一种素质教育。哲学教育应该采取经典训练的方式,应该进行哲学史的教育,应该采用启发论证式教育。但是学者们对哲学教育问题的内在根源探讨还不足，如为什么苏联模式的教材在国外已经被抛弃了而在我国依然存在,我国传统的应试教育模式是否助长了把哲学教材神圣化的倾向,作为大学公共课的哲学课究竟应该如何定位，应该如何处理好人文性和政治性的关系。关于哲学教材改革学者们也提出了很多宝贵意见,但是至今还没有人按照这些构想真正写出一部好的哲学教材来，在理论探讨与实践操作之间存在巨大落差。哲学教育改革教材是关键。哲学教育界应该切实做好基础工作,真正写出一些好的哲学教材来。

① 李素萍:《哲学教育与大学生素质培养》,《探索》,2004 年第 1 期。

第十四章　论永恒主义的教育观

永恒主义是产生于20世纪30年代的一个重要教育哲学流派。永恒主义针对新的时代特征提出了一系列教育哲学主张，认为教育的目的就是培养人的理性，人的理性是永恒不变的，所以教育也应当永恒不变，教育的内容也就是那些永恒不变的内容。永恒主义的一大特色就是既反对学生主体说，也反对教师主体说，认为教学就是在教师的帮助下，学生发展自己的理性。永恒主义教学的主要方法就是读书，让学生通过阅读经典名著获得理智的训练。永恒主义以读书为中心的教育哲学是非常有特色的，值得我们认真总结借鉴，而且迄今为止没有哪一个思想家对阅读的探讨像永恒主义那样深入。

一、永恒主义的教育目的论：让学生学会读书是学校教育的首要任务

在永恒主义看来，教会学生读书是学校教育的首要任务，因为读书是培养人的理性的最好方法，而培养人的理性对于民主社会的发展以及个人价值的实现都是不可或缺的。这样一种教育被称为自由教育，因为它是适用于

自由人的教育。“几乎所有的永恒主义者都强调读书,因为‘自由艺术就是交流的艺术’,而读书就是同杰出知识分子、‘名著’作者交流的最好方法。”①

(一)读书是培养人的理性的最好方法

在永恒主义看来,人之为人就在于人有理智,这是人区别于动物的主要因素。育人也就是培养人的理性,赫钦斯说:“如果教育被准确地理解的话,关于理智的培养也会被理解。理智的培养对一切社会里一切人都是同样的好事。”②培养人的理性的教育是最好的教育。怎样培养人们的理性呢? 最重要的在于培养人们的读书能力。人类的理性不是天生的,它需要个体通过训练而获得。这种训练不是科学观察和实验,因为科学是一种工具理性,并不能解决人类的价值观问题,现代社会的混乱正是由于工具理性泛滥造成的。要改变现代社会的混乱状态就必须树立清晰而正确的价值观,这就是西方传统的价值观念,这样的价值观只能通过读书得来,读书的过程就是理性训练的主要过程。初等教育就是要养成学生道德的习惯并开始进行理智的训练,对学生进行文化启蒙,使学生初步掌握学习工具,也就是为未来的阅读打下基础。中等教育就开始了对学生的阅读训练,让学生掌握阅读的技巧,学会有思考、有分析地进行阅读。高等教育必须进行名著训练。人类的理性在于掌握真善美的永恒原则,真善美的永恒原则写在书里面,而不是通过科学实验得来,不会阅读也就掌握不了真善美的永恒原则。

(二)读书是现代社会对每个公民的要求

永恒主义者认为,现代民主社会需要每一个人都具有独立思考和判断

① 陆有铨:《躁动的百年:20世纪的教育历程》,山东教育出版社,1997年,第78页。

② 华东师范大学教育系编:《现代西方资产阶级教育思想流派论著选》,人民教育出版社,1980年,第201页。

的能力，这种能力只有通过教育才能达到。“共和国的原则便是教育”“理想的共和国就是学习的共和国。”[①]一个人接受的教育永远也不会嫌多，因为人的理解力和判断力的增长是无限的。艾德勒指出，全民教育是民主生活的基石，美国一直以来推行全民教育，减少文盲，普及教育，使得美国成为高度发达的工业社会。国家的发展要求每一个公民接受必需的教育，只有每一个人都接受了自由教育才能保证自由社会能够持续下去。自由社会是人类奋斗得来的，“政治上的自由不能持久，除非它伴随着无限制地获得知识。没有继续不断的学习和再学习，真理不能长时间保留在人类事务中……当一切人整个一生都是世界法律和正义的共和国和学习共和国的公民的时候，我们所寻求的文明将会实现”[②]。自由社会需要人们进行终生学习，终生都要进行阅读，因为人们终生都需要利用自己的理性，人们要靠理性获得现世的幸福。如果认为人们只需要在童年接受教育获得理性，就等于说人们只在童年时期是人。

（三）读书是实现个人价值的重要手段

永恒主义认为，作为一个自由人就必须接受自由教育，“如果一切人都要成为自由的，一切人必须受这种教育”[③]。自由教育是自由人的基础，作为一个民主社会的公民就必须获得自由教育，否则就不能适应民主社会的要求。每一个人在掌握谋生的本领之前都应该接受自由教育，学会阅读，并且每一个人都有能力接受自由教育。谋生的技能以及发展自己的特殊兴趣或特殊能力则是在获得了自由教育以后的事。如果一个人没有获得必要的自

① 华东师范大学教育系编：《现代西方资产阶级教育思想流派论著选》，人民教育出版社，1980年，第223页。

② 同上，第224页。

③ 同上，第221页。

由教育，没有掌握读书的技巧和能力，就难以实现个人的价值。“一个不懂得如何阅读的年轻男子或年轻女子，在他追求美国梦的途中就会受到阻碍”[1]。没有基本的读书能力就不能适应信息社会的需要，不论是在学校还是不在学校。一个人没有掌握阅读能力就离开了学校，对他的谋生非常不利，因为现代社会要求具有处理文字信息的能力，要能用文字获取信息和传递信息，尤其是要能通过阅读掌握新的知识，显然没有阅读能力的人就会处于不利的地位。一个在校学生没有基本的阅读能力就难以继续进行深造，学习上会有很大的困难，会给老师和同学带来麻烦。一个人接受了自由教育，懂得了如何读书，就可以极大地实现他的自我价值。首先他获得了人之为人的尊严，人的尊严就在于人有理性。在永恒主义看来，仅仅教会学生识字，能够阅读书籍，还远没有达到教育的基本要求。永恒主义宣称：“我们一定要比一个人人识字的国家更进一步。我们的国人应该变成一个个真正‘有能力’的阅读者，能够真正认知‘有能力’这个字眼中的涵义。达不到这样的境界，我们就无法应付未来世界的需求。”[2]这就是说仅仅让学生识字，这个层次上的阅读是远远不够的，还必须要有一定的训练，让学生掌握读书的技巧，让阅读真正成为一种可以应付时代考验的能力。这样一种能力是一个社会能给人民的最有价值的财富。

二、永恒主义的教育课程论：以经典著作为主要学习内容

永恒主义认为，各类经典著作就是最好的课程，一本经典著作就是一门

① ［美］莫提默·J.艾德勒、查尔斯·范多伦：《如何阅读一本书》，郝明义、朱衣译，商务印书馆，2004年，第23页。

② 同上，第29页。

课程。永恒主义者在芝加哥等地进行的教学实验就是以各种经典著作作为教材。永恒主义者认为教学的内容应该是永恒学科，“永恒学科首先是那些经历了许多世纪而达到古典著作水平的书籍”[①]。因为他们认为经典著作是西方文明中伟大心灵的创作，体现了真善美的永恒原则和西方伟大的民主传统，能给人的理智以最好的训练。

（一）经典著作是自由教育的载体

自由教育就是自由人的教育，它起源于古希腊，以发展人的理性为目标。永恒主义认为最好的教育就是自由教育，而自由教育寓于经典著作之中。永恒主义反对“适应环境”“满足直接需要”以及“社会改造”这三种教育目的观。适应环境论之所以是错误的，因为在实践上它会导致混乱，在现代社会里环境在不停地变化，如果教育也要跟着变化，就会不胜其烦，而且如果环境本身就是不合理的，那么我们适应环境就使不合理的环境固化了。况且我们的使命不是适应环境而是改造环境。满足直接需要论的错误就在于，直接需要也是不断处于变化之中，等你按照当前的需要准备好了，当前的形式可能早就发生变化了，而且满足直接需要往往是肤浅的迎合形式，这样就会降低教育质量。社会改造论是错误的，因为教育制度不可能实现社会改造。如果教育能被用于社会改造，那么也许会被引入歧途，既然可以向好的方面改造，当然也可以向坏的方面改造。永恒主义认为，只有自由教育是合理的教育。自由教育通过经典著作的阅读和训练，给人以永恒不变的原则，以不变应万变。

① 华东师范大学教育系编：《现代西方资产阶级教育思想流派论著选》，人民教育出版社，1980年，第207页。

(二)经典著作可以给人很好的理智训练

在永恒主义者看来,“人类的某些重大问题是永恒的”①。比如人之所以为人的问题,还有真善美的问题都属于永恒的问题,永远也探究不完。而经典著作正是因为很好地探讨了这些永恒的问题而不朽。古典著作是理智训练的最佳教材,因为古典著作体现了永恒的原则,读这些书就是用永恒的原则熏陶自己。

首先,经典著作的内容是最值得学习的。经典著作都是由各个时代最杰出的头脑创作的,讨论的都是宇宙、人生中永恒的课题,提出的都是具有永恒意义的原则和思考成果,不会因为时间的流逝而改变其重要性,相反越是时间古老的经典越能显示出不朽的生命力。这些经典著作中所蕴含的永恒原则和内容每一个人都需要学习。一个人掌握了这些永恒的原则就会有做人做事的根基,就不会随波逐流,不论世事如何变幻,都能立定脚跟。

其次,经典著作的方法是最给人启发的。经典著作不仅其内容具有永恒性,而且其方法也具有永恒性。体现在经典著作中的方法不会因为时间的变迁而改变,永远给人以启迪。通过阅读经典著作我们可以用其方法来观察当今世界,我们会发现当今世界的伟大成就早在经典著作中就有其萌芽。一个人如果没有读过经典名著就会显得没有根底, 即使读再多当代人写的书也会显得迷惑不解、浅薄,因为人类的知识发展就如同河流,从古代流传下来的经典名著是源,而当代的著作是流,甚至是支流的支流。只有抓住源头活水,才能返本开源,接续伟大的传统。

最后,经典著作一般比较难读,可以更好地锻炼人的理解力。读经典名著比读普通教科书要难得多,然而也正是因为难读所以读起来收获也更大,

① [美]罗伯特·梅逊:《西方当代教育理论》,陆有铨译,文化教育出版社,1984年,第47页。

更能激发人的思考,活跃人的思维,促进人的智慧的发展。永恒主义者反对进步主义教育的一个重要观点就是，进步主义教育用轻松的学习任务来迎合教师和学生,导致了学生智能发展潜能的下降。在进步主义的学校中任何需要花费脑力的学习任务都被取消了。

三、永恒主义的教育手段论:读书的方法和层次

让学生掌握读书的方法是永恒主义进行教育的手段。永恒主义者在对大学生进行名著课程的指导中也积累了丰富的读书实践经验,尤其是艾德勒关于读书方法的专著《如何阅读一本书》。1940 年,当《如何阅读一本书》第一版出版时,立即风靡世界,高居畅销书排行榜首。1972 年该书又出了第二版。

(一)读书要主动

读书是一种主动的活动。“既然任何阅读都是一种活动,那就必须要有主动的活力。完全被动就阅读不了。”[①]读书越主动就越能够获得知识和理解力的增长。读者就像是棒球赛中的捕手,作者就像是投球手,作品就如同棒球,读者唯有发挥主动性才能抓住球。捕手抓球并不是随机的,而是有一定的技巧在里面,通过训练,捕手可以获得抓球的有关技巧。投球手也可以通过控球使球更容易被捕手抓获。

读书要主动思考。不言而喻,读书要积极思考书中的道理。永恒主义者认为阅读的目的有两种:为获得资讯而读与为求得理解而读。当你阅读已经了解了的书籍时,你获得的就是资讯。只有当你阅读并不那么了解的书籍时

① [美]莫提默·J.艾德勒、查尔斯·范多伦:《如何阅读一本书》,郝明义、朱衣译,商务印书馆,2004 年,第 8 页。

你才是在理解性地阅读。如果你借用别人的思考或理解来理解一本书,那么你就不是真正地阅读。只有在没有任何外力的帮助下阅读一本书才是真正地阅读。这些外力包括别人的指导、导读性的书或教科书。永恒主义者给阅读下的定义是:“这是一个凭借着头脑运作,除了玩味读物中的一些字句以外,不假任何帮助,以一己之力来提升自我的过程。”①主动的阅读要求读者向自己发问:这本书讲的是什么?这一章说的是什么?作者的这个观点是否有道理?而回答者也必须是读者本人,读者通过阅读和独立思考寻找答案。

读书不仅要主动思考,还要主动运用多维感官开展想象等活动。思考只是主动阅读的一部分。书的种类和内容都很丰富,不能仅仅用一种方法阅读。理论性的作品主要通过思考来阅读,而诗歌、小说、历史等著作却需要充分地发挥读者的想象力,展开想象的翅膀才能体验其情景从而获得真切的感受。

读书要主动运用一些技巧。读书需要敏锐的观察力,要能够看到文字背后的信息和文字之间的缝隙,就如同侦察员一样不放过每一个细节。读书需要记忆力,一切知识归根到底都要记忆,读了就忘那就基本等于没有读过。读书需要想象力,没有想象力的人也读不好书。读书还需要分析、审视能力,用理性去掌握书籍的内容,分析书的结构,做出判断。阅读是一个自我发现的过程。主动的阅读还需要做读书笔记,在书上写写画画。做读书笔记有利于读书时头脑保持清醒,还可以记住自己读书时的思维成果。读书就是一场与作者的对话,不论你是否同意作者的观点,读书笔记都是对作者的敬意。读书要读比自己层次高的书,只有这样才能获得心智的成长。

(二)读书的层次

艾德勒把读书分为四个不同的层次。这四个层次分别是:基础阅读、检

---

① [美]莫提默·J.艾德勒、查尔斯·范多伦:《如何阅读一本书》,郝明义、朱衣译,商务印书馆,2004年,第11页。

视阅读、分析阅读和主题阅读。这四个层次由低到高，每个低级层次都被高一级的层次包含在里面，每个高级层次都包含前面的比它低的所有层次。阅读的不同层次也就代表了受教育的不同层次：一个小学生应当具备进行基础阅读的能力；一个初中生应当具备检视阅读的能力；一个高中生应当具备进行分析阅读的能力；一个大学生应当具备进行主题阅读的能力。

基础阅读也叫初级阅读、基本阅读。一个人如果达到了这个层次的阅读要求也就意味着摆脱了文盲状态，学会识字了。这个层次的阅读通常是在小学阶段完成的。

检视阅读也可以称为略读或预读，它是比基础阅读高一级的阅读层次，其主要特点在于强调时间，也就是读书的速度，要在短时间内读完一本书，抓住一本书的重点，大概理解书的主要内容。检视阅读分为两种，一种是系统地略读或粗读，一种是粗浅地阅读。略读或粗读就是用快速浏览目录、索引、相关章节的方式来阅读一本书，以发现这本书是否值得精读。粗浅的阅读就是面对一本难读的书，把书从头到尾读一遍，碰到不懂的地方跳过去，抓住你所能够理解的部分。

分析阅读是读书的第三个层次，是最好最全面最完整的阅读。分析阅读要求读者抓住一本书，直到这本书完全被消化吸收为止。分析阅读是永恒主义最为强调的阅读层次。分析阅读就是追求理解的阅读，可以被分为三个阶段，每个阶段都有不同的规则。艾德勒认为读书质比量更重要，如果你把书读得足够深入，你就可以把自己提升到作者的水平。

主题阅读是阅读的最高层次，它以前面三个层次的阅读为基础。做主题阅读时，读者要读很多的书，然后找出它们共同探讨的主题，或者自己架构出一个全新的主题。主题阅读是所有阅读中最主动的阅读，也是最艰难的阅读，收获最大的阅读。在做主题阅读之前你必须检视相当多的书籍，然后找出那些与你研究主题相关的书籍。

永恒主义的教育主张被罗伯特·梅逊称为人文教育是有道理的。永恒主义的教育哲学主张反映了人文学者对现代社会问题和教育问题的思考和回应。永恒主义渴望恢复到过去的价值观，从经典中寻找现代问题的答案，无疑有其深刻意义，就像有思想家指出的，人类思想的每一次跨越式进步都必须从原点出发。永恒主义主张读经典名著的读书观抓住了人类价值观创新的原点，尤其是对于文科教学具有重大指导意义。永恒主义的教育哲学给了我们很多启发，值得我们细细品读。

第十五章 《共产党宣言》的教育启示研究

马克思主义是指导人民群众行动的磁石指南，而不是僵硬固化的教条。对待马克思主义经典著作也应该要当作行动的指南，吸取其精神思想的精华，而不是如腐儒一般寻章摘句当作教条，拘泥于当时历史条件下的具体论述。《共产党宣言》的发表是划时代的大事件，标志着马克思主义的诞生，无产阶级从此有了科学的理论指导。“毛泽东在延安时曾说，《共产党宣言》，他看了不下一百遍，遇到问题，就翻阅《共产党宣言》，有时只阅读一两段，有时全篇都读，每阅读一次，都有新的启发。”[①]《共产党宣言》影响了一代又一代共产党人，启发了一代又一代革命者，展示了穿越时空的长久生命力。《共产党宣言》中的很多具体论断不一定还适用于今天，但是其精神品质仍然需要发扬。《共产党宣言》展示的人类历史上的经典之作的精神魅力，无产阶级求解放的精神力量，仍然是今天全世界无产阶级的精神家园与精神源泉。同时也留给人民群众许多的教育启发。

① 轩狄：《从百遍阅读〈共产党宣言〉说起》，《解放军报》，2021 年 3 月 4 日。

一、《共产党宣言》教育人民要有无所畏惧的革命精神

《共产党宣言》开宗明义就讲明了文件发表时候的处境:“一个幽灵,共产主义的幽灵,在欧洲游荡。为了对这个幽灵进行神圣的围剿,旧欧洲的一切势力,教皇和沙皇、梅特涅和基佐、法国的激进派和德国的警察,都联合起来了。”①在19世纪的欧洲,共产主义犹如幽魂,并没有栖息之地,只能到处游荡,一切的旧势力都联合起来,对他进行围剿。这个时候是躲起来自求多福还是勇敢地站出来继续革命,这是一个重大的历史考验,也是一个重大的历史抉择。马克思、恩格斯并没有选择躲避,而是在强大的敌人面前站了出来,发表了《共产党宣言》公开声明自己的主张。这体现了一种无所畏惧的革命精神。

(一)无所畏惧地研究人类解放的真理

习近平曾经引用马克思的名言:“在科学上没有平坦的大道,只有不畏劳苦沿着陡峭山路攀登的人,才有希望达到光辉的顶点。”②在追寻真理的大道上,道路并不平坦,探索真理需要巨大的理论勇气,敢于挑战权威,挑战已经形成的结论,挑战自己的认知局限,打破思维的定势,打破固有的结论,打破条条框框和一切现成的理论。思想上的进步,同样需要革命。思想的革命并不比实践中的革命来得容易。而且思想革命往往是现实革命的先导,更需要探索者的巨大理论勇气,走入无人区,在人迹罕至的地方开辟道路。马克思、恩格斯勇敢地研究人类解放的真理,发现了剩余价值定理,发现了人类走向解放的真正的科学道路,这就是在《共产党宣言》中表述的一系列唯物

① 《共产党宣言(纪念版)》,人民出版社,2018年,第26页。

② 习近平:《在科学家座谈会上的讲话》,《光明日报》,2020年9月12日。

史观原理。这种勇于革命的精神被后来者继承,列宁在俄国探索了独特的社会主义道路。中国共产党人又在中国大胆进行理论创造,扬弃了列宁思想中许多具体的论断。

(二)无所畏惧地表达自己的观点

在《共产党宣言》的最后,马克思、恩格斯鲜明地表达了共产党人的言论观:“共产党人不屑于隐瞒自己的观点和意图。他们公开宣布:他们的目的只有用暴力推翻全部现存的社会制度才能达到。”[①]马克思、恩格斯准确无误地表达了自己的观点和意图,告诉资本主义社会的统治阶级,我们无产阶级就是要用暴力来推翻现存的资产阶级万恶制度。这需要何等巨大之勇气和光明磊落之品格。《共产党宣言》的发表既意味着向资本主义宣战,也就意味着与整个资本主义国家体系为敌。马克思、恩格斯一生都在流亡,颠沛流离,然而他们依然不改变自己的革命诉求,也不愿意为了自保而隐瞒自己的观点。因为他们坚信自己的观点是正确的,他们从事的事业是正义的,代表了人类未来前进的方向。

(三)无所畏惧地发动革命

《共产党宣言》就是一个革命的火种,点燃了一个又一个国家的无产阶级革命。马克思主义的世界观和方法论在《共产党宣言》中得到充分的阐发,一个划破世界寂静黑夜的崭新理念照亮了人类前行的道路。《共产党宣言》是每一个无产阶级革命者最好的课本,革命者从中汲取力量,获得智慧。

---

① 《共产党宣言(纪念版)》,人民出版社,2018 年,第 65 页。

二、《共产党宣言》教育人民要有与时俱进的创新精神

马克思、恩格斯在《共产党宣言》1872年德文版序言中说:“由于最近25年来大工业有了巨大发展而工人阶级的政党组织也跟着发展起来，由于首先有了二月革命的实际经验而后来尤其是有了无产阶级掌握政权达两月之久的巴黎公社的实际经验,所以这个纲领现在有些地方已经过时了。”[①]可见马克思、恩格斯并没有故步自封、墨守成规、画地为牢,而是坚持实事求是、不断创新,一直都在根据革命形势的变化发展着马克思主义,进行新的革命道路探索,这体现了一种十分宝贵的与时俱进的创新精神。

(一)与时俱进对待马克思主义

《共产党宣言》发表于1848年,标志着马克思主义的诞生。[②]然而马克思、恩格斯并没有止步于此,而是不断发展马克思主义,也在不断通过序言等形式发展《共产党宣言》中的无产阶级革命思想。1872年德文版序言中指出:“很明显,对社会主义文献所作的批判在今天看来是不完全的。”[③]马克思、恩格斯要继续对社会主义文献进行更多的批判，更好地发挥自己的思想。1882年俄文版序言中对俄国革命下了重要论断:“假如俄国革命将成为西方无产阶级革命的信号而双方互相补充的话，那么现今俄国土地公有制便能成为共产主义发展的起点。”[④]后来果然在俄国爆发十月革命,率先建立了社会主义国家。在1883年德文版序言中,恩格斯又对贯穿《共产党宣言》的

---

① 《共产党宣言(纪念版)》,人民出版社,2018年,第3~4页。

② 参见王晓珍:《土地革命战争时期马克思主义大众化研究》，江西师范大学硕士研究生学位论文,2012年。

③ 《共产党宣言(纪念版)》,人民出版社,2018年,第4页。

④ 同上,第6页。

基本思想做了高度凝练的概括，仅用很简短的语言就把马克思主义的精髓表达出来,利于人们学习和掌握。

(二)与时俱进开展工人运动

《共产党宣言》发表后,工人运动蓬勃发展。1888 年英文版序言中,恩格斯分析了《共产党宣言》发表后工人运动的形势,和对工人运动的影响,“《宣言》的历史在很大程度上反映着现代工人阶级运动的历史”[①]。这是对于马克思主义经典著作与工人运动互动的关系的唯物主义分析。

三、《共产党宣言》教育人民要有勇于斗争的斗争精神

《共产党宣言》正是革命斗争的产物。为了驳斥关于共产主义的无耻谰言和所谓幽灵神话,表明共产党人的革命意图,马克思、恩格斯写下了《共产党宣言》这一战斗檄文,向资本主义吹响了战斗的号角,向无产阶级奏响了前进的冲锋号,体现了英勇的斗争精神。

(一)斗争贯穿于人类社会历史发展全部过程

马克思、恩格斯在《共产党宣言》中说:“至今一切社会的历史都是阶级斗争的历史。”[②]在古代是地主和农民之间的阶级斗争;在近代是资产阶级和无产阶级之间的斗争。“自由民和奴隶、贵族和平民、领主和农奴、行会师傅和帮工,一句话,压迫者和被压迫者,始终处于相互对立的地位,进行不断的、有时隐蔽有时公开的斗争,而每一次斗争的结局都是整个社会受到革命

① 《共产党宣言(纪念版)》,人民出版社,2018 年,第 11 页。

② 同上,第 27 页。

改造或者斗争的各阶级同归于尽。”[①]只要有阶级存在就会存在阶级斗争。斗争是阶级社会发展的动力。

(二)斗争使资本主义战胜封建主义

马克思、恩格斯指出,资本主义战胜封建主义是靠长期的斗争。资产阶级“在封建主统治下是被压迫的等级”[②],然而美洲的发现、新航路的开辟、大工业的发展、世界市场的形成,等等,为资产阶级壮大了力量,最后在斗争中彻底打败了封建主义。封建势力从此彻底退出了历史舞台。资产阶级从此取得了统治权。

(三)无产阶级要战胜资本主义必须经过斗争

资本主义社会中,阶级斗争更为激烈了,硝烟弥漫,战火纷飞,枪林弹雨,甚至骨肉相残、尸横遍野、血肉横飞。因为阶级关系日益明晰,社会划分为资产阶级和无产阶级两个敌对阶级。资产阶级要剥削无产阶级,惨无人道地压榨无产阶级,占有剩余价值。而无产阶级要挣脱枷锁,挣脱牢笼,赢得人类的解放,赢得人类的自由。无产阶级要获得解放和自由就必须同资产阶级进行你死我活的殊死搏斗,必须发扬一不怕死、二不怕苦的斗争精神。在这个漫长的斗争过程中,无产阶级必须团结,必须提高自己的无产阶级意识,必须坚决彻底地与剥削阶级决裂。

---

① 《共产党宣言(纪念版)》,人民出版社,2018 年,第 27 页。

② 胡键:《资产阶级现代民族的形成与落后民族的解放——基于马克思恩格斯关于民族问题阐述的文本研究》,《世界民族》,2013 年第 6 期。

四、《共产党宣言》教育人民要有大公无私的奉献精神

《共产党宣言》指出共产党人“没有任何同整个无产阶级利益不同的利益”[①]。共产党人代表的是全人类的共同利益,因而没有自己的私利。“人的全面发展和社会进步,就是共产党人的初心。”[②]在这种情况下,共产党人的奉献精神就展示出来了,共产党人是全心全意为人类解放服务的,从不追求个人私利。因为在资本主义社会,无产阶级是没有私有财产可言的,“私有财产对十分之九的成员来说已经被消灭了”[③]。而且“在资本主义社会没有社会地位,是被压迫、被剥削、受奴役的阶级,不是社会的主人”[④]。而在共产主义社会,整个社会的财富属于所有社会成员,因而也不存在所谓的私利。

(一)奉献给无产阶级革命事业

共产党人的目的就是消灭私有制。在这一过程中，牺牲和奉献在所难免。马克思、恩格斯为了人类无产阶级革命事业奉献了自己的一生。马克思“自从《德法年鉴》被查禁后,他一直是柏林当局的追捕对象。他或许可以前往德意志的其他邦国,但还是会受到警察压迫”[⑤]。马克思四处被追捕,到处流浪,为了无产阶级革命事业奉献了自己舒适的生活。为了支持马克思的工作,恩格斯做着自己不情愿的工厂经营的工作,只是为了能够给马克思提供经济援助。马克思去世后,恩格斯继续奉献自己,做着整理马克思手稿、指导

---

① 《共产党宣言(纪念版)》,人民出版社,2018 年,第 41 页。

② 张帆:《准确把握〈共产党宣言〉的时代意义》,《西安日报》,2018 年 5 月 7 日。

③ 《共产党宣言(纪念版)》,人民出版社,2018 年,第 44 页。

④ 黄云明、苏建:《论社会主义核心价值观的本体论基础》,《社会主义核心价值观研究》,2016 年第 1 期。

⑤ [法]雅克·阿塔利:《卡尔·马克思》,刘成富、陈钥、陈蕊译,上海人民出版社,2010 年,第 73 页。

工人运动等伟大的革命事业。

(二)批判资产阶级利己观念

无产阶级是不能有、也不应该有私有观念的,利己主义是资本主义社会萌发出来的错误观念。资产阶级正是由于自私自利的想法迷惑了双眼,所以认不清历史发展的规律,错误地将眼前的短暂现象看成永恒不变的规律。马克思、恩格斯在《共产党宣言》中批判资产阶级的观念写道:“你们的利己观念使你们把自己的生产关系和所有制关系从历史的、在生产过程中是暂时的关系变成永恒的自然规律和理性规律,这种利己观念是你们和一切灭亡了的统治阶级所共有的。”[①]一切剥削阶级都拥有自私自利的利己观念,而这种建立在落后生产关系基础上的思想理念,将随着共产主义的实现而消失。

五、《共产党宣言》教育人民要有团结一致的集体精神

在《共产党宣言》的最后,马克思、恩格斯向全世界无产阶级发出了振聋发聩的伟大号召:“全世界无产者,联合起来!”[②]资本主义的势力武装到牙齿、极其强大,他们有政权、有军队、有资本,而无产阶级没有生产资料、没有资本、手无寸铁,要取得革命的胜利,只能依靠团结。要发扬集体主义精神,把全世界无数无产阶级全部联合起来,凝聚成为一股坚不可摧的宏伟力量。《共产党宣言》向无产阶级发出了团结一致来斗争的号召,这个号召振聋发聩、催人奋进,砥砺了集体主义精神。

---

① 《共产党宣言(纪念版)》,人民出版社,2018年,第45页。

② 陈书纪:《马克思主义中国化中集体主义道德原则的产生与确立》,《重庆科技学院学报》(社会科学版),2011年第14期。

(一)阶级的团结

无产阶级要团结起来,一起和资本主义做斗争。个人利益要服从阶级的利益,政党利益要服从整个阶级的利益。阶级利益高于政党利益,高于个人利益。“共产党人同其他无产阶级政党不同的地方只是:一方面,在无产者不同的民族的斗争中,共产党人强调和坚持整个无产阶级共同的不分民族的利益;另一方面,在无产阶级和资产阶级的斗争所经历的各个发展阶段上,共产党人始终代表整个运动的利益。”[①]共产党人为了整个无产阶级的利益,不求政党的私利,而是全部投入无产阶级对资产阶级的斗争之中。在为整个无产阶级争得利益的过程中,也就是为政党争得了生存必须的条件。

(二)人类的团结

到了共产主义社会,个人的利益和集体的利益具有高度一致性,个人与集体、个人与社会是高度融合的。个人全心全意为了社会而工作,社会也保证个人可以获得所需要的一切。“代替那存在着阶级和阶级对立的资产阶级旧社会的,将是这样一个联合体,在那里,每个人的自由发展是一切人的自由发展的条件。”[②]人类共同团结为一个整体,获得共同的对物的支配,物质利益属于全人类,各尽所能按需分配。

六、《共产党宣言》教育人民要有勇于否定的批判精神

马克思主义认为,世间的一切现存事物都可以从否定方面去理解。事物的内在矛盾决定了事物的发展变化。《共产党宣言》运用唯物史观批判了资

---

① 《共产党宣言(纪念版)》,人民出版社,2018 年,第 41 页。

② 同上,第 51 页。

本主义社会,“打破了历史止于资本主义的荒唐‘神话’,揭开了人类社会发展的神秘面纱”[①],破除了关于资本主义永恒的神话,揭开了资本主义的庐山真面目,体现了共产党人的批判精神。

(一)对资本主义进行无情批判

马克思、恩格斯对资本主义进行了无情的批判,“指明了资本主义社会的阶级对立和剥削压迫等罪恶现象”[②],指明了资本主义私有制将会被没有剥削没有压迫的共产主义代替。在资本主义社会,人与人之间只有赤裸裸的金钱关系。从道义上对资本主义进行批判,资本主义固然曾经在历史上发挥过进步的作用,表明人类从封建社会走向更高生产力的资本主义社会。但是资本主义并非是自由平等的社会,资本主义的自由只是选择被哪个资本剥削的自由,而被剥削的命运仍是不可避免的。从历史发展趋势上对资本主义进行批判,资本主义越来越成为生产力的束缚,日益发展的生产力要求摆脱资本主义的束缚取得更大发展,历史发展的趋势是“资产阶级的灭亡和无产阶级的胜利是同样不可避免的”[③]。最终无产阶级将会取得政权,开辟历史发展的新道路。

(二)批判各种非科学的社会主义思想

划清各种非科学的社会主义的界限,对于科学社会主义的传播具有重要意义。似是而非的社会主义思想,表面上看也是社会主义,实际上对于工人运动是有害的,并不能正确指导实践,只会对工人起到误导作用。“马克思

① 杨烁、孙迪亮:《马克思社会发展理论及其对乡村治理的启示》,《中共合肥市委党校学报》,2020年第1期。

② 牟海侠:《新时期社会正义问题的思考》,《山西高等学校社会科学学报》,2017年第7期。

③ 《共产党宣言(纪念版)》,人民出版社,2018年,第40页。

恩格斯在《共产党宣言》中就批判了形形色色的社会主义”[①]。批判反动的社会主义，指出他们是在开历史的倒车，是反动派的帮凶，实则是纸老虎和稻草人，如德国的或“真正的”社会主义“成了德意志各邦专制政府及其随从——僧侣、教员、容克和官僚求之不得的、吓唬来势汹汹的资产阶级的稻草人”[②]。批判保守的或资产阶级的社会主义，指出他们不过是资产阶级的改良思想流派，其目的并非无产阶级的解放，而是为了更好地维护资产阶级的利益。批判空想社会主义，指出他们没有认识社会发展的客观规律，没有找到历史发展的真正动力，他们的积极主张固然具有道义上的合理性，有对无产阶级人民的深切同情，但是不能正确认识人类社会发展的客观规律和科学理论，其主张只是一种理论上的空想，并不能实现。

“这些社会主义和共产主义的著作也含有批判的成分。这些著作抨击现存社会的全部基础。因此，它们提供了启发工人觉悟的极为宝贵的材料。它们关于未来社会的积极的主张，例如消灭城乡对立、消灭家庭、消灭私人营利、消灭雇佣劳动、提倡社会和谐、把国家变成纯粹的生产管理机构——所有这些主张都只是表明要消灭阶级对立，而这种阶级对立在当时刚刚开始发展，它们所知道的只是这种对立的早期的、不明显的、不确定的形式。因此，这些主张本身还带有纯粹空想的性质。”[③]通过批判，马克思、恩格斯划清了科学社会主义与形形色色的社会主义之间的原则界限，澄清了思想理论上的混乱，使工人的思想更加犀利、更加团结巩固。

---

① 吴成林:《民主社会主义与中国特色社会主义之比较及启示》,《山西高等学校社会科学学报》,2017 年第 2 期。

② 《共产党宣言(纪念版)》,人民出版社,2018 年,第 57 页。

③ 同上,第 62 页。

专题六
中国精神培育与思政课教师素质

第十六章　中国精神培育的困境与对策研究

我们正处于一个文化大发展大繁荣的时代。培育中国精神具备良好的条件，习近平新时代中国特色社会主义思想为我们进行中国精神培育提供了科学的理论指导，以习近平同志为核心的党中央为我们开展中国精神培育提供了坚强领导，改革开放四十多年的伟大成就为我们开展中国精神培育提供了良好的物质基础，迈向未来的中国特色社会主义伟大实践为我们开展中国精神提供了豪迈的自信。但是我们也要看到，社会主义意识形态有待进一步巩固，中国精神有待进一步加强。培育中国精神面临许多挑战，我们要坚持问题导向，把问题搞清、搞透、搞准，如此方能对症下药，精准施策。

一、中国精神培育的重要意义和作用

（一）维护国家意识形态安全的需要

意识形态斗争一直以来都是“两大阵营”“两种制度”之间斗争的焦点、抢夺的阵地，关乎国家文化安全。“世界两大社会制度并存的格局还会长期维持”[①],意识形态的斗争也会长期存在,要维护中国特色社会主义国家的意识形态安全,就必须反对西方文化霸权主义和文化帝国主义。20世纪以来,资本主义和社会主义两大阵营的对抗和斗争从来没有停止过,西方列强妄图依靠强大的政治军事经济的力量,在全世界推行其资本主义的价值观,作为全世界所有国家的统一价值尺度和标准,迫使所有国家接受其意识形态,在思想上服从其统治,进而达到控制和影响他国的目的,文化霸权主义和文化帝国主义就是其荒唐行径之说明书。特别是20世纪中后期,两大阵营的军事力量旗鼓相当,直接对抗进入了对峙僵局状态,“冷战”逐渐成为两大阵营斗争的主要形式,西方资本主义国家开始以意识形态领域的渗透入侵作为战略突破口,妄图在不知不觉中取得“冷战”的竞争优势。诚如美国人汉斯·摩根索所指出的:“它的目的,不是征服国土,也不是控制经济生活,而是征服和控制人心,以此手段而改变两国的强权关系。”[②]历史证明,西方列强以意识形态领域的渗透入侵作为战略突破口是卓有成效的,其对东欧剧变和东欧国家意识形态的瓦解有着无法估量的重要影响。进入新时代以来,西方加紧了对我国文化侵略渗透的步伐,我国意识形态安全面临严峻考验,在此情况下,根本的应对策略是加强中国精神培育。只有篱笆筑得牢,才能有效抵御以美国为首的一些西方资本主义国家的文化侵入。

(二)传承和发展中华民族优秀文化的需要

习近平指出:“文明特别是思想文化是一个国家、一个民族的灵魂。无论哪一个国家、哪一个民族,如果不珍惜自己的思想文化,丢掉了思想文化这

① 杨金海:《这几个思想困惑是可以解答的——兼谈坚定马克思主义的信心》,《理论导报》,2017年第4期。

② [美]汉斯·摩根索:《国际纵横策论——争强权,求和平》,卢明华、时殷弘、林勇军译,上海译文出版社,1995年,第90页。

个灵魂，这个国家、这个民族是立不起来的。”[①]五千多年来中华民族在发展过程中，形成了区别于世界其他民族、独特的中华优秀传统文化，并成为维系中华民族情感之重要纽带，维持中华民族发展进步之重要精神动力。鸦片战争以来的近现代，中华文化遭受了严重的灾难，随之而来的是中国人一些良好文化传统的丢失，随着新时代社会主义的到来，“全民族都应当有迎接中华文化复兴的民族自觉”[②]。数典忘祖、崇洋媚外都不是对待传统文化的正确态度，历史虚无主义更是要不得，对待传统文化必须古为今用、洋为中用、批判继承、推陈出新，继承中发展和发展中继承，要更好地传承和发展中华民族优秀文化就必须推进中国精神培育和社会主义文化强国建设。弱国不仅没有外交，连本民族文化也会失去，欲灭其国，先去其史，一个国家在灭亡之前，往往是从丢掉其传统文化开始的。因此想要保存一个国家、保存一个种族、保存一个民族，首先必须保存该国家、种族、民族之独一无二的文化，这就需要努力培育本民族的精神，建设文化强国。文化弱国会逐渐丢掉其传统文化，在外来文化的蚕食下，失去其文化传统，从而失去民族的独特文化性格，失去其民族的个性，最终被同化和取代，直至灭亡。

（三）满足广大人民群众对高品质精神文化需求的需要

习近平在党的十九大报告中指出：“中国特色社会主义进入新时代，我国社会主要矛盾已经转化为人民日益增长的美好生活需要和不平衡不充分的发展之间的矛盾。”[③]在中国特色社会主义进入新时代，社会钓主要矛盾也已经发生了非常深刻的变化。“一个更具时代特点的消费社会正在向我们走

① 习近平：《在纪念孔子诞辰2565周年国际学术研讨会暨国际儒学联合会第五届会员大会开幕会上的讲话》，《光明日报》，2014年9月25日。

② 杨金海：《全球化背景下的中华文化复兴》，《贵州社会科学》，2010年第1期。

③ 习近平：《决胜全面建成小康社会 夺取新时代中国特色社会主义伟大胜利——在中国共产党第十九次全国代表大会上的报告》，人民出版社，2017年，第11页。

来"[①],社会生产力的极大解放、极大发展,物质和精神文化产品的极大丰富、充分供给,使得人民群众从过去的对物质和精神文化产品不能充分满足,发展到对物质和精神文化产品的更高质量的要求、更高品质的追求。"人民对美好生活的向往,就是我们的奋斗目标。"[②]中国特色社会主义国家有充分正当的理由为广大人民群众提供更高端的精神文化产品,提供更好的物质精神享受,这就要求更进一步地提高文化生产力,把我国建设成为社会主义文化强国。文化弱国不仅在文化产品的供应上不能满足本国居民,而且会沦为西方文化等外来文化强国倾销其文化产品的文化殖民市场;本国居民不仅享受不到优质的文化产品,甚至会被低俗、庸俗甚至是丑化本国文化的外来电影、电视剧、小说、戏剧等劣质文化产品所包围。只有发扬中国精神才能极大地解放和发展文化生产力;只有发扬中国精神才能提供丰富多样的文化营养套餐和精神文化产品;只有发扬中国精神才能让本国的居民享受更好的文化,在精神需求上得到最大的满足。

(四)中华民族伟大复兴的需要

习近平在山东曲阜孔子研究院参观考察时指出:"一个国家、一个民族的强盛,总是以文化兴盛为支撑的,中华民族伟大复兴需要以中华文化发展繁荣为条件。"[③]国家民族强盛的根基和力量在于文化的兴盛,中华民族伟大复兴的基础在于中华文化的发展和繁荣,中华文化要发展繁荣就必须推进社会主义文化强国建设。"没有中华文化繁荣兴盛,就没有中华民族伟大复兴。一个民族的复兴需要强大的物质力量,也需要强大的精神力量。没有先

---

① 杨金海:《认真总结系统把握习近平治国理政思想中新的理论成果》,《广西社会科学》,2016年第11期。

② 习近平:《人民对美好生活的向往,就是我们的奋斗目标》,《光明日报》,2012年11月16日。

③ 习近平:《认真贯彻党的十八届三中全会精神 汇聚起全面深化改革的强大正能量》,《光明日报》,2013年11月29日。

进文化的积极引领，没有人民精神世界的极大丰富，没有民族精神力量的不断增强，一个国家、一个民族不可能屹立于世界民族之林。”[①]一个精神力量强大的国家，必定在意识形态领域具有足够的话语权，一个没有话语权的民族，最后只能沦为文化强国的附庸。要做一个有话语权的、能够独立于世界民族之林的国家，必须有强大的精神文化力量作为支撑，必须高度重视中国精神、重视社会主义先进文化的引领带动作用，用中国精神为人民群众铸魂，用中华文化丰富人民群众的精神世界，进一步增强中华民族的精神凝聚力，扎实推进中国精神建设。中国精神的建设和推进会推动整个民族的繁荣昌盛，要想实现中华民族伟大复兴的中国梦，必须在全体人民中培育中国精神。

二、中国精神培育的困境表现

（一）经济全球化对中国精神培育的影响

经济全球化背景下中国经济融入世界经济体系，加速了中国现代化的进程。中国改革开放事业之所以能够取得巨大成功，一个重要原因就是抓住了经济全球化的机遇，利用经济全球化提供的时代机遇，广泛地学习借鉴国外先进的管理经验和科学技术，加强对外经贸合作，扩大出口，使中国开放的大门越开越大。同时也要看到，经济全球化不可避免地带来思想文化的广泛交流，客观上为西方资本主义意识形态在我国的传播创造了条件。以美国为首的西方国家凭借其政治、经济、文化、教育优势，利用我国改革开放国门大开这一情况加紧对我国实施文化渗透，利用学术交流、著作出版、电影电

① 习近平：《在文艺工作座谈会上的讲话》，《光明日报》，2015年10月15日。

视、文化娱乐、网络媒介等各种手段推销其意识形态，企图用资本主义价值观念影响人们的思想，瓦解人们的民族精神和民族意志，培植资本主义代理人，从而达到和平演变的目的。对此，我们必须提高警惕，坚决斗争。

1.西方资本主义意识形态对中国精神培育的冲击

早在20世纪50年代，美国著名政治家杜勒斯就提出了对社会主义国家实行“和平演变”的思想，此后这一思想成为西方国家对社会主义国家采取的现实战略，并在苏联东欧取得成功。以美国为首的西方国家一直以来不遗余力地向中国输送其意识形态，企图通过意识形态分化瓦解中国人民，培植亲西方的反对势力，最后达到和平演变的目的。西方资本主义意识形态在中国的传播对中国精神的培育构成严重威胁。

（1）新自由主义对中国精神培育的冲击

新自由主义是一种起源于20世纪30年代，兴起于20世纪70年代以后的国际化思潮。随着经济全球化的深入和文化交往的日益密切，新自由主义思潮影响到全球的各个角落，在20世纪80年代逐渐传入中国。受到新自由主义思潮的影响，社会上逐渐表现出了理想信念疏离，功利主义崛起，个人主义流行，精神世界荒芜以及其他一些不良思想倾向和行为取向，这无疑不利于社会主义现代化建设。

首先，新自由主义鼓吹政治多元化冲击着中国精神培育的主导地位。新自由主义是一种具有强烈政治诉求的思想体系，主张西方的自由民主制，反对社会主义制度。新自由主义的政治主张实质是代表垄断资产阶级的利益，企图向全世界推行西方的政治制度。我国是社会主义国家，实行的是人民代表大会制度，人民当家作主，这是开展中国精神培育的制度保障。如果相信了新自由主义的主张，就会让人民群众失去国家主人的地位，也就会让中国精神培育难以开展。

其次，新自由主义鼓吹经济自由化冲击着中国精神培育的物质基础。新自由主义主张经济自由化，反对国有经济，认为应该对土地和国有资产进行私有化。新自由主义的理论基础是个人主义，认为人是理性而自私的经济活动主体，每个人应当拥有私有财产，私有制是最有效率的经济制度，因为私有制才能最大限度发挥每个经济人的主观能动性，最大限度发挥市场的调节作用。我国是以公有制为经济基础的社会主义国家，公有制为主体多种所有制共同发展的基本经济制度保证了人民的经济地位。新自由主义的这些经济主张会瓦解我国公有制为主体的基本经济制度，从而瓦解中国精神赖以存在的经济基础。

最后，新自由主义鼓吹意识形态多元化冲击着中国精神培育的思想基础。第二次世界大战之后，资本主义与社会主义两大阵营的斗争十分激烈，资本主义以自由主义与社会主义思想相对立。新自由主义主张意识形态的多元化，让各种思想自由竞争，国家不要干涉思想领域，也不能以国家的力量推行主导思想。新自由主义的这种主张实质是期望社会主义国家自动放下思想的武装，任由资本主义的思想来占领。我国是以马克思主义思想为指导的社会主义国家，绝不能放弃马克思主义在意识形态领域的主导地位。新自由主义鼓吹意识形态多元化会影响到社会主义主流意识形态的传播和巩固，冲击中国精神培育的思想基础。

（2）意识形态终结论对中国精神培育的冲击

意识形态终结论是起源于20世纪50年代的一种社会思潮，随着20世纪90年代苏联解体、东欧剧变而达到高潮，席卷西方世界，并逐渐向全世界传播。其实质是以西方政治价值标准为人类唯一正确的价值标准，否定社会主义政治价值观。意识形态终结论主要代表性的观点有贝尔的“意识形态终结论”、熊彼特的“趋同论”、福山的“历史终结论”、亨廷顿的“文明冲突论”等。意识形态终结论鼓吹西方“普世价值”，攻击社会主义核心价值观，对中国精神培育形成巨大威胁。

第一,意识形态终结论动摇了中国人民的精神信仰。意识形态终结论鼓吹“民族国家过时论”,宣扬所谓的超越民族国家的世界意识、全球观念,倡导所谓的超越政治立场的价值中立,实际上不过是要削弱社会主义的精神力量、价值信仰,用资本主义信仰代替社会主义信仰。“中国精神是当代中国人民的精神信仰,反映着当代中国人民建设中国特色社会主义、实现中华民族伟大复兴‘中国梦’的信仰追求。”[①]西方某些人别有用心地鼓吹意识形态终结论就是想要动摇中国人民的精神意志。在当今时代,民族国家仍是人类政治生活的重要载体,国家短期内不会消亡。资本主义与社会主义相互合作、相互竞争的全球格局暂时不会改变。坚守中华民族的独特精神家园十分重要。

第二,意识形态终结论瓦解中国人民的民族自信心。意识形态终结论过分夸大文化对世界历史进程的影响,夸大不同文化之间的差异与冲突,认为“在后冷战的世界中,人民之间的最重要的区别不是意识形态的、政治的或经济的,而是文化的区别”[②]。“未来的冲突将由文化因素而不是经济或意识形态所引起。”[③]意识形态终结论认为除了西方文化,其他民族的文化都是有问题的文化,认为西方文明才是代表人类未来发展方向的文明,从而否定非西方文明的存在价值,否定非西方文化的生存意义。意识形态终结论动摇着中国人民的文化自信。

第三,意识形态终结论瓦解中国人民的政治信仰。意识形态终结论将西方的民主制度看成人类社会政治制度发展的终极目标,优越于社会主义,“自由民主比它在二十世纪的主要对手法西斯主义和共产主义有更多优势,

① 李忠君:《论社会主义核心价值观、中国精神与社会主义意识形态》,《社会科学战线》,2014年第3期。

② [美]塞缪尔·亨廷顿:《文明的冲突与世界秩序的重建》,周琪译,新华出版社,2002年,第6页。

③ 同上,第7页。

而只要忠诚于我们所继承的价值和传统，就会毫无疑问地走向民主”[①]。意识形态终结论的这种思想传入中国，影响了人们对社会主义的政治信仰，动摇着人们对中国特色社会主义政治制度的坚守。尤其是东欧剧变以后，社会主义过时论一时甚嚣尘上，具有很大的迷惑性和欺骗性。东欧剧变只能表明僵化保守的苏联模式并不是正确的社会主义道路，并不能说是社会主义的失败。中国特色社会主义的勃勃生机证明了社会主义是有旺盛生命力的。

(3)历史虚无主义对中国精神培育的冲击

历史虚无主义是改革开放以来出现的一种社会思潮，对社会主义意识形态建设具有极大的危害性和破坏性。它的实质是反对中国共产党的领导、反对社会主义道路、反对马克思主义指导思想。它的表现形式主要是打着重新认识和评价中国共产党历史和中国近现代历史的旗号，歪曲党领导人民进行革命、建设和改革的历史，歪曲中国人民选择社会主义道路的必然性，歪曲和诋毁党的领袖和革命前辈。历史虚无主义的社会危害不小，搅乱人们的思想认识，动摇党的领导，已经引起相关部门的高度关注。抵制历史虚无主义等有害思潮，是当前意识形态领域的重要任务，也是培育中国精神必须关注的问题。

第一，历史虚无主义否定中华民族的辉煌历史，瓦解民族精神的历史根基。历史虚无主义炮制了所谓黄土文明衰亡论，质疑中国上古历史，全盘否定中华民族悠久辉煌的历史，鼓吹要拥抱西方的蓝色文明，实质就是要抛弃社会主义制度，走资本主义道路。这样的一种历史虚无主义思想以历史唯心主义为理论基础，具有浓厚的历史宿命论色彩，不能从整体上、全局上客观考察历史、认识历史，而是结论先行、以偏概全、以点带面地来改写历史，靠主观想象来编造历史过程、肢解历史事实，随心所欲根据自己的需要解读历

① ［美］弗朗西斯·福山：《历史的终结与最后的人》，陈高华译，广西师范大学出版社，2014 年，第 297 页。

史现象,用孤立的、碎片化的历史现象代替连续完整的历史过程。这种历史虚无主义将会瓦解中国精神的历史根基,动摇中华民族的民族自信、文化自信。

第二,历史虚无主义歪曲中国共产党的辉煌历史,瓦解民族精神的脊梁。众所周知,中国共产党不仅是中国工人阶级的先锋队,而且是中华民族的先锋队。中国共产党是中华民族的精神脊梁,是中华民族精神的时代担当者。在中国近现代历史的每一个重大历史关头,正是中国共产党的领导指引了民族前进的正确方向。中国共产党的历史是一部苦难而辉煌的奋斗史。但是历史虚无主义偏偏向中国共产党的历史发难,肆意歪曲中国共产党历史,比如将延安整风运动这一马克思主义理论教育运动,说成是革命冒险主义。将长征胜利说成是国民党蒋介石"放水"的结果。[①]这样一种枉顾历史事实的歪曲虽然一时会起到一定的欺骗作用,但终将会受到人民群众的坚决抵制。

第三,历史虚无主义丑化革命领袖和民族英雄形象,瓦解民族精神的榜样。在中华民族历史上,在中国共产党历史上,都涌现出了许许多多的英雄模范人物,他们是学习和践行民族精神的表率,他们是民族的英雄,永远值得我们敬仰,永远值得我们怀念。但是历史虚无主义抓住人们喜欢猎奇的心理,编造一些耸人听闻的故事和结论,丑化历史人物和革命领袖,希望达到其不可告人的目的。比如,"将延安整风运动与毛泽东领导地位的确立联系起来,通过剪辑、嫁接、拼凑等手段,赤裸裸地污蔑党的领袖,提出了'清肃异己论''整风集权论'等观点,将领袖毛泽东说成是一个只懂得中国传统权谋理论的'阴谋家',从而否定毛泽东是一个伟大的马克思主义者"[②]。历史虚无主义看到了毛泽东在中国历史上的巨大象征意义和历史影响,实质上希望

---

① 参见蒋国栋:《当前历史虚无主义思潮的若干新表现》,《毛泽东邓小平理论研究》,2018 年第 2 期。

② 蒋国栋:《当前历史虚无主义思潮的若干新表现》,《毛泽东邓小平理论研究》,2018 年第 2 期。

通过丑化毛泽东达到否定中国共产党历史、否定中国革命道路、否定社会主义的目的。乌云遮不住太阳，毛泽东不容诋毁。毛泽东是中华民族历史上的伟大人物，其历史地位是不可动摇的，其光辉形象是不可抹黑的。历史虚无主义抹黑毛泽东不过是搬起石头砸自己的脚，是不会得逞的。因为人民群众的眼睛是雪亮的。

（4）消费主义对中国精神培育的冲击

消费主义是一种20世纪20年代发源于美国的社会思潮。消费主义崇尚对物质财富的无限占有，把消费看成是体现人生价值、确证人生意义的唯一途径。消费主义的兴起适应了资本主义发展的需要：20世纪20年代美国资本主义发展繁荣，社会生产力飞速发展为消费主义兴起提供了物质条件；随着凯恩斯主义的流行，政府鼓励人们消费，为消费主义兴起提供了社会条件；随着资本积累的丰厚，在资本主义发展早期的清教徒精神渐渐被及时行乐的思想代替，为消费主义兴起提供了思想基础。消费主义逐渐从价值观念发展为一整套的生活方式，并成为一种重要的文化现象。经济全球化的发展为消费主义的全球扩散提供了良好的条件。20世纪80年代，随着中国改革开放，消费主义渐渐传入中国。消费主义助长了奢靡和浪费之风，不仅有损个人的思想道德修养，而且不利于经济社会发展，影响到社会主义核心价值观的培育。

第一，消费主义消解人们的家国情怀和集体主义精神。家国情怀是中华民族的良好精神品格。自古以来，中国人就爱国爱家，自觉把个人的前途命运、家庭的前途命运和国家民族的前途命运联系在一起，承担起强国兴家的历史使命。个人利益自觉服从国家、民族的利益。消费主义具有强烈的个人主义属性，认为选择什么样的消费品是个人的事，由自己随心所欲决定，目的就是为了满足个人的需求。在消费主义影响下，人们不再关心集体，不再关心国家民族，只关心自己的消费需求，只关心最新的商品，人们谈论的、思考的是怎么去消费，怎么获得更好的消费体验，怎么用消费炫耀自己的财富，陷入自我中心主义的迷雾，“对社会公共事务和他人疾苦漠不关心，更多地把情感投向物质和消费品，导致崇高理想的失落”①。

第二，消费主义消解人们艰苦奋斗和勤俭节约的传统美德。中华民族自古以来就有艰苦奋斗和勤俭节约的传统，正是靠着艰苦奋斗，中华民族创造了五千年辉煌的文明历史。今天虽然富起来了，但是仍然不能丢了艰苦奋斗的精神，仍然需要勤俭节约的美德。什么时候丢了艰苦奋斗的精神，什么时候开始骄奢淫逸，什么时候就会遭遇挫折。我国目前还属于发展中国家，实现中华民族伟大复兴的中国梦，建设社会主义现代化强国，还需要我们继续艰苦奋斗。消费主义鼓励人们炫耀性消费、符号消费、过度消费、超前消费，鼓励人们恣情纵欲、忘乎所以、瞬间满足，让人们沉溺于物欲的追求和感官的享受而无法自拔，逐渐丧失了奋斗的意志，精神空虚，变成一具具行尸走肉。消费主义鼓励的生活方式还会造成巨大的资源浪费和生态环境破坏，给未来发展留下隐患。

第三，消费主义消解人们正心诚意和诚实守信的精神传统。中国人自古以来就讲究正心诚意，做人要实事求是、踏踏实实、言而有信、言出必行，不投机取巧、虚伪狡诈、信口开河。诚实守信是中华民族一个很好的精神传统，是社会主义核心价值观建设的重要内容。消费主义诱导人们偏离了自己的真正需求，而去追求那些被人为制造出来的虚假需要，迷失了本心本性，沦为欲望的奴隶。消费不是为了人的生活更美好，而人的存在则是为了消费商品，人成为商品的奴隶。正如弗洛姆所说：“本来消费的意义在于给人一种更幸福、更令人满意的生活。但是现在，消费自身成了目的。需要的不断增加迫使我们不断努力，这使我们为这些需要所控制，依赖于能帮助我们满足这些

---

① 刘冠君：《当代中国消费主义的价值观批判》，《社会科学研究》，2015 年第 6 期。

需要的人及机构。”[①]消费主义诱导人们不顾自身消费能力的透支消费、超前消费，破坏了长期可持续发展的消费能力。

(5)拜金主义对中国精神培育的冲击

拜金主义是一种发源于西方资本主义社会的腐朽价值观，资本主义私有制是拜金主义产生的制度根源，现代市场经济则是拜金主义的遮羞布。拜金主义价值观推崇金钱至上的观念，把金钱看成是万能的，金钱成为衡量一切的标准。拜金主义在改革开放以后传入我国。根据有关学者的研究，拜金主义是一种外源性的价值观，在我国传统社会并不存在拜金主义的土壤。“从汉朝开始到中国改革开放之前，中国从未出现过‘拜金主义’成为社会主流价值观的现象。”[②]经济全球化为拜金主义价值观传入我国提供了可能性。拜金主义腐蚀着人们的思想，动摇了人们正确的世界观、人生观和价值观。

第一，拜金主义有害于社会主义思想道德建设。“改革开放以来，一些政府及其领导干部比较擅长抓经济建设，但往往忽视文化建设，即所谓‘一手比较硬、一手比较软’。之所以不重视文化建设，就在于一些官员受拜金主义影响，在他们看来，文化建设的效益难以客观评价，如果把相应资源投入经济建设则产生明显的政绩，从而更有利于自己的升迁。”[③]在这种情况下，因为不能带来经济效益，思想政治教育工作自然不受重视，中国精神的培育更不必说受到重视。

第二，拜金主义破坏了中华民族的传统美德。“富贵不能淫、贫贱不能移、威武不能屈”是中华民族的传统美德。自古以来，我国知识分子就是社会的良心。我国文艺工作者更是以“德艺双馨”为最高准则，自觉抵制铜臭味的

---

① ［美］艾里希·弗洛姆：《健全的社会》，孙恺祥译，上海译文出版社，2011 年，第 109 页。

② 韩田：《当代中国“拜金主义”的根源解析——基于马克思和凡勃伦理论》，《思想教育研究》，2018 年第 5 期。

③ 许珍荣：《论文化建设的拜金主义陷阱及其对策——以邓小平文化建设思想为视角》，《文化软实力研究》，2018 年第 1 期。

侵蚀,这可以说是我国文艺工作者的优良传统了。但是改革开放以后,受到拜金主义的影响,一些文艺工作者放弃了中华民族的优良传统,放弃了高雅的艺术追求,放弃了文艺工作者的社会责任,屈服于金钱的威力之下,“不少人竟用一些庸俗低级的内容和形式去捞钱”[①]。一些有名的影视剧表演工作者更是明目张胆地搞拜金主义,即便拍一部电影轻轻松松就有几百万几千万片酬,仍是欲壑难填,还要想尽千方百计偷税漏税。这起到极其恶劣的社会影响,尤其是毒害了青少年的思想,让他们不知道什么是真善美,不知道什么是假恶丑,以当明星赚大钱为人生理想,浑浑噩噩。

第三,拜金主义腐蚀着中华民族的民族精神。爱国主义是中华民族精神的核心,也是每一个中国人应该具备的崇高精神境界。在市场经济条件下,一切为了赚钱,为了赚一切钱,为了赚钱一切的拜金主义思想很有市场。拜金主义侵蚀着爱国主义的根基,爱国主义者以祖国和人民为上帝,拜金主义者则是以金钱为上帝。爱国主义者以服务祖国和人民为荣,拜金主义者则是以攫取金钱为荣。爱国主义者为了祖国和人民可以牺牲一起,拜金主义者则是为了赚钱可以牺牲一切。拜金主义为祸不小,只有弘扬中华民族的“视金钱如粪土”的高贵品格,才能抵御拜金主义的不良影响。

2.西方文化产业强势扩张对中国精神的威胁

以美国为首的西方国家掌握着强大的文化生产力,控制着世界上大部分的文化产业和文化产品市场。“美国当前的最大出口商品不是工业产品和农业产品,而是美国制造的文化产品。”[②]文化产业产值能够占到美国国内生产总值(GDP)总量的25%,是美国经济名副其实的支柱产业、阳光产业。“美国人口虽只占世界人口的5%,但是目前传播于世界大部分地区80%~90%的新闻,都由美国等西方国家的通讯社垄断。美国等西方国家媒体发布的信

---

① 《邓小平文选》(第三卷),人民出版社,1993年,第43页。

② 姚静:《美国文化产业发展举措对中国的启示》,《人民论坛》,2016年第35期。

息量，是世界其他各国发布的总信息量的 100 倍，目前美国控制了全球 75%的电视节目的生产和制作，美国的影视产品已占全球 75%的市场。”[①]美国等西方国家利用其强大的文化产业，打造了一个强大的宣传机器，不断对外宣传其“绝对自由”“普选民主”理念，推销其及时行乐、个人至上的思想，瓦解我们国家青年一代的爱国主义意志、集体主义信念和艰苦奋斗精神。对此，我们必须有清醒的认识，采取有力措施加以防范和应对。

（1）西方影视产业对中国精神的威胁

以美国为首的西方国家拥有实力雄厚的影视产业。美国是世界电影产业的引领者，好莱坞大片风靡全球，这既为美国赚取了巨大的经济利益，又为美国宣传自己的价值观提供了绝佳机会。“美国影片在总量上虽然只占全球电影产量的 6.7%，却占据全球总放映时间的一半以上。全世界 3/4 的电影出自美国的影视梦工厂好莱坞。近些年来，电影附加产品收入逐渐成为电影业收入的重头，电影延伸产品的收入额已经超过电影本身的票房收入。如，《星球大战》三部曲自 20 世纪 70 年代公映以来，除 18 亿美元的全球票房以外，其主题产品、玩具、游戏、图书和唱片等，销售总额高达 45 亿美元。”[②]好莱坞大片对发展中国家的人们具有难以抗拒的诱惑力。好莱坞电影在成功攫取了发展中国家人民血汗钱的同时把自己的价值观巧妙地推销出去。

第一，美国好莱坞电影体现的是美国的价值观念，是具有强烈意识形态属性的文化产品。电影自从诞生之日起就不可避免地具有意识形态属性，体现了社会主流意识形态的要求。“作为一个资本化和商业化的文艺娱乐方式，电影再现了科技、资本、意义和娱乐活动的交叉关系，也必然反映一定社会集团的价值观，尤其是统治阶级的意志。美国好莱坞电影所承载和输出的

① 框长福：《新形势下抵御西方敌对思潮对我国社会主义意识形态渗透的思考》，《思想理论教育导刊》，2012 年第 7 期。

② 彭莉娜：《从美国向世界输出文化产业中得到的启示》，《商》，2015 年第 33 期。

意识形态，正是冷战后以美国为代表的发达资本主义国家在与第三世界的文化互动中呈现的霸权意识形态，是后殖民文化的重要组成部分。”[①]在好莱坞电影华丽的外表下，体现的是美国资产阶级的生活方式、价值理念和文化信仰。

第二，美国好莱坞电影以精巧的人性外观包装美国的价值观，具有十足的意识形态欺骗性。好莱坞电影“以人文关爱和对自由的追求为主进行叙事表达”，“在故事情节设计上往往超越国别、文化、宗教、种族界限，将观众群体定位全世界影迷，而不仅是美国影迷。在这种观众定位下，无论是编剧还是导演，都要提取人类价值观的最大公约数，拍出让全世界影迷接受并喜欢的电影。很多好莱坞电影如《阿甘正传》《美丽人生》等，抓住人性、励志、成功等全世界影迷的共鸣点，在无形中构筑情感认同，弥合不同文化背景的差异，从而克服电影跨国、跨文化、跨族群传播道路上的种种障碍”[②]。作为文化商品，好莱坞电影是成功的，以良好的观影体验和强烈的视听感受吸引世界各国的人民观影，创造了一个又一个票房奇迹。作为意识形态产品，好莱坞电影同样是成功的，对塑造美国良好的国家形象起到了不可替代的作用。好莱坞电影是美国人打造的一张华丽的国家名片，把美国的国家形象和国家精神传播到世界上最遥远、最偏僻的角落，引起了人们对“美国梦”的向往和追求。

第三，美国好莱坞电影的经济目的只是表象，政治目的才是本意。满足大众感官需要是为了改变大众的潜意识，在光怪陆离的声光电享受背后是严肃的政治意识形态诉求。“在美国强权政治和霸权主义、资本主义和消费主义意识形态的支配影响下，隐藏着文化虚无主义、美国中心主义、个人英

① 强丽：《电影文化中的意识形态问题研究：以美国好莱坞电影意识形态输出为视角》，《重庆科技学院学报》（社会科学版），2014 年第 7 期。

② 郑东超：《好莱坞电影与美国意识形态输出》，《国际传播》，2018 年第 5 期。

雄主义、享乐主义等一系列美式价值观的电影文化早已在'明修栈道、暗度陈仓'地向中国散播，使得真正的中华民族文化精髓和精神脊梁在意识形态逐渐淡化和传统价值体系逐步瓦解的过程中不断地被侵蚀，被美式价值观、资本的逻辑和庸俗的时尚等所消解。"[①]如何在享受好莱坞电影的同时抵制好莱坞电影的不良影响是中国精神培育需要研究的重要课题。关键的问题是要树立起文化自信。

（2）西方教育产业对中国精神的威胁

凭借其发达的高等教育系统，以美国为首的西方发达国家源源不断地吸引着世界各地的优秀人才去学习深造。美国是世界上接受留学生最多的国家，中国则是世界上出国留学人数最多的国家。高等教育的国际化浪潮带动了中国留学教育事业的飞速发展，赴美留学人数逐年攀升，火了一批从事留学中介的公司。据有关方面的统计，"2006—2016 年中国高校派出的留学生总数从 67723 人升至 328547 人，增长了近 5 倍。其中，2009—2010 学年增幅最大，达 29.9%，也正是在这一年，中国超过印度成为美国高校最大的外国生源国。最近几年来增幅有所放缓，逐年下降，但是中国留美学生人数依然不减，中国留美学生占美国国际学生总数的比例也一直呈现上升态势，牢牢地占据着美国高校第一大外国生源国的位置"[②]。

吸引国际人才是美国重要的教育战略。美国强大的高等教育成为对发展中国家人才的收割机。许多发展中国家的优秀人才被吸引到美国留学，学成之后并没有回国报效祖国而是留在美国，为美国的强大服务。在硅谷，来自印度的软件工程师比比皆是。在美国各大高校的数学系、物理系等重要尖端科学领域，华人占了不小的比例。各个发展中国家辛辛苦苦培养出来的人

① 强丽：《电影文化中的意识形态问题研究：以美国好莱坞电影意识形态输出为视角》，《重庆科技学院学报》（社会科学版），2014 年第 7 期。

② 陆航：《近十年（2006—2016）来中国高校赴美留学学生发展状况、特征及展望》，《现代教育管理》，2018 年第 2 期。

才就这样被美国收割。“吸引国际人才战略为美国引进了大量的全球顶尖人才，为美国发展作出了巨大的贡献，成为美国全球霸权的重要根基之一。据统计，1980 年以来，美国 1/3 的诺贝尔奖得主出生于国外。”①美国高等教育对发展中国家的优秀学子构成了一种十分强大的吸引力，在一些国家甚至形成了一轮又一轮的“留学热”，这些国家的人们以能够到美国留学，学成留在美国工作，拿到绿卡为人生成功的标志。如今留学美国越来越低龄化，很多未成年人被送到美国接受中小学教育。这些国家的人们谈起高等教育总爱以美国为榜样，感觉在美国受过高等教育就高人一等，本国高等教育就是“土鳖”，缺乏教育自信。美国教育起到了瓦解这些国家和民族教育自信的作用。

随着留学美国的人越来越多，有越来越多的人受到美国的意识形态教育。美国学校对学生同样开展意识形态方面的教育，留学生也不例外。这些留学生在美国长期接受美国教育，受到美国文化的熏陶，思想上不能不受到资本主义意识形态的影响。“通过吸引大量的留学生、学者和精英赴美，美国成功地将其价值观念推向全世界。富布赖特项目是美国最为成功的文化教育交流项目之一，也是美国输出其价值观念，维护其全球霸权的一个重要手段。自 1946 年杜鲁门总统签署《富布赖特法案》以来，富布赖特项目已经资助了近 30 万人，遍布 140 多个国家。富布赖特项目的重要特点之一就是服务于美国文化的扩张，该计划所选的学科多是能够反映美国价值观的学科，以社会科学为主，自然科学为辅。”②通过全方位、多层次、立体式的教育文化交流，美国不断地将其意识形态理念灌输给各国的文化和政治精英，从而间接地影响到这些国家的政治、经济、文化等各个方面。

---

①② 鞠光宇：《服务于全球霸权的美国高等教育国际化战略分析》，《世界教育信息》，2017 年第 24 期。

(3)西方传媒产业对中国精神的威胁

美国拥有全世界最强大的传媒产业，美国传媒产业发展无论是规模还是质量都走在世界前列。“美国控制了世界上75%的电视节目，每年向其他国家发行的电视节目总时长达到30万个小时，许多第三世界国家播出的电视节目有60%~80%直接来自美国，而这其中美剧占绝大部分。截至目前，美剧的全球市场占有率已达到80%以上。”[①]美国哥伦比亚广播公司(CBS)、美国全国广播公司(NBC)、美国广播公司(ABC)、美国有线电视新闻网(CNN)、美国联合通讯社(AP)等媒体巨头掌控着世界上大部分的新闻生产，其信息生产能力令其他国家望尘莫及。美国政府很早就认识到，现代传媒是对内进行思想控制、取得民众支持和对外推销民主自由的价值观念、进行和平演变的重要工具。因而美国政府坚持不懈地利用大众传媒进行意识形态输出，将大众传媒优势转化为信息优势，用铺天盖地的虚假宣传欺骗广大受众。因为他们坚信“谎言重复一千遍就变成了真理”。

美国利用强大的传媒优势，为实现自身的利益需求和意识形态需要，操纵舆论与制造舆情，对他国采取新闻干预，影响他国的政治稳定。“对他国新闻工作者、知识分子进行‘新闻自由’‘媒体独立’‘第四权力’的观念灌输，培养能够以美式视角发声的新闻工作者和知识分子。同时，在他国‘突发’事件报道中，以‘专业态度’迅速介入，凭借美国强大而专业的媒体集团与新闻话语权，对事情的本来面目进行‘理性的专业化’曲解，并以美国的‘民主、自由、人权’为坐标进行国际舆论‘倒灌’，借机对他国的意识形态合法性进行攻击。”[②]美国往往打着“人权”的幌子用新闻舆论歪曲我国的政治制度和路线、政策、方针，攻击社会主义的合法性。美国操纵舆论的这一套把戏颇能蛊

① 张洋、王悦:《美剧传播与美国文化霸权渗透——基于文化产业机制的探析》,《理论与改革》,2015年第6期。

② 金家新:《美国对外意识形态输出的战略与策略》,《毛泽东邓小平理论研究》,2018年第12期。

惑人心，我们要坚决斗争。

美国利用其技术和资金优势，抢占信息网络发展的制高点，加快网络媒体布局，建构了强大的网络媒体管控体系和立体攻势，加速对外实行网络渗透，侵犯他国网络主权。进入21世纪以来，网络社会日益壮大，网络新媒体的传播力量更为强劲。美国制定了《国际广播法》《网络空间国际战略》《爱国者法》《网络安全法案》《联邦信息安全管理法案》《情报改革与防止恐怖主义法》等一系列的法律，[①]一方面保障美国本土网络空间的意识形态安全和网络主权，另一方面为美国侵犯他国网络主权和侵蚀他国网络意识形态空间奠定了法律基础。美国还注重网络平台建设，精心打造对外宣传网站，以博客、微博、脸书、推特等各种方式输出美国的价值观，在网络上肆无忌惮地对他国政府进行诋毁，指责他国政府专制、独裁、腐败。美国利用强有力的技术手段控制信息流向，对他国网络信息进行封锁。同时又开发“翻墙技术”“破网技术”等网络工具突破他国网络边界，将美国的意识形态源源不断地输入他国。美国以各种形式支持反社会主义的网络宣传，对我国意识形态安全造成了严重威胁。

（二）多元文化观念对中国精神培育的影响

多元文化的出现，给人类更多的文化选择，体现了兼容并包的时代氛围和广阔的文化视野，体现了人类社会的进步和解放，标志着人类社会迈向了更加文明、更加开放、更加包容的新阶段。多元文化的出现也给中国精神带来新的时代契机。历史上每一个高扬精神旗帜的时代都是开放包容的时代，先秦诸子时代如此，汉唐也是如此。中国精神是在吸收多元文化要素的过程中日渐丰满的，是在与多种文化交流、交融、交锋的过程中日益壮大的。中国

---

① 参见金家新：《美国对外意识形态输出的战略与策略》，《毛泽东邓小平理论研究》，2018年第12期。

精神受益于多元文化的地方很多。但任何事物都有两面性，多元文化并不是只有有利的一面，也有有害的一面，多元文化给中国精神带来了许多挑战与困难。

1.削弱中国精神的认同感

多元文化时代，是一个众声喧嚣的时代，一个各种文化争奇斗艳的时代，一个百花齐放、百家争鸣的时代。在多元文化场中，各种思想文化济济一堂，既有优秀传统文化、红色文化、社会主义先进文化的主流引领，也有资本主义文化的蛊惑人心，还有早已经进入历史堆的封建文化沉渣泛起。各种文化都在寻找自己的生存空间，并极力扩大自己的影响面。一个民族、一个国家，不能没有一种健康向上的精神力量。中国精神是中国人民奋斗的精神旗帜。然而资本主义总是意图凭借其经济、科技优势，宣扬其精神文化，瓦解中华民族的精神家园，用资本主义的“消费主义”来瓦解中华民族“勤俭节约”的光荣传统，用“实用主义”来代替中华民族对“立德立言立功”的崇高追求，用“个人主义”来取代中华民族家国一体的“集体主义”价值体系，用“新自由主义”来诋毁中国特色社会主义制度，否定马克思主义指导思想，造成人们思想上的困惑、精神上的空虚、行动上的犹疑。资本主义文化动摇着人们对中国精神的认同，削弱对民族的文化自豪感、自信心，破坏了中国人的精神世界。新时代弘扬中国精神，增强中国力量，就必须在众声喧哗之中唱响主旋律，对那些错误、落后甚至反动的思想文化予以坚决的回击，发扬斗争精神，勇于亮剑。

2.消解中国精神的凝聚力

群体精神的作用就在于把群众凝聚起来，协调人们的行为，向着共同的价值目标行动。中国精神有着强大的凝聚力，几千年来把中华民族全体成员凝聚到一起，赢得了民族的长远发展和持续繁荣。在今天，中国精神继续发挥着不可替代的凝聚作用，把中华民族全体成员团结起来为实现中华民族伟大复兴的中国梦不懈奋斗。在新冠肺炎疫情防控斗争中,中国精神发挥了特殊的作用。“湖北特别是武汉广大党员、干部、群众积极响应党中央号召,坚定信心、顾全大局、自觉行动、顽强斗争;全国各地坚持一方有难、八方支援,各地区前往湖北支援的广大医务工作者、人民解放军指战员以及各方面人员发扬越是艰险越向前的大无畏革命精神,闻令而动,坚忍不拔,不怕牺牲,攻坚克难。”“全党全军全国各族人民都同湖北和武汉人民站在一起。”[①]中国价值、中国精神、中国力量得到了充分彰显。中国精神的巨大凝聚力在疫情防控的特殊时刻再一次迸发出来。在党中央的坚强领导下,全体中国人团结起来投入疫情防控斗争,最后赢得了决定性成果。然而在多元文化背景下,在思想自由、言论自由、文化自由的状态下,也出现了一些“杂音”“噪音”。一些西方政客妄图把疫情防控斗争政治化,一些西方敌对势力借机诋毁中国共产党的领导,抹黑中国的疫情防控斗争,妄图分化瓦解中国人民团结奋斗的意志,消解中国特色社会主义集中力量办大事的特殊优势,造成人们思想上的混乱、精神上的动荡、行动上的冲突。对这种状况必须加以扭转和克服,坚决用马克思主义引领社会文化建设,更好地展现中国价值、中国精神和中国力量,提升中华民族的凝聚力。

3.影响中国精神的主导力

习近平指出:“人无精神则不立,国无精神则不强。唯有精神上站得住、站得稳,一个民族才能在历史洪流中屹立不倒、挺立潮头。同困难作斗争,是物质的角力,也是精神的对垒。”[②]一个国家一个民族乃至一个人,要同困难作斗争,都必须有精神的主导力。在世界政治多极化、经济全球化、信息网络化、文化多元化的条件下,意识形态领域的斗争异常激烈,对人们思想和心

---

① 《以更坚定的信心更顽强的意志更果断的措施　坚决打赢疫情防控的人民战争总体战阻击战》,《人民日报》,2020 年 2 月 11 日。

② 习近平:《在全国抗击新冠肺炎疫情表彰大会上的讲话》,《求是》,2020 年第 20 期。

智的争夺从来没有这么重要。以爱国主义为核心的民族精神和以改革创新为核心的时代精神是时代最强音，其主导地位不容动摇，主导价值不容置疑。爱国主义是一面高扬的精神旗帜。然而在社会思想领域,一些外来消极文化时刻在威胁着中国文化、中国精神的主导地位。它们妄图争夺思想市场,从边缘走向中心,取代中国精神,取代马克思主义主导地位。这是一场“没有硝烟的战争”,一次“兵不血刃的入侵”。它们采用润物细无声的方式极力推销资本主义的生活方式、价值理念和意识形态,在碎片化、娱乐化、大众化的文化产品和文化活动的背后是西方文化一整套话语体系的植入。西方文化的扩张和渗透,蛊惑了一些不明真相的群众,少数社会成员出现了盲目的崇洋媚外心态,精神上不认同自己的中国人身份,向往资本主义的生活方式和社会制度。某些人甚至故意抹黑英雄人物、道德模范和社会先进典型人物,把中华民族的优秀人物贬低为小丑,冲击着中国精神的基础,对社会大众的世界观、人生观和价值观产生不良影响。如果我们任由敌对势力搞乱我们的民族精神,就会自毁长城,把意识形态领域拱手相让,造成不可挽回的重大损失。我们必须强化中国价值、中国精神的主导地位,引领社会主义文化前进的方向。

4.降低中国精神的吸引力

中国精神对全体中华儿女包括外国人都有强大的精神吸引力、思想感召力、灵魂塑造力,这样一种吸引力展现为中国文化理想图景的感召,人们向往中华文化“协和万邦”“天下一家”的社会理想,愿意向着中国文化看齐靠拢。中国精神的吸引力就在于社会大众乐于接受它,自觉地以之为自己的精神家园。同时,这种吸引力逐渐发展为中国人民在民族复兴征途上不屈不挠的意志力。“抗疫斗争伟大实践再次证明,社会主义核心价值观、中华优秀传统文化所具有的强大精神动力,是凝聚人心、汇聚民力的强大力量。”[①]然而在多元文化环境下,中国精神的吸引力、感召力受到其他文化的冲击。西方文化用物质主义、享乐主义和拜金主义,满足人们的即时感官需求,诉诸人们最直接最现实的感性欲望,引导人们追求符号化消费和奢靡之风,俘获了一些社会成员,使之产生了离心力,不再关心民族和国家的未来,不再相信中国特色社会主义共同理想,只顾个人眼前的享乐,只顾个人的赚钱谋生。为了享乐甚至不惜牺牲民族和国家的未来。这些严重地削弱了中国精神的吸引力,并冲击着中国精神的根基。要进一步增强中华文化认同,增强中华民族的民族内聚力,就要提升中国精神的吸引力。“历史和现实都告诉我们,只要不断培育和践行社会主义核心价值观,始终继承和弘扬中华优秀传统文化,我们就一定能够建设好全国各族人民的精神家园,筑牢中华儿女团结奋进、一往无前的思想基础。”[②]

(三)网络新媒体对中国精神培养的影响

毫无疑问,当今时代是一个网络的时代。网络新媒体的出现打破了过去由报纸、杂志、电视、广播构建的传播格局,极大地改变了人类的交流方式和文化传播方式。网络技术的发展给生活带来了极大的便利。网络新媒体使人们获取信息的渠道更多元、更便利、更通畅。网络新媒体改变了人类的文化和娱乐生活方式,使得人类的文化和娱乐生活更为丰富多彩、精彩纷呈。但是网络也是一把双刃剑,在给人类带来极大利益的同时,也带来很多的破坏,给人类造成很多伤害。网络新媒体对中国精神带来了很大的挑战。

1.信息主体多元化,增大中国精神的引领难度

信息技术的发展,催生了巨大的网民群体。据中国互联网络信息中心

---

①② 习近平:《在全国抗击新冠肺炎疫情表彰大会上的讲话》,《求是》,2020 年第 20 期。

(CNNIC)在京发布第46次《中国互联网络发展状况统计报告》显示，截至2020年6月，我国网民规模达9.40亿，手机网民规模达9.32亿。信息技术的普及，让媒体与受众之间的界限被彻底打破了，尤其是社交媒体的出现，进一步降低了信息生产的门槛，人人都获得了“麦克风”，都享有“发声”的权利和可能条件，在网络条件下的话语权平等趋势格外明显。信息传播者和接受者之间的界限进一步模糊。在网络上，中国精神的传播者和接受者之间可以互相转化，也可以二者合一。我国利用互联网所秉持的价值理念是以人民为中心，也就是让互联网为人民服务，让新型信息技术便捷人民的工作和生活。每个人都享有利用互联网服务的权利，每个人都可以是互联网的参与主体。尽管网民群体的来源多元多样，但是享有平等的互联网权利，都有在互联网上的言论自由。与之相应的是，尽管享受平等的“发声”机会，但是网民群体在受教育程度、经济生活水平、思想认识水平等方面存在很大的差异，政治经济地位和利益诉求也各不相同。这就带来了网民群体在网络空间中的不同表现。在现实生活中的差异性被投射到网络上，不同思想倾向的观点和言论杂然并陈在网络空间里，很多思想观点具有偏激性、片面性、狭隘性，需要加以引导和转化。然而面对海量的网络主体，要辨析是非，说明真相，转化思想，难度很大。同时，西方国家和敌对势力也借机生事，利用网络的复杂性来搅局，利用网络进行意识形态的渗透，兴风作浪，意图搞乱人们的思想。这都给中国精神的传播增加了难度。

2.信息载体分散化，消解中国精神的主体权威

习近平指出：“伴随着信息社会不断发展，新兴媒体影响越来越大……新闻客户端和各类社交媒体成为很多干部群众特别是年轻人的第一信息源，而且每个人都可能成为信息源。有人说，以前是‘人找信息’，现在是‘信息找人’。”[①]当今是一个全媒体时代，既有传统媒体的存在，也有新兴媒体的

① 习近平：《加快推动媒体融合发展 构建全媒体传播格局》，《求是》，2019年第6期。

争奇斗艳，各种媒体都竭力争夺舆论市场。传播载体的多样化为中国精神的传播提供了便利的同时，也不可避免地造成信息传播的分散化，弱化传播主体的权威。

首先，网络载体的分散性意味着人们获取信息的渠道更为多元，党和政府掌握的主流媒体不再拥有对信息的垄断权。信息生产和传播的权力由过去的一元化变为多元化。网民获取信息的渠道变多，往往很多信息网上的"小道消息"传播得比主流媒体的"权威消息"来得早来得快。因为主流媒体需要审核事实来源，而"小道消息"为了争夺眼球和流量往往不负责任地用最快速度传播。这样一来，许多时候"权威消息"在时效性上受到网民的质疑，主流媒体也在权威性上大打折扣，进而影响他们传播的中国精神在网民中间的权威性。

其次，网络载体的分散化意味着信息生产的海量化，主流媒体的权威信息被淹没在信息的洪流里。人们面对海量化的信息，注意力很难再集中于主流媒体的宣传。载体的分散多元化，也为信息的生产提供了便利。"信息无处不在、无所不及、无人不用，导致舆论生态、媒体格局、传播方式发生深刻变化，新闻舆论工作面临新的挑战。"[①]人们在新媒体环境下，生产出海量的信息，这些信息的大量涌现，稀释了主流媒体传播的中国精神的分量。网络上大量无用的信息占据了人们的时间。由于市场经济的发展，西方资本也会渗透到国内的传媒，一些媒体受到资本的驱使，甘当资本的代言人，在网络空间传播一些错误的言论。这些错误的舆论蛊惑人心，消解了主流媒体对中国精神的正面宣传作用。

最后，网络载体的分散化导致网络管控难度加大，对错误舆论的纠正难度加大。由于网络去中心化、扁平化的传播特点，"一张图、一段视频经由全

① 习近平：《加快推动媒体融合发展 构建全媒体传播格局》，《求是》，2019 年第 6 期。

媒体几个小时就能形成爆发式传播,对舆论场造成很大影响"[①]。大量网络媒体的存在,不断为了获取流量而使出浑身解数,网民的思想焦点和注意力不停地被网络热点牵引着。由于网民素质良莠不齐,面对复杂网络信息不辨真伪,于是许多似是而非的观点言论得到大量转发评论。一些不实的谣言、谎言在网络平台传播扩散。许多不良媒体或个人,为错误观点的传播推波助澜,中国精神在网络空间的辐射力被不断压缩。而澄清真相和宣传正面典型的信息往往不会像谣言传播得那么快,正所谓"好事不出门,坏事传千里"。很多错误信息分散在各个不同的网络平台,得不到及时纠正,继续误导网民。在此情况下,尤其需要加强中国精神在网络空间的传播。

3.信息核心技术依赖性,留下中国精神的发展隐患

习近平强调:"没有网络安全就没有国家安全,就没有经济社会稳定运行,广大人民群众利益也难以得到保障。"[②]党的十八大以来,以习近平同志为核心的党中央高度重视网络安全工作,高度重视信息技术核心技术的发展,取得了一系列重大成就,个别领域取得突破性进展,达到国际领先水平。然而"核心技术是我们最大的'命门',核心技术受制于人是我们最大的隐患。"我们与发达国家之间的技术鸿沟并未消除,互联网核心技术依然掌握在西方国家手中,"卡脖子"的风险实实在在存在着。"不掌握核心技术,我们就会被卡脖子、牵鼻子,不得不看别人脸色行事。而真正的核心技术是花钱买不来的、市场换不到的。"[③]

核心信息技术的受制于人,给中国精神的传播带来巨大隐患。首先是打击民族自信心。美国依靠掌握的互联网核心技术,可以任意打压中国,肆意

① 习近平:《加快推动媒体融合发展　构建全媒体传播格局》,《求是》,2019年第6期。

② 《敏锐抓住信息化发展历史机遇　自主创新推进网络强国建设》,《光明日报》,2018年4月22日。

③ 《突破核心技术　建设数字中国——四论贯彻习近平总书记全国网信工作会议重要讲话》,《人民日报》,2018年4月25日。

制裁中国通信企业,使中国通信企业发展面临巨大困难,可谓举步维艰,为了求发展不得不委曲求全,接受一些苛刻的条件。在鸦片战争150多年后还要再次遭受西方势力的欺凌,这严重打击了中华民族的民族自信心,伤害了中华民族的感情。其次是影响国家安全。谁拥有互联网的核心技术,谁就拥有制定互联网规则的绝对话语权和全球网络信息支配权。目前,全球互联网运行必需的根服务器大部分掌握在美国人手中，互联网发展的命脉被美国控制。我国尽管是互联网大国,但不是强国。技术方面还要受制于人,十分被动。一旦美国对我们“断网”,后果不堪设想。在“缺芯少魂”的情况下,很多核心技术和设施不得不依赖进口。进口的软硬件不排除会存在技术漏洞,有时候甚至是人为故意设置的“后门”,目的就是窃取我国的机密信息。关系国家安全的信息如果被窃取和利用,我国的国家安全就暴露在巨大风险之中。中国精神的发展便无从谈起。

4.信息生态环境复杂性,恶化中国精神的传播环境

良好的网络生态环境是所有人的福利，人们可以尽情享受网络带来的便利条件。但是目前网络空间并非美好的世外桃源,反而成了一些人眼中的“法外之地”,他们利用网络的虚拟性、匿名性、复杂性,胡作非为,在网络舆论场搞乱人心,攻击社会主义制度和党的领导,导致网络空间杂草丛生,仿佛荒蛮之地,许多匪夷所思的事情发生了。如网络暴力给当事人带来身心的巨大伤害,而维权又比较难,这种情况也不利于中国精神的传播。被资本绑架的网络平台,抵制假恶丑的信息不力,导致宣传中国精神的内容不能得到流量支持,反而是为资本代言的信息得到大肆传播,误导网民。境外敌对势力也会利用资本投资控制网络平台,培养代言人和水军,发表反动言论,造成声势浩大的反动舆论宣传。网络谣言、淫秽信息、暴力信息也是层出不穷,瓦解着人们的精神意志,动摇了人们的民族精神和时代精神。

5.信息传播茧房化，堵塞中国精神传播通道

大数据技术的发展，算法的日益成熟，人工智能和信息推送技术可以帮助人们从大量的网络信息中找到自己需要的信息，节约了寻找信息的成本。同时，各个网络媒体也会根据用户的喜好主动推送用户感兴趣的信息。在这种情况下，人们容易被自己所营造的特定信息环境包围，构建了一个犹如蚕茧一样的密闭信息空间，而接触不到更多的信息，这就是所谓的“信息茧房”。这一现象被美国学者凯斯·R.桑坦斯发现，并在《信息乌托邦——众人如何生产知识》一书中提出来。待在信息舒适圈里久了，会患上“信息挑食症”，导致精神世界的缺失。信息茧房现象的存在，会阻碍中国精神的传播。首先，信息茧房的存在会降低中国精神传播信息的受众群体，因为大数据算法的筛选机制，会将中国精神传播信息定向推送给特定人群的同时过滤掉那些没有表现出兴趣的人。这样把中国精神的传播就限定在了本身已经有兴趣的人群中间，不利于中国精神网络传播接受群体的扩大。其次，信息茧房会降低中国精神的传播量。算法推送机制下信息茧房的存在，使得中国精神信息在网络传播过程中，传播量达不到预期目标，因为网络流量是由算法根据信息传播的热度和频度决定的，往往一些吸引流量的信息与中国精神背道而驰。最后，信息茧房的存在会让人产生固化偏见，不利于培育平和理性的社会心态和全面的信息素质。那些愿意接受中国精神网络信息的人，也并非都是全面的接受中国精神，往往也会偏于接受中国精神某一方面的信息。比如，有的人可能接受爱国主义的信息比较多，而热爱和平方面的信息少，在某些情况下就易于产生狭隘民族主义思想，面对中美经贸摩擦等问题，就选择简单的暴力方式解决，认为闭关锁国不与美国往来才是解决方案，这实际上就是误解了中国精神。信息茧房不利于人们全面把握中国精神。

三、新时代加强中国精神培育的路径

（一）加强党的领导是中国精神培育的根本保证

习近平深刻指出："坚持党对一切工作的领导。党政军民学，东西南北中，党是领导一切的。"[①]鸦片战争以来的中国近现代史已经充分证明，办好中国的事情关键在党的领导。只有党才能团结带领中国人民推翻"三座大山"，反帝反封建，建设一个新中国；只有加强党的领导，才能充分发展中国的政治、经济、文化；只有党的领导才能保证中国精神朝着光明的地方去。中国精神培育必须要有党的领导，"党的领导是社会主义文艺发展的根本保证"[②]。加强党的领导是新时代中国精神培育的根本保证。只有坚持党的领导才能够保证中国精神培育向马克思主义的方向，科学的、大众的方向，社会主义的方向前进。只有坚持党的领导才能够保证中国精神不受外来西方文化的侵蚀。只有坚持党的领导才能够保证中国精神培育机制进一步激活，全面落实立德树人的根本目标。

（二）坚定的文化自信是中国精神培育的底气所在

文化自信是一种坚强的巨大的力量，是我们面对西方文化、外来文化时内在发出的伟力，有了这种力量，我们就有足够的信心和勇气抵御一切的西方文化侵略和文化殖民，因此要坚定文化自信，加强民族文化自觉。习近平

① 习近平：《决胜全面建成小康社会　夺取新时代中国特色社会主义伟大胜利——在中国共产党第十九次全国代表大会上的报告》，人民出版社，2017年，第20页。

② 习近平：《在文艺工作座谈会上的讲话》，《光明日报》，2015年10月15日。

深刻指出:“文化自信是更基本、更深沉、更持久的力量。”[①]因此必须坚定树立文化自信,在文化自信中生长出中国精神的力量来。文化自信的这种力量来源在于这种自信是一种特别的、非同一般的自信。“文化自信,是更基础、更广泛、更深厚的自信。”[②]这种自信来源于我们五千多年悠久的文明历史,来源于中国最广大人民群众的文化实践,来源于“党和人民伟大斗争中孕育的革命文化和社会主义先进文化。积淀着中华民族最深层的精神追求,代表着中华民族独特的精神标识”[③]。站在中华民族祖先世世代代耕种的家园土地上,吸吮着中华民族先人遗留下的文化精神营养产品,没有理由不自信,没有理由不自豪,没有理由不油然而生对于中华文化、中国精神的崇高感情,涌起深深的信仰之情,从而坚定文化自信,这种文化自信又是我们加强中国精神培育的信心、勇气和底气所在。

(三)弘扬中华优秀传统文化是中国精神培育的文化底色

20世纪初期,中华民族面临严重的民族危机,中华传统文化也受到西方文化为代表的外来文化的冲击,要打倒者有之,要改造者有之,要替代者有之,对待传统文化的历史虚无主义者更是有之,中华传统文化遭受严重的破坏割裂,其消极影响直到今天仍然没有完全消除。文化传统不能随便割裂,因为“文化是一个国家、一个民族的灵魂”[④]。数典忘祖甚至妄图割裂历史不是科学的态度,正确的做法是要取其精华、去其糟粕,古为今用,推陈出新,重塑中华优秀传统文化,让优秀传统文化滋养今天的国人,帮助当代人重塑

---

① 习近平:《结合中国特色社会主义伟大实践　加快构建中国特色哲学社会科学》,《光明日报》,2016年5月18日。

②③ 习近平:《在庆祝中国共产党成立95周年大会上的讲话》,《光明日报》,2016年7月2日。

④ 习近平:《决胜全面建成小康社会　夺取新时代中国特色社会主义伟大胜利——在中国共产党第十九次全国代表大会上的报告》,人民出版社,2017年,第40页。

民族的信心和信仰,“没有中华优秀传统文化、革命文化、社会主义先进文化的底蕴和滋养,信仰信念就难以深沉而执着”①。中国精神的培育,必须展现中华传统文化时代之风采与永久之魅力。中华优秀传统文化“积淀着中华民族最深沉的精神追求,代表着中华民族独特的精神标识”②,深深地塑造和影响着当代中国人的思想情感、人文精神、价值观念、道德意识,等等,必定是中国精神培育的底色所在。

(四)社会主义文化是中国精神培育重要的精神支撑

一个人要有一点精神,一个国家、一个民族也要有一种精神;人没有精神就是行尸走肉,国家民族没有精神就缺乏力量,就会衰落甚至灭亡。要培育中国精神必须要有文化支撑,这个支撑就是社会主义文化。习近平指出:“实现中国梦必须弘扬中国精神。这就是以爱国主义为核心的民族精神,以改革创新为核心的时代精神。这种精神是凝心聚力的兴国之魂、强国之魂。”③要实现中国精神培育的理想目标,必须用中国特色社会主义文化为中国精神培育注入文化灵魂。必须大力弘扬和培育社会主义文化,必须大力弘扬和培育以爱国主义为核心的民族精神,必须大力弘扬和培育以改革创新为核心的时代精神,必须大力弘扬培育和践行社会主义核心价值观。“社会主义核心价值观是当代中国精神的集中体现”④,弘扬中国精神,还要充分发挥社会主义核心价值观凝魂聚力、凝聚人心的重要作用。

---

① 习近平:《全面贯彻落实党的十八届六中全会精神 增强全面从严治党系统性创造性时效性》,《光明日报》,2017 年 1 月 7 日。

② 习近平:《在中国文联十大、中国作协九大开幕式上的讲话》,《光明日报》,2016 年 12 月 1 日。

③ 习近平:《在第十二届全国人民代表大会第一次会议上的讲话》,《光明日报》,2013 年 3 月 18 日。

④ 习近平:《在中国文联十大、中国作协九大开幕式上的讲话》,《光明日报》,2016 年 12 月 1 日。

(五)讲好中国故事、传播好中国声音是中国精神培育的必经之路

国际话语权与一个国家的文化软实力息息相关，在国际上拥有强大的话语权是一个国家精神文化有竞争力的重要标志。中国精神的培育，必然会经历一个由刚开始在国际上没有声音，到微弱的声音，到高强音，再到人家来主动听你说的这样一个过程。“随着近年来中国经济社会的快速发展，中国文化的发展也越来越受到世人关注，世界各国汉语热的兴起就是明证”①，中国精神、中国文化受外国人关注，各国学汉语的人在逐渐增多，都为讲好中国故事、传播好中国声音创造了良好的条件。中国精神培育的过程，必然是一个讲好中国故事、传播好中国声音的过程。在当前国际形势纷繁复杂，西方媒体对中国的歪曲不实报道比比皆是，只有“传播好中国声音，讲好中国故事，向世界展现一个真实的中国、立体的中国、全面的中国”②，才能让世界了解中国，理解中国的政策。能够讲好中国故事，本身就是中国精神、中国文化软实力的一种体现；能够传播好中国声音，充分说明我们的国家民族有力量。在通向文化强国的道路上，必定会出现更多更好的中国故事和中国声音。

---

① 杨金海：《马克思主义中国化研究的文化维度》，《广西社会科学》，2012 年第 2 期。

② 习近平：《在中国国际友好大会暨中国人民对外友好协会成立 60 周年纪念活动上的讲话》，《光明日报》，2014 年 5 月 16 日。

第十七章　关于思政课教师提升教育教学能力的思考

习近平在学校思想政治理论课教师座谈会上深刻指出："思政课是落实立德树人根本任务的关键课程，思政课作用不可替代，思政课教师队伍责任重大。"①思政课与普通课程的区别就在于，这门课程的根本任务在于落实立德树人，因此是一门不可替代、独一无二、绝无仅有的关键课程。办好思政课，上好思政课，在于思政课教师队伍。思政课教师肩负着培养社会主义建设者和接班人的伟大历史使命，责任在肩，使命光荣，责任重大。习近平还指出："思政课建设中的一些问题亟待解决……课堂教学效果还需要提升，教学研究力度需要加大、思路需要拓展。"②这就对思政课教师的教育教学能力提出了更高的要求，思政课教师不能因循守旧、照本宣科式地开展思政课教学，而是应该坚持广泛的学习，"除了具有马克思主义理论功底之外，还要广泛涉猎其他哲学社会科学以及自然科学的知识"③。只有坚持学习才能不断

①②③　习近平：《思政课是落实立德树人根本任务的关键课程》，《求是》，2020年第17期。

提高教育教学能力和素养，才能适应新时代思政课育人的需要，才能增强教书育人的获得感、幸福感。

一、思政课教师提升教育教学能力的重要意义

（一）新时代对思政课教师的要求

新时代对思政课和上思政课的教师都提出了新的要求，新时代的重要特征就是人民群众对包括教育文化在内的精神需求的要求更高。习近平在党的十九大报告中指出："中国特色社会主义进入新时代，我国社会主要矛盾已经转化为人民日益增长的美好生活需要和不平衡不充分的发展之间的矛盾。"[①]如果说之前对思政课的要求是好，那么新时代对思政课和思政课教师的要求就是精益求精的更好。新时代之前，思政课堂在苏联的影响下，过分强调了"灌输论"，造成填鸭式课堂，对学生的要求也仅仅是知其然，而不知其所以然，所以思政课教师提高教育教学能力的动力严重存在不足。进入新时代，国家统筹政治、经济、文化、社会、生态五位一体，全面加强、全面提高，人民群众对作为一种文化形态的教育要求相应提高。新时代思政课教师理应顺势而为、与时俱进，提升自己的教育教学能力，然而还是有许多思政课教师的思想素质和业务能力不能很好地适应新时代的客观要求，不能跟上新时代的新形势、新任务、新挑战。在2019年由教育部等五部门印发《〈关于加强新时代中小学思想政治理论课教师队伍建设的意见〉的通知》中指出："部分中小学思政课教师的思想政治素质、专业素养和教育教学能力不能很

---

① 习近平：《决胜全面建成小康社会　夺取新时代中国特色社会主义伟大胜利——在中国共产党第十九次全国代表大会上的报告》，人民出版社，2017年，第11页。

好适应培养时代新人的要求。”[①]新时代要立德树人，要培养时代新人，需要的是高素质的教师，高素质的能力，部分中小学思政课教师是无法满足的，这样思政课教师就非常有必要在提高教育教学素质上面下功夫。新时代已经发出了呼声，提出了新要求，因此新时代的思政课教师响应呼声，满足新要求刻不容缓。

（二）建设高素质专业化思政课教师队伍的需要

习近平在教育文化卫生体育领域专家代表座谈会上要求：“建设高素质教师队伍，培养更多一流人才。”[②]建设一支高素质思政课教师队伍才能为建设一流人才提供坚实的思想教育保障。面对国际之间的竞争，关键在于人才，人才的关键在于教育培养，教育培养的关键在于教师，教师从事教育教学工作能否见到成效关键在于教师本身的素质水平，因此建设一支高素质专业化教师队伍，是面对国际挑战新形势的必然要求。教师提高教育教学能力又是建设高素质教师队伍的题中之义。在《国民经济和社会发展第十四个五年规划和2035年远景目标纲要》中指出要“提升教师教书育人能力素质”[③]。建设高素质思政课教师队伍必然对教师能力提出更高的要求，教师的教育教学能力素质必然关系到这支队伍建设的成败。

（三）深化教育改革的需要

教育改革就是要促使教育现状向有意义的方向发生改变。在《中华人民共和国国民经济和社会发展第十四个五年规划和2035年远景目标纲要》中

---

① 《关于加强新时代中小学思想政治理论课教师队伍建设的意见》，《中华人民共和国教育部公报》，2019年第11期。

② 《在教育文化卫生体育领域专家代表座谈会上的讲话》，《光明日报》，2020年9月23日。

③ 《国民经济和社会发展第十四个五年规划和2035年远景目标纲要》，《光明日报》，2021年3月13日。

指出:“深化新时代教育评价改革,建立健全教育评价制度和机制,发展素质教育,更加注重学生爱国情怀、创新精神和健康人格培养。”[①]这对教育改革指明了方向,就是要改革教育评价方式,建立健全新的评价制度机制,更加注重学生爱国主义精神的培养,培育学生健康的身心人格。无论怎么改革,改革的基本导向必然是立德树人,教育改革对思政课教师的要求更高了。思政课是基础性的课程,涉及人的思想道德政治素质,教育改革要往深里走,保持思政课只能更好是必然要求,这就对思政课教师的能力素质提出了更高的要求。思政课如果不能稳步提高,教育的改革将成为空谈,思政课提高的前提是思政课教师的素质的提高。

(四)思政课教师专业成长的需要

思政课教师专业化发展是提高思政课教育质量的关键。学生思想政治教育主要是思政课教师的工作,学校思政课质量高低主要由思政课教师来决定。一所学校可能硬件设施很好,房子漂亮、仪器先进、设备齐全,学校领导也很重视思想政治工作,但是思政课教师专业发展不够好,其思想政治教育的质量也不会高,学生品德的形成也会受到影响。再者,思政课程的执行者是思政课教师,再好的教材、理念、内容,没有优秀的思政课老师,思政课程也上不好。思政课教师专业化发展是青少年学生品德发展的根本保障,思想政治教育是为学生一生的品德奠基的,从一切为了学生出发,只有通过教师的成长才能促进学生的成长。没有思政课教师的专业成长,就没有学生更好的品德发展。思政课教师如果教育教学能力不高,就会失去专业发展的动力源泉。无论是要提高思政课的教育教学实效,还是要更好地建设思政学科,思政课教师都需具有完善而丰富的知识体系、较高的理论水平和一定的

---

① 《国民经济和社会发展第十四个五年规划和2035年远景目标纲要》,《光明日报》,2021年3月13日。

教育教学科研能力。因此，思政课教师应提高学识修养，关注学科前沿问题，及时调整知识结构，提升教育教学的科研意识和科研能力。

（五）思政课教师幸福感、获得感、成就感的需要

思政课教师的幸福感，一部分来自国家对他们提供的良好工作环境、较高的劳动收入报酬；另一部分来自学生、家长、社会对他们工作的肯定带来的成就感。毫无疑问，思政课教师的幸福感也会影响到思政课的教育教学质量。工资不低于公务员水平，生活稳定富足，在物质上获得了充分满足。根据心理学家马斯洛的需求层次理论，人的需要有五个层次，一个人只有在低层次欲望得到满足之后，才会激励起对更高一个层次的需求。在衣食住行等基本生活需求满足以后，思政课教师就有被尊重和归属感的需要。思政课教师被学生所尊重和敬仰，学生对思政课教师的这种激励反馈，让思政课教师感受到了教书育人的乐趣，感受到了人生的意义和价值，反过来又促使思政课教师安心从教，钻研教育教学，以更高质量的课堂教学来回报学生。思政课教学质量提高了，思政课教师个人的幸福感、获得感、成就感都会随之而来，又会促使思政课教师更加努力地工作，从而成为一个良性的循环。

（六）思政课教师减缓职业倦怠感的需要

教师职业倦怠感又称教师工作倦怠感，是指教师在自己的工作岗位上应对工作压力时的极端消极反应，在这种极端消极反应情况下，教师的情绪、态度和行为会出现衰竭。具体描述就是，教师在工作岗位中出现对工作缺乏兴趣，没有激情，进取心削弱，责任感降低，工作效率不高等现象。这种现象一般直接或间接影响到教师作为专业人员功能的发挥，影响教师个体的身心健康。思政课教师作为教师大家族中的一员，也会经历职业倦怠感。虽然职业倦怠感跟管理体制的不当，学校出现的“官本位”思想，学校缺乏民

主管理等外部环境有着密切的关系，但是从主观上来说，与教师的教育教学能力也是密不可分的。一位教育教学能力低下的思政课教师，不会受到学生和社会的尊重认可，也体会不到立德树人、得天下英才而育之的趣味，随之而来的自然而然就是职业的倦怠感，因此思政课教师要长久保持对教育事业的兴趣，就必须努力钻研教育教学理论，提高教育教学能力，做一位优秀的教师。

二、思政课教师应该具备的教育教学能力素质

（一）坚定的马克思主义信仰

思政课教师要培养学生正确的理想信念，自己首先必须要有正确的理想信念。习近平指出："要让有信仰的人讲信仰。"[①]要培养学生对马克思主义真正的信仰和对中国特色社会主义伟大事业的坚定信念，思政课教师必须自己具有这样的信仰信念，对马克思主义的坚定信仰必须建立在真学、真懂、真信、真用的基础之上。马克思主义不是一成不变的，而是与时俱进、常用常新的，这就需要思政课教师勤于学习，善于运用，融会贯通，真懂真信。思政课教师自己懂的深刻、信的坚定、讲的透彻，才有说服力、感染力，才能让学生真正的信服，从而见贤思齐，向自己的思政课教师看齐，做一个真信的马克思主义者。

（二）立德树人的高尚情怀

思政课教师必须要有热爱教育事业，热爱教书育人，立德树人的高尚情

① 习近平：《思政课是落实立德树人根本任务的关键课程》，《求是》，2020 年第 17 期。

感。正是思政课教师的这种高尚情感,能够打动学生的心灵,引导学生自觉成长成才。“教师在课堂上展现的情怀最能打动人,甚至会影响学生一生。真信才有真情,真情才能感染人。”[①]习近平曾经讲到对焦裕禄一往情深的原因,因为在他初中一年级的时候,“政治课老师在讲述焦裕禄的事迹时数度哽咽,一度讲不下去了,捂着眼睛抽泣”[②]。政治课老师在课堂上表现出来的高尚而真挚的感情,让包括习近平在内的学生心灵受到极大的震撼,从而受到灵魂的洗礼,思想的震颤,自觉向焦裕禄看齐学习。一位优秀的思政课教师要具备三种高尚情怀:家国情怀、传道情怀、仁爱情怀——对国家民族命运的深切关注之心,对党和人民教育事业的崇高情感,对学生关心关爱的仁爱之情。

(三)善于创造性开展教学工作

思政课不是仅仅教会学生现成的结论,教会结论还不能算成功,更重要的是培养学生的思维能力。当今世界日新月异,国际国内各种现象光怪陆离、各种社会思潮层出不穷。思政课教师不可能把每一个现象,每一个问题背后的逻辑告诉学生,只能是教给学生科学的思维方法,让学生自己掌握辩证唯物主义和历史唯物主义这一重要的思想武器,能够运用这一重要的思想武器来分析、判断、辨别,从而得出正确结论。俗话说,授人以鱼,不如授之以渔。授人以鱼似乎简单得多,普通科目的教师或许会满足于给学生现成的结论,但是思政课教师不能满足于此,授之以渔是高难度的工作,不是轻轻松松就能做到的,因此思政课教学必须提高工作的创造性、创新性。“善于运用创新思维、辩证思维,善于运用矛盾分析方法抓住关键、找准重点、阐明规

①② 习近平:《思政课是落实立德树人根本任务的关键课程》,《求是》,2020 年第 17 期。

律,创新课堂教学。”[①]既要讲取得的成绩,也要讲存在的问题;既要批评、批判不良现象,也要对社会主义的曲折性、前进性有深刻认识。最终让学生树立起对马克思主义理想信念的坚定信心、学会运用辩证唯物主义和历史唯物主义的思维方法。

(四)广泛丰富的学识

思政课教师如果仅仅拘泥于本专业的知识体系之中，就无法解答学生提出来的一些跨学科问题,就会严重削弱所教课程的教学效果。特别是现代社会,学科分工愈来愈精细,学科发展愈来愈深广,涉及思政课的问题越来越多。思政课教师如果仅仅安于自己的一亩三分地上的种植,就无法更广泛借鉴学科百花园的成果,因此要广泛涉猎其他学科的知识。“要善于利用国内外的事实、案例、素材,在比较中回答学生的疑惑。”[②]要更多地掌握和占有材料,用丰富的素材来教育学生,引导学生。用各学科丰富的材料来说话,比干巴巴的说教更有说服力。思政课教师要掌握更多材料,就要广泛学习,丰富自己的知识体系和文化素养。

(五)严格遵循教育规律和遵守教学纪律

思政课教师教书育人不仅要遵循教育科学的一般规律，还要遵循思政课特殊的规律,即思政课区别于其他学科课程的独特规律。遵循规律,按照规律开展教育教学工作,才能达到预期的效果;违背教育规律的教育教学必定是徒劳无功的。人的品德的养成,有其特殊的规律,思政课教师要积极探索规律,学习规律,运用规律。思政课教师还应该严格遵守纪律,遵守学校的规章制度,遵守党纪国法,“既要遵守教学纪律,也要遵守政治纪律和政治规

①② 习近平:《思政课是落实立德树人根本任务的关键课程》,《求是》,2020 年第 17 期。

矩，做到课上课下一致、网上网下一致”[①]。课上不能讲的，课下也不能讲；在现实生活中不能乱说的，在网络虚拟世界也不能乱说，做到言行一致，表里如一，严格遵守政治规矩。思政课教师遵守政治规矩，不是要噤若寒蝉，不要担忧抓辫子、扣帽子、打棍子，不能回避矛盾，回避问题，回避教学的重难点，只要政治方向是正确的，该讲矛盾的矛盾要讲、该碰的问题要碰、该钻的“矛盾窝”要钻。坚持做到严格遵循教育规律和遵守教学纪律的有机统一。

（六）高尚的人格魅力

“有人格，才有吸引力。亲其师，才能信其道。”[②]思政课教师让学生信服的不仅是高超深厚的学术修养，更是高尚的人格感召。思政课教师要有堂堂正正，光明正大的人格，用高尚人格率身垂范，用高尚人格潜移默化，用高尚人格熏陶教育，使学生感受到高尚人格魅力的感召。思政课教师要自觉提高修身修为的境界和水平，用“吾日三省吾身”的精神来加强自身修养，力争做一个知行合一、言行合一、表里如一的楷模，成为学生学习的榜样，人格的模范，学生喜爱的人。

三、思政课教师提升教育教学能力的路径

一个人必须在事上磨炼，方能够立得住脚跟，方能提高自己。只要功夫深，铁杵磨成针。只有持之以恒、坚持不懈、经常学习和培养锻炼，才能提高能力水平。教育部门要有针对性地优化思政课教师成长路径，通过各种培养锻炼让思政课教师在“经风雨”中长才干、长能力、长本领。

①② 习近平：《思政课是落实立德树人根本任务的关键课程》，《求是》，2020 年第 17 期。

(一)加强党性修养教育

思政课教师首先是党的干部。当前思政课教师绝大多数都是党员干部。习近平指出:“坚持好干部标准,把政治标准放在第一位”①。“干部要成长起来,必须加强马克思主义理论武装。”②天下之德,莫过于忠。要突出既红又专,把政治过硬放在首位,充分发挥教研培训部门在培养教育思政课教师中主渠道、主阵地之作用,运用本省本地区甚至全国优秀红色优势资源,加强思政课教师理想信念和党性教育,不断提高思政课教师的政治忠诚度、政治定力、政治担当、政治能力、政治自律。

(二)强化教学一线磨炼

思政课教师也是干部,其成长也符合干部成长的规律。习近平指出,“干部素质培养是一个长期过程,不是朝夕之功。刚参加工作的干部就像小树苗一样,需要精心浇灌、修枝剪叶,基础打扎实了才能茁壮成长”③。一线是教育改革的主战场、教育研究的最前沿,思政课教师到教学一线工作,最能磨炼意志、增长才干。要积极引导思政课教师在实际工作中、到艰苦环境里历练水平,选派思政课教师到乡村学校等岗位接受锻炼,切实让思政课教师经风雨、受考验,在教育工作中淬火历练,从中锻炼和增强意志,提升教育能力,积累教育教学工作经验。

---

① 习近平:《切实贯彻落实新时代党的组织路线　全党努力把党建设得更加坚强有力》,《光明日报》,2018 年 7 月 5 日。

② 习近平:《在常学常新中加强理论修养　在知行合一中主动担当作为》,《光明日报》,2019 年 3 月 2 日。

③ 习近平:《在全国组织工作会议上的讲话》,《当代党员》,2018 年第 19 期。

（三）补足知识能力短板

人没有生而知之者，特别是随着外部环境的变化，思政课教师的自身能力和本领肯定会随之出现短板和不足，应当推动思政课教师在学习教育中完善知识结构、补足能力短板。“要舍得花精力，全面系统学，及时跟进学，深入思考学，联系实际学”[①]。要以更大的思想解放力度，创新学习方式和模式，按照“干什么学什么、缺什么补什么”的原则，尝试菜单式教学，结合专业化需求，开展精准化、个性化培训，增强专业化培训的频次和深度，着力弥补思政课教师的知识空白、能力短板，增强适应新形势新任务的能力。[②]同时，要加大对思政课教师求取更高层次教育、学历等方面出台支持学费减免、时间保障等方面的政策，以帮助其提高专业化能力。

（四）在严格管理中成长

习近平指出：“要建立管思想、管工作、管作风、管纪律的从严管理体系，加强全方位管理。”[③]坚持把全面从严治党、从严管理思政课教师的要求贯穿培养教育全过程，既要严管、也要厚爱，二者并举并重，共同呵护思政课教师，保护思政课教师健康成长。学校应当想方设法多渠道、多方式听取思政课教师的意见，加强和改进管理措施，对存在问题的思政课教师要“咬耳扯袖”，防微杜渐。同时关心关爱思政课教师，做好思想引导，落实经常性谈心谈话、定期走访慰问、健康体检、工会福利、带薪休假、年终绩效等制度，从政

---

① 习近平：《在常学常新中加强理论修养　在知行合一中主动担当作为》，《光明日报》，2019 年 3 月 2 日。

② 参见毋剑侠、郭志恩：《新时代提高领导干部专业化水平的路径选择》，《衡水日报》，2018 年 11 月 21 日。

③ 习近平：《切实贯彻落实新时代党的组织路线　全党努力把党建设得更加坚强有力》，《光明日报》，2018 年 7 月 5 日。

治上、精神上、经济上、工作上、生活上，多层次多方位给予思政课教师关心关注、鼓励支持，促进思政课教师综合能力的提升。

专题七

新自由主义
对大学生思想的影响与对策

第十八章　关于新自由主义的产生、传播及其在中国的影响研究综述①

新自由主义是一种起源于20世纪30年代，兴起于20世纪70年代以后的国际化思潮。随着经济全球化的深入和文化交往的日益密切,新自由主义思潮影响到全球的各个角落,在20世纪80年代逐渐传入中国。就国外研究状况而言,已有相当多的专家学者对“新自由主义”进行了深刻研究。就国内研究状况而言,据不完全统计,已出版研究相关书籍几十部,发表文章上万篇。可见,理论界、学术界已就这一问题进行了一定研究。

一、新自由主义的基本理论观点

(一)三点论

有学者从政治和经济方面把新自由主义的基本观点归结为三点，一是在经济理论方面,新自由主义极力反对公有制,大力鼓吹私有制;二是在政

① 原载于《南昌师范学院学报》(社会科学),作者鲁力,2015年第1期。

治理论方面，新自由主义极力否定国家干预，大力鼓吹自由化；三是在战略和政策方面，新自由主义极力否定社会主义，大力鼓吹全球资本主义化。[①]也有的学者认为新自由主义的理论内涵应该归结为以下三点：第一，新自由主义重新发现了自由市场机制，面对凯恩斯主义的失灵，新自由主义重新发现了古典经济学里面的“看不见的手”和萨伊定律；第二，新自由主义极度贬斥政府进行的经济管理活动，认为政府的决策也要面对信息不对称，也会导致政府失灵，政府对于经济发展不仅不能起到推动作用，反而起到阻碍作用，政府会扼杀创新精神，给经济发展套上枷锁，政府过分干预经济还会带来权力寻租和权钱交易从而导致腐败、效率低下；第三，新自由主义主张严格保护私人产权，私有产权的保护可以激活市场主体的活力，提高经济效率。[②]

（二）四点论

有学者认为新自由主义的经济、政治观点可以概括为以下四点：第一，主张私有制，反对公有制。新自由主义认为私有制比公有制更具效率，更能保障个人自由，因而要大力推行私有制，取消公有制。第二，推崇市场原教旨主义，维护市场竞争，相信市场万能论。第三，否定国家干预，否定国家宏观调控对经济发展的重要作用，否定市场的缺陷，敌视社会主义制度。第四，宣扬有限政府，反对国家福利制度。[③]也有学者认为，新自由主义的理论主张可以归结为四点，第一，反对国家干预经济，主张发挥市场在经济发展中的作用，国家管得太多不利于经济发展，经济危机正是国家资本主义的危机；第二，反对公有制经济，主张私有制经济，因为公有制经济限制个人的自由，所

① 参见周肇光：《如何看待西方新自由主义思潮及其国际影响》，《福建论坛》（人文社会科学版），2007 年第 3 期。

② 参见杜奎峰、程惠霞：《新自由主义经济思潮及其在部分国家实践的再反思》，《当代经济研究》，2003 年第 10 期。

③ 参见张才国：《新自由主义意识形态》，中央编译出版社，2007 年，第 65~70 页。

以缺乏效率，而私有制保障了人们的自由，个人逐利得到肯定和鼓励，充分发挥了人们的创造热情，所以效率比较高；第三，反对国家进行的贸易保护，主张贸易自由，认为贸易自由可以实现国家之间的资源配置，充分利用全世界的经济资源；第四，反对国家实行高福利政策，主张福利个人化，因为高福利政策使人们变得懒惰，导致经济效率低下，降低了人们经济活动的动力。[①]

（三）五点论

有学者从经济学的角度出发把新自由主义的基本理论观点分为五点。第一，信奉市场机制的自发调节作用，把市场机制看成是万能的。第二，肯定私人企业制度的优越性。第三，反对政府对社会经济生活的干预。第四，主张维持市场竞争，反对垄断。第五，坚持传统的健全财政政策。[②]

也有学者将新自由主义的基本观点归纳为以下五点：①市场统治。实现资本货物和服务的自由流动。②削减教育、医疗等社会服务的公告开支。③放松管制。减少任何可能影响利润的政府管制，包括放松对工作环境安全的规定。④私有化。将国有企业出售给私人投资者。⑤抛弃“公共物品”或“共同体”的概念，代之以“个人责任”。[③]

（四）六点论

有学者认为新自由主义的基本观点分为六点。第一，以个人主义为第一特征。第二，私有制是最合理的社会制度。第三，资本主义市场经济具有自我完善性。第四，反对国家进行全面干预。第五，保留垄断资本，消除工会组织。

---

① 参见张建刚、蔡亚志：《对新自由主义微观基础的批判》，《生产力研究》，2010 年第 7 期。

② 参见段忠桥主编：《当代国外社会思潮》，中国人民大学出版社，2010 年，第 51~52 页。

③ 参见李其庆主编：《全球化与新自由主义》，广西师范大学出版社，2003 年，第 44 页。

第六,反对国家福利制度。[①]也有学者把新自由主义的基本理论观点总结为以下六点,一是信赖市场的自发调节作用,认为市场机制会自动调节资源配置,而干预经济会导致信息失灵;二是反对政府对经济的全面干预,认为政府干预会破坏市场的自发调节机制;三是反对政府干预社会经济生活,又不完全反对政府干预;四是主张建立小政府,反对凯恩斯式的大政府;五是严格保护私人产权,极力支持国有企业私有化;六是主张维护市场竞争,反对垄断。[②]

(五)七点论

有学者从经济、政治、战略和政策的角度把新自由主义的基本理论观点分为七点。其中经济理论方面三点,政治理论方面三点,战略和政策方面一点。从经济理论方面来说,新自由主义继承了古典自由主义经济理论的自由经营、自由贸易等思想,大力倡导“三化”。一是自由化,二是私有化,三是市场化。在政治理论方面,新自由主义特别坚持和强调三个“否定”。一是否定公有制,二是否定社会主义,三是否定国家干预。在战略和政策方面,新自由主义极力鼓吹以超级大国为主导的全球一体化。[③]

二、新自由主义的本质

学者们普遍认为新自由主义是垄断资产阶级的意识形态,是为国际垄断资本扩张和侵略服务的,具有反社会主义、反公有制的特点。

---

① 参见梅荣政、张晓红:《论新自由主义思潮》,高等教育出版社,2004年,第24~27页。

② 参见何慧刚:《新自由主义经济思潮述评》,《兰州商学院学报》,2004年第6期。

③ 参见何秉孟主编:《新自由主义评析》,社会科学文献出版社,2004年,第4~5页。

(一)新自由主义具有反社会主义的性质

有学者认为,“新自由主义以利己的‘理性经济人’这种历史唯心主义的假设,作为经济分析的基本前提,崇尚市场机制自发调节,反对政府宏观调控,对社会主义公有制公然采取敌视态度,竭力主张并推行全面私有化的改革,是一种极其鲜明的具有私有制意识形态性质的经济思想”①。有学者认为,新自由主义作为国际垄断资本主义的主流意识形态,它适应了资本主义由国家垄断向国际垄断转变的要求,其理论思潮、思想体系和政策主张宣扬的意识形态终结论指向的就是社会主义意识形态,因而具有反社会主义的性质,其目的在于消解马克思主义意识形态,瓦解思想领域的民族性、国家性和社会主义性。②

(二)新自由主义是国际垄断资本的意识形态

有学者认为,“尽管新自由主义经济学把‘自利的人’和‘看不见的手’的作用无限夸大,并给以若干种所谓‘客观化’的理论证明,但都不能掩饰其意识形态的特征——为某些利益集团服务的价值取向”③。有学者认为,“新自由主义是一种新型的国际垄断资产阶级的意识形态,是发达国家假全球化之势与自由市场之名,运用自身优势剥削发展中国家,努力维护资本主义国家占主导地位的世界政治经济秩序的理论工具”④。有学者认为,“新自由主义也称新保守主义是20世纪30年代开始形成和发展起来,20世纪70年代

---

① 李炳炎、王小刚:《社会主义经济改革和新自由主义经济改革的本质区别》,《马克思主义研究》,2007年第8期。

② 参见张才国:《意识形态终结论与新自由主义的意识形态本质》,《探索》,2006年第6期。

③ 余洁鸥:《试述新自由主义经济学的意识形态性》,《中国集体经济》,2010年第4期下。

④ 周琴:《作为意识形态的新自由主义的本质及其危害》,《安徽教育学院学报》,2007年5期。

以后在西方取得优势和主导地位的意识形态和理论学说"①。有学者认为，"新自由主义表面上是为全人类谋利益，但实质上，它是为国际垄断资产阶级服务的。新自由主义的目标是建立以国际垄断资本为主导的全球新秩序和资本的世界积累制度，是为国际垄断资产阶级的扩张政策服务的"②。有学者认为，"新自由主义根本不是传统经济自由主义的复活，而是日益表现为全球规模的大资本、大政府和大金融的产物"③，是为国际垄断资本服务的意识形态工具。

三、新自由主义的产生、传播及其在中国的影响

（一）新自由主义产生的原因

1.单因说

有学者主要从与凯恩斯主义对立的角度来看待新自由主义的产生。认为凯恩斯主义的失败是新自由主义产生的原因，因为凯恩斯的积极干预政策失败，所以人们想到用自由放纵的办法来管理经济。凯恩斯主义的政策在实践中的失败是新自由主义复兴的直接原因，干预政策失灵，所以人们在实践中只好采用自由放纵的办法。凯恩斯主义自身的理论缺陷是新自由主义得以复兴的又一重要原因。1973—1975 年的经济危机被认为是推行凯恩斯主义政策的后果，这使得新自由主义的复兴有了直接的经济依据和现实契机。④

---

① 罗文东：《新自由主义剖析：实质和影响》，《中共云南省委党校学报》，2004 年第 1 期。

② 张晓：《从拉美经济改革的失败透视新自由主义的本质》，《生产力研究》，2011 年 12 期。

③ [美]约翰·福斯特、罗伯特·麦克切斯尼：《垄断金融资本、积累悖论与新自由主义本质》，武锡申译，《国外理论动态》，2010 年 1 期。

④ 参见段忠桥主编：《当代国外社会思潮》，中国人民大学出版社，2010 年，第 44~46 页。

2.三因说

有学者认为新自由主义产生的原因有三点：一是凯恩斯主义的失灵，二是经济全球化，三是社会主义与资本主义力量发生对比。[①]还有学者提出三因是：一是当时资本主义经济发展中出现了严重的"滞涨"现象，需要寻求不同于凯恩斯主义的新的对策以缓解资本主义的经济矛盾。二是新自由主义提出的政策主张也取得了一些效果。三是资本主义国家社会主义运动浪潮的衰退、一些社会主义国家的蜕变、资本主义社会在20世纪50至70年代初长期未爆发严重的经济危机，使新自由主义有了新口实。[②]

3.五因说

有学者认为新自由主义产生的原因有五点。一是凯恩斯主义的失效，导致对于过度国家干预的反思，走向自由放纵思想。二是福利国家的破产，导致对于国家主导经济的反思。三是全球化理论的大力宣传与炒作。四是社会主义与资本主义两种制度的此消彼长。五是自由主义理论本身的不断调整、革新，新自由主义的发展也不是一帆风顺的，而是在曲折中发展，根据时代的特点不断修改和调整自己的理论，并逐渐扩大其影响。[③]

（二）新自由主义的传播途径

1.制造说

有学者认为新自由主义的传播是资本主义国家为了颠覆他国而有意为之的，是被制造出来的。"新自由主义之登上世界舞台和扮演主角，并不简单地是学者鼓噪、媒体传扬的结果，而是一种非常明确的阶级的、政治的甚至政府有组织行为的产物。它是垄断资产阶级的选择和人为的制造物。这个

---

① 参见李其庆主编：《全球化与新自由主义》，广西师范大学出版社，2003年，第6~8页。

② 参见梅荣政、张晓红：《论新自由主义思潮》，高等教育出版社，2004年，第39页。

③ 参见张才国：《新自由主义意识形态》，中央编译出版社，2007年，第52~64页。

阶级把巨大的荣誉给予它,投入巨额资金扶植它。他们相信'思想总会结出硕果'这曾经是一位新自由主义者的一本书的书名。新自由主义被有意制造出来、推广开去,目的就是由此颠覆社会主义、重新奴役第三世界和强化压迫本国工人阶级,取得资本扩张、利润最大化的绝对自由,实现美国的世界霸权。"[①]

2.经济援助说

有学者认为新自由主义的广泛传播是发达国家通过经济援助而实现的。发达国家通过一系列的经济援助计划使落后国家接受新自由主义。进行经济援助的国际经济组织有:国际货币基金组织、世界银行、世界贸易组织等。以经济援助为名进行的计划有:贝克计划、布雷迪计划、华盛顿共识等。在进行经济援助的同时有意地传播新自由主义的理念和思想。新自由主义随着发达国家的经济援助而在全世界广泛传播开来。[②]

3.学术出版说

有学者认为新自由主义的广泛传播是由于新自由主义著作的出版发行。出版物是新自由主义传播的主要渠道或主要方式。而各种讲坛是由各种新自由主义译著派生出来的传播渠道和方式,著作的出版必然导致在各种讲坛上要对其介绍和述评。各种关于新自由主义的学术讨论会则是传播走向深化的主要渠道和方式,学术研讨会加大了新自由主义的影响。[③]

(三)新自由主义在中国的影响

新自由主义自从传播到中国来以后就产生着重要的影响。新自由主义思潮在中国的影响是全方位的,广泛而深入,在这里主要介绍新自由主义对

---

① 文甘君:《新自由主义缘起考》,《马克思主义研究》,2005年第5期。

② 参见梅荣政、张晓红:《论新自由主义思潮》,高等教育出版社,2004年,第42页。

③ 参见何秉孟主编:《新自由主义评析》,社会科学文献出版社,2004年,第26~27页。

我国意识形态、经济和政治的影响。

1.对我国意识形态的影响

新自由主义作为一种反社会主义的意识形态，一种国际垄断资产主义的意识形态，对我国意识形态产生了很大的消极影响，严重威胁了我国社会主义意识形态的安全。学者们主要从消极方面来分析新自由主义对我国意识形态的影响。

（1）三消极因素说。有学者认为，新自由主义对我国意识形态的影响，主要表现在以下三个方面。一是“意识形态终结论”得以传播，导致人民对马克思主义的信仰受到冲击。二是宣扬以“个人价值为核心”的道德观念在一定范围内得以认可，导致个人主义泛滥。三是主张产权改革与经济体制改革同时并进，影响社会主义基本经济制度。①也有学者认为三个消极影响是，一是鼓吹非调控化、自由化、私有化，以达到意识形态趋同，妄图使我国接受西方资产阶级的那一套意识形态。二是极力推崇个人主义，大力反对集体主义，导致社会主义的伦理原则集体主义被抛弃。三是标榜西方民主和散布社会主义意识形态终结论。②

（2）四消极因素说。有学者认为，新自由主义对我国进行意识形态的渗透，主要表现在以下四个方面。一是宣扬“社会主义意识形态过时论”，影响人们对马克思主义、对社会主义的信仰。二是抨击集体主义、鼓吹个人主义，严重影响了社会主义的价值观念，传播了资产阶级的个人主义思想。三是取消公有制、全面私有化的市场原教旨主义冲击了社会主义公有制经济的主体地位。四是抹杀民族主义，鼓吹经济全球化，危及国家的经济独立和经济安全。③

① 参见王熙：《大众传媒与意识形态的传播——以新自由主义对我国的影响为例》，《社会科学家》，2007 年第 1 期。

② 参见刘繁荣：《浅析新自由主义对我国意识形态的冲击》，《传承》，2011 年第 11 期。

③ 参见张才国：《新自由主义意识形态》，中央编译出版社，2007 年，第 129~135 页。

(3)五消极因素说。有学者认为,新自由主义对我国意识形态的影响,主要表现在以下五个方面。一是积极鼓吹个人主义价值观,影响人们的社会主义的集体主义价值观。二是积极鼓吹私有化,主张国有企业退出一切竞争性领域,影响社会主义公有制主体地位。三是极力散布“国有企业低效率论”,导致人们对国有企业的不满,进而对社会主义公有制不满。四是采用偷梁换柱的手法,用股份制来冒充私有制。五是在借口“经济全球化”的幌子下,鼓吹与西方全面接轨。[①]

2.对中国经济的影响

作为一种在凯恩斯主义失败以后流行的经济学说，新自由主义毁誉参半,从积极的方面说新自由主义弥补了凯恩斯主义的某些不足之处,从消极方面说每一种学说都不可能十全十美包打天下，新自由主义也有它自身不可克服的矛盾和问题。学者们把对新自由主义对我国经济的影响分为积极影响和消极影响两方面来考察,但是以研究消极影响为主。

从积极方面来说,学者们认为新自由主义对中国经济主要有以下影响。

(1)推动转变计划经济体制。有学者认为,新自由主义对中国经济的积极影响主要表现为推动计划经济体制的转变。中国传统的计划经济体制严重地束缚了社会生产力的进一步发展,中国政府审时度势,借鉴新自由主义关于市场主导的理论精华,指出计划与市场同为经济手段,提出资本主义也有计划,社会主义也有市场的著名论断。以此为理论基础,初步建立了社会主义市场经济体制,从而极大地解放了社会生产力,发展了国民经济,增强了社会主义国家的综合国力,取得了经济改革的丰硕成果。[②]

(2)为经济改革提供借鉴。有学者认为新自由主义对我国经济的积极影响主要表现为为经济改革提供了借鉴。正是因为有对新自由主义的这些借

① 参见丁冰:《论新自由主义对我国的影响》,《重庆工商大学学报》(社会科学版),2007年第1期。

② 参见黎映桃:《论新自由主义对当代中国的影响》,《财经理论与实践》,2005年第6期。

鉴打开了我们的思路，拓宽了我们的视野，所以我们才开辟了中国特色社会主义市场经济的伟大道路。这些借鉴主要有，建立社会主义市场机制，尊重人权和人的自由发展，加强法制和政府行为纳入法制轨道，产权改革等。[①]

（3）推动社会主义市场机制形成。有学者认为新自由主义对我国经济的积极影响主要表现在改革开放初期，推动了社会主义市场机制的形成。主要从三个方面推动了社会主义市场机制的形成。“第一，加速了价格双轨机制的瓦解。新自由主义主张全面自由的发展经济，由市场主导价格，迎合了这一时期我国经济发展的需要，而这一理论思潮的传播在很大程度上加速了价格双轨机制的瓦解；第二，促使政府职能转变。新自由主义反对政府对经济进行宏观调控，主张经济自由化，力推私有制，要求政府移开‘看得见的手’，把注意力放在社会治安等问题上，这就对政府职能转变起到了推动作用；第三，对我国企业的股份制改造也起到了一定的作用。新自由主义推崇自由市场经济，主张企业私有化，其观点过于走极端，但对后期我国企业进行股权改革，允许私人、员工参股是起到了启发和推动作用的。”[②]

（4）推动我国社会主义市场经济体制完善。有学者认为新自由主义对我经济的积极影响表现在推动我国社会主义市场经济体制的完善。“首先，新自由主义的反对垄断、鼓励竞争的观点为我们所借鉴，推进了我们的垄断行业改革。我国国有企业引入市场机制，或部分引入市场竞争机制，可以大大提高效率，降低成本和收费，使消费者受益；其次，新自由主义主张少量的有限的国家干预也是合理的、有价值的，对我们实现政企分开也起到了积极的作用。我国长时期以来，政府干预企业的现象十分严重，企业没有太多的自主权，部分国有企业中政企不分的现象仍然存在，所以，我们要进一步减少政府干预的领域和范围，实行政企分开。另外，关于市场是资源配置的有效

① 参见张艳：《“新自由主义”与中国改革》，《经济研究导刊》，2010 年第 7 期。

② 吴雄：《简评新自由主义及其对我国的影响》，《老区建设》，2012 年第 2 期。

机制的观点，关于运用货币政策对经济进行宏观调控以实现国民经济稳定增长的观点，关于加强法制使政府行为纳入法制轨道的观点等都对我国市场经济的不断完善产生了积极的影响。”①

从消极方面说，学者们认为新自由主义对我国经济有以下影响：

(1)使国有企业改革误入歧途。有学者认为在新自由主义影响下的国有企业私有化改革造成很大危害。一是国有资产大量流失，损害了公有制的经济基础。20世纪90年代中期以后的国企改制，国有资产流失愈演愈烈。少数不法分子乘机暗箱操作、收受贿赂、低估贱卖国有资产，这造成了国有资产的大量流失。二是国企私有化改制导致大批职工下岗、失业，生活水平急剧下降，造成日益庞大的城市贫民群体，严重影响社会稳定。三是国企私有化改制导致社会两极分化形成，且难以遏止、日趋严重。四是国企私有化与外资大量过度涌入，严重威胁我国民族产业和经济安全。②

(2)严重削弱我国公有制主体地位。有学者认为，在新自由主义的影响下，改革开放几十年来，我国的公有制主体地位被严重削弱。公有制在总体经济中所占的比重严重下降，而民营经济的总量和所占的比重不断上升，严重威胁到公有制经济的主体地位。③

(3)使我国经济过分依赖外资。有学者认为新自由主义的影响导致我国经济发展过分依赖外资。我国为了加速改革开放，采取了一系列吸引外资的政策，以致外资大量涌入中国。外资占我国国内生产总值(GDP)的40%。而相对而言中国本土企业遭受的是“非国民待遇”，面对外资的竞争，处于劣势。如果外资撤走，中国国内生产总值(GDP)增长将下降一半。长此下去国内企业难以为继。④

---

① 陈旭:《浅析新自由主义对我国市场经济的影响》,《传承》,2010年第5期。

② 参见李炳炎:《必须正视新自由主义对我国改革的干扰及危害》,《探索》,2009年第2期。

③ 参见丁冰:《论新自由主义对我国的影响》,《重庆工商大学学报》(社会科学版),2007年第1期。

④ 参见黎映桃:《论新自由主义对当代中国的影响》,《财经理论与实践》,2005年第6期。

（4）金融危机影响我国经济发展。有学者看到由于新自由主义在全世界泛滥造成的世界金融危机对我国经济有很大影响。一是影响我国实体经济，造成我国经济发展速度放缓，中小企业大量倒闭，大量工人下岗，进出口放缓，尤其是出口大幅度下降，房地产出现严重泡沫。二是影响我国虚拟经济，使我国虚拟经济积聚了大量的金融风险，造成了我国股市的大动荡。[①]

3.对中国政治的影响

学者们普遍认为，新自由主义对我国政治的影响更多的是消极的。

（1）对我国政治安全构成挑战。有学者认为新自由主义对我国政治安全构成了严峻的挑战，首先，新自由主义鼓吹意识形态多元化，意图取消马克思主义的指导地位。其次，新自由主义鼓吹多党制和普选制，意图否定中国共产党的领导。再次，新自由主义鼓吹私有化，意图削弱社会主义的经济基础。最后，鼓吹全面市场化、反对国家宏观调控，意图削弱对民族国家的认同。[②]

（2）取消马克思主义指导地位。有学者认为新自由主义，鼓吹意识形态多元化，意图取消马克思主义的指导地位。并指出，东欧剧变后新自由主义公然宣扬意识形态终结论，社会主义失败论，抓住社会主义改革过程中的失误对马克思主义进行攻击，认为马克思主义连一个学派都算不上，主张意识形态多元论，否定马克思主义的指导地位。[③]还有学者指出，新自由主义希望通过指责马克思主义过时了，否定马克思主义的阶级基础，诽谤马克思主义烦琐、独断，污蔑马克思主义是宗教，是偏激的意识形态，以达到取消马克思主义指导地位的目的。[④]

---

① 参见李志强等：《论新自由主义的消极影响与我国的对策选择》，《南华大学学报》（社会科学版），2010 年第 5 期。

②③ 参见冯来兴：《新自由主义对我国政治安全的挑战及对策》，《学术论坛》，2006 年第 5 期。

④ 参见梅荣政、张晓红：《论新自由主义思潮》，高等教育出版社，2004 年，第 162~163 页。

(3)否定中国共产党的领导。有学者指出,新自由主义意图否定中国共产党的领导。“新自由主义者高举自由、民主的大旗,在全球推行西方的民主化,宣称只有程序民主才是至高无上的,并在全球范围推广这种程序民主,完全不顾其他国家的具体国情和现实需要。认为在中国共产党的一党执政下是没有人民民主可言的,只有实行多党制或两党制,轮流执政,才可以制衡因权力高度集中而产生的各种弊病,才是民主的。”①

(4)削弱民族国家认同。有学者认为,在经济全球化过程中,主张经济全球主义的新自由主义者鼓吹毫无限制的自由放任、自由贸易、自由市场理论,鼓吹民族国家过时论,认为一个摆脱束缚的市场会安排好一切。实质上是削弱民族国家认同,让我国放弃自己的民族产业,甘当跨国资本的附庸或殖民地。②

---

① 冯来兴:《新自由主义对我国政治安全的挑战及对策》,《学术论坛》,2006年第5期。

② 参见冯来兴:《新自由主义对我国政治安全的挑战及对策》,《学术论坛》,2006年第5期。

第十九章　新自由主义对大学生思想的影响研究综述[①]

新自由主义对我国大学生也产生了很大的影响。国内学者对新自由主义思潮对大学生进行影响的原因和造成的消极后果进行了研究。围绕新自由主义对大学生影响的国际、国内原因、新自由主义对大学生发生影响的作用机制，以及新自由主义对大学生政治信仰、价值观、行为的消极影响，理论界学术界进行了深入的探讨与研究，提出了很多真知灼见。

一、新自由主义思潮对大学生产生影响的主要原因

新自由主义思潮对大学生产生影响的原因既有内部的也有外部的，可以说新自由主义思潮对大学生的影响是内部原因与外部原因综合作用的结果。

① 本章原载于《河北青年管理干部学院学报》2014 年第 4 期，作者鲁力。此处为原稿。

(一)外部原因

1.经济全球化的发展

有学者认为,新自由主义思潮伴随着经济全球化而来,发达国家在经济全球化的扩张下,用新自由主义对我国进行渗透,经济全球化削弱了大学生的民族认同感,容易倾向于新自由主义,因而导致新自由主义思潮在大学生中的传播。[①]有学者认为,我国实行改革开放,积极融入经济全球化的进程,为新自由主义在我国的传播带来了便利,正是经济全球化使得西方的新自由主义思潮涌进国门。[②]有学者指出,经济全球化的深入发展必然要求各种资源在世界范围内进行广泛的流动,在经济全球化给世界带来现代文明的同时,文化价值观方面的摩擦和冲突也会加剧,这正是新自由主义在我国传播和影响大学生的重大时代背景。[③]

2.信息技术的发展

有学者指出,网络是新自由主义思潮得以影响大学生的主渠道,大学生主要是靠网络来了解新自由主义思潮的:一是人人网,二是微博,三是凤凰网,四是天涯、猫扑等论坛网。[④]有学者指出,信息技术的发展,互联网的出现,方便了人们获取信息,也给新自由主义的传播提供了机遇,处于信息社会中的大学生容易接收新自由主义思潮的影响。[⑤]也有学者指出,网络媒体在新自由主义思潮传播这一过程中推波助澜,网络成为新一代大学生重要

① 参见覃辉银、谢锦锋:《国际经济因素对大学生民族意识的影响及其思考》,《湖北社会科学》,2010 年第 7 期。

②⑤ 参见黄成忠:《论西方社会思潮对当代大学生的影响》,《人民论坛》,2012 年第 8 期中。

③ 参见李媛媛:《西方社会思潮对当代大学生的影响与对策》,《长江大学学报》(社会科学版),2012 年第 12 期。

④ 参见李亚员:《显著影响大学生的主要社会思潮及原因分析》,《当代青年研究》,2013 年第 1 期。

的生活方式和生活内容，网络打破了时空的界限、身份的界限、理论与实践的界限，恰好迎合了大学生崇尚自由、追求个性、反对权威的特点。大学生在使用网络平台的同时也就接受了网上的关于新自由主义思潮的各种信息，各种网络平台对新自由主义思潮的传播有不可估量的作用。[①]还有学者指出，新媒介环境对于新自由主义思潮在大学生中间的传播起到推波助澜的作用，新媒介（微博、微信）已经覆盖到了大学生生活的所有领域，大学生很容易受到新媒介上信息的引导，新媒介已经成为新自由主义思潮在高校渗透的重要工具，而美国等利益集团也在积极利用新媒介对大学生进行新自由主义的宣传和渗透。[②]

3.社会转型期与社会矛盾的出现

有学者指出，社会矛盾的出现是新自由主义思潮在高校传播的激发因素。当前，我国进入改革攻坚期和矛盾凸显期，高失业率、贫富分化、官员腐败、物价上涨等问题的出现，使大学生对社会民主公正的要求日益强烈，因而容易受到新自由主义思潮的影响。[③]有学者指出，改革开放是深入发展，人们的生活方式、就业方式和我国的经济结构、产业结构等都发生了翻天覆地的变化，催生了人们价值观念的多元化，人们的利益观念不断被强化，在这样的背景下，一些社会问题的出现，为新自由主义证明自身的合理性提供了口实。[④]有学者指出，我国社会转型期的一些特点为新自由主义的传播提供了可乘之机，新自由主义填补了我国经济意识形态的真空，转型期社会多方面的深刻变动造成了人们的价值观念多元化，新自由主义与我国改革的复

① 参见陶倩等:《社会思潮对大学生的影响及引导思考》,《思想教育研究》,2011年第1期。

②④ 参见李媛媛:《西方社会思潮对大学生的影响与对策》,《长江大学学报》(社会科学版),2012年第12期。

③ 参见黄成忠:《论西方社会思潮对当代大学生的影响》,《人民论坛》,2012年第8期中。

杂关系等，这些转型期的特点为新自由主义在大学生中的传播埋下伏笔。[①]

4.西方势力的有意渗透

有学者指出，新自由主义对中国大学生产生影响的一个原因是西方资本主义的有意渗透。西方资本主义国家一直都在对社会主义进行分化、瓦解，并且利用经济全球化的有利时机，采取一切有效的方法来进行这项工作。西方资本主义国家进行的文化渗透和意识形态渗透，不仅西化大学生的思想和意志，还设计私有化方案妄图摧毁社会主义。新自由主义在大学生中的传播正是西方资本主义国家进行的有预谋的文化和意识形态渗透。[②]也有学者指出，冷战结束后，以美国为首的国际资本主义势力亡我之心不死，利用世界社会主义运动的低潮，乘机推销他们的意识形态，影响中国的年轻人。[③]

5.新自由主义传播的巧妙性和隐蔽性

有学者指出，新自由主义在大学生中的传播十分讲求技巧和策略，这为新自由主义的传播奠定了基础。首先，新自由主义注意契合和关注青年大学生关心的现实问题。其次，新自由主义传播周期长。再次，新自由主义注意掌握话语权。最后，新自由主义传播非常隐蔽，潜移默化。[④]有学者指出，新自由主义的理论因为其巧妙地迎合了时代的一些需要，所以对大学生具有很强的诱惑性，尤其是打着自由的幌子，更是迎合了大学生崇尚自由的天性，在大学生中间造成很强的亲和力。[⑤]有学者指出，新自由主义等西方社会思潮

① 参见冉文伟：《新自由主义对大学生的消极影响及其原因分析》，《毛泽东邓小平理论研究》，2007 年第 7 期。

② 参见王杰：《谈新自由主义对我国大学生价值观的消极影响》，《河南广播电视大学学报》，2010 年第 4 期。

③ 参见王新爱、贾建梅：《高校须正视新自由主义思潮的负面影响》，《河北经贸大学学报》（综合版），2009 年第 2 期。

④ 参见周泽红、詹耘：《新自由主义思潮对大学生思想影响的机制及对策探析》，《思想教育研究》，2011 年第 11 期。

⑤ 参见叶宗波、韦鸿鹏：《试论新自由主义对高校理论教育工作的影响》，《学校党建与思想教育》，2010 年 5 月中。

影响大学生的一个重要原因是其新颖性、批判性和现实性，而这也正是马克思主义理论宣传和教育的薄弱环节。[①]

（二）内部原因

1.高校思想政治教育存在漏洞

有学者指出，我国的教育过分注重智育和升学导致德育课没有受到应有的重视，实效性不强，高校思想政治教育缺乏实效性，过分重视形式，没有达到德育的效果，重智育、轻德育的现象十分严重，这使得大学生受新自由主义的影响更大。[②]有学者指出，一些高校的课程设置有缺陷，为新自由主义的传播提供了条件，比如说经济学教育中只注重西方经济学的内容，而忽视马克思主义政治经济学的内容，甚至在一些专业的研究生入学考试中取消马克思主义经济学的内容。[③]有学者指出，传播新自由主义的知识分子主要集中在高校，一些高校思想政治教育工作的乏力，为新自由主义的传播提供了便利。[④]

2.不能正确地对待马克思主义

有学者指出，不能正确地对待马克思主义，是新自由主义影响大学生的重要的主观原因，本来马克思主义是科学性和革命性的统一，但是在一些高校的教学中出现了把马克思主义僵化、神话的问题，这种对待马克思主义的错误方式，导致马克思主义被曲解、被边缘化，这样广大大学生也就失去了

---

① 参见李亚员：《显著影响大学生的主要社会思潮及原因分析》，《当代青年研究》，2013 年第 1 期。

② 参见王杰：《谈新自由主义对我国大学生价值观的消极影响》，《河南广播电视大学学报》，2010 年第 4 期。

③ 参见叶宗波、韦鸿鹏：《试论新自由主义对高校理论教育工作的影响》，《学校党建与思想教育》，2010 年 5 月中。

④ 参见冉文伟：《新自由主义对大学生的消极影响及其原因分析》，《毛泽东邓小平理论研究》，2007 年第 7 期。

对新自由主义的判断力、辨别力，于是受到新自由主义的不良影响。[①]

3.大学生批判思维和从众特点

有学者指出，现代社会是一个广泛交流的时代，大学生对信息的接受和消化能力都有很大提高，有利于培育创新精神创新能力的批判精神也渐长，大学生富于批判精神，这本来是好事，但是大学生又很可能因为看到社会上的一些问题和矛盾，对整个社会产生怀疑和批判，而新自由主义等社会思潮对腐败现象的批评容易在大学生中引起共鸣。同时该学者指出，大学生的从众心理是使他们受到新自由主义思潮影响的重要内部原因。社会思潮的传播通过各种手段，努力形成“大势”，抓住大众关注的问题，排忧解难，满足部分群众的心理需求，给大学生产生很大的心理压力，迫使他们从众。[②]

4.大学生的内部需要

有学者指出，新自由主义影响大学生的一个重要内部原因是满足了大学生的内部需要。一是学习需要，新自由主义经济学、政治学是经济学和政治学的重要流派，相关专业的大学生需要学习。二是交往需要，大学生之间的交往沟通需要了解新自由主义。三是解决问题的需要，面对许多困惑不解的社会问题，大学生希望自己寻找答案。[③]有学者指出，新自由主义思潮影响大学生，正是因为新自由主义的某些理论观点契合了大学生的某种需要，使得大学生首先在情感上对其接受，然后在理性的层面对其认同，最后成为大学生行为的指南。这一过程表现为从情绪感染到情感渗透，然后从认知契合到利益共振，最后从理论整合到价值重构。[④]

有学者指出，新自由主义的一些观点正好符合大学生的时代需求，所以

① 参见肖桂珍、刘军：《新自由主义思潮与高校思想政治教育教学》，《韶关学院学报》（社会科学版），2009 年第 4 期。

②④ 参见陶倩等：《社会思潮对大学生的影响及引导思考》，《思想教育研究》，2011 年第 1 期。

③ 参见李亚员：《显著影响大学生的主要社会思潮及原因分析》，《当代青年研究》，2013 年第 1 期。

在大学生中广泛传播，具体来说新自由主义的个人主义符合大学生追求自我、彰显个性的需求，新自由主义的宪政思想、法制原则、程序正义主张的公平竞争以及对个人自由和尊严的保护，符合大学生渴望公平竞争获得较好职位和追求未来美好生活的时代需求，以及对于不合理现状的担忧和不满，符合大学生渴望消除社会不公正现象的渴望。①

二、新自由主义思潮影响大学生的机制

所谓新自由主义影响大学生的机制也就是新自由主义对于大学生接受活动的影响方式。可以分为宏观机制和微观机制，也可以叫作内部机制和外部机制。宏观机制就是社会活动对大学生接受活动的影响方式，而微观机制就是基于接受主体内部心理特征、思维特征等对于接受活动的影响方式。

（一）宏观机制

有学者指出，新自由主义思潮对大学生影响的宏观机制就是新自由主义透过社会环境影响大学生接受活动的方式，这一过程分为两个方面：首先是媒体信息的推波助澜，通过媒体的传播扩大新自由主义的影响；其次是学术旗手的诱导，通过高校教师和网络名人等学术旗手的宣传鼓动，使大学生对新自由主义更加深信不疑。②有学者认为，新自由主义思潮的传播有三个特点。一是传播领域生活化，即新自由主义思潮把自己的一些主张用一种生活化的方式进行包装，仿佛代表时尚潮流，吸引青年去追逐。二是传播方式大众化，即新自由主义思潮的传播不再满足于以往小众的传播方式，而是利

① 参见王杰：《谈新自由主义对我国大学生价值观的消极影响》，《河南广播电视大学学报》，2010 年第 4 期。

② 参见陶倩等：《社会思潮对大学生的影响及引导思考》，《思想教育研究》，2011 年第 1 期。

用网络这一大众化的方式传播。三是传播方式感性化,即新自由主义思潮采用更加生动活泼、贴近生活的方式来吸引青年,使青年对其产生亲近感。[①]

(二)微观机制

有学者认为,新自由主义思潮对大学生影响的微观机制就是大学生接受新自由主义的心理状况,这一过程分为三个阶段。首先是认证契合,也就是新自由主义的某些理论主张与大学生的一些内部价值需要相吻合,符合大学生价值观的需要,大学生对新自由主义的主张产生共鸣。其次是需求共鸣,也就是新自由主义为大学生的某些行为提供理论依据、理论证明。最后是利益共振,也就是大学生主动认同新自由主义思潮,主动为其提供合法性辩护,把新自由主义看成是自己的利益代言人。这三个阶段就是大学生接受新自由主义的微观过程。[②]

有学者认为,新自由主义思潮对大学生影响的微观机制,表现为四个方面。一是新自由主义在传播过程中注意迎合大学生对现实问题的关注,对中国的社会问题开出很多药方,吸引大学生关注和认同。二是新自由主义在传播过程中呈现波动态势,对大学的影响呈现周期性和长期性,时机好就广泛扩散,时机不好就转入地下等待时机。三是新自由主义在传播过程中采取隐性和显性并重的方式,注意掌握话语权,试图影响现实的决策等。四是新自由主义对大学生的影响具有隐蔽性和渗透性,润物细无声,在大学生没有防备、没有意识的情况下进行影响。[③]

---

① 参见于春江:《论新自由主义与我国青年的主流意识形态认同》,《理论研究》,2011年第3期。

② 参见鲍建竹:《新自由主义思潮对大学生影响的微观分析及引导对策》,《内江师范学院学报》,2011年第5期。

③ 参见周泽红、詹秐:《新自由主义思潮对大学生思想影响的机制及对策探析》,《思想教育研究》,2011年第11期。

三、新自由主义思潮对大学生的影响

新自由主义对我国大学生产生了很大的影响，无论从政治信仰上，还是在人生观价值观，还有生活方式和行为方式上都造成很大冲击，大学生表现出不同于过去的种种特点。

（一）对大学生政治信仰的影响

1.对主流信仰的背离

有学者指出，新自由主义思潮引起了大学生对中国特色社会主义、社会主义核心价值观等社会主流政治信仰和国家观念的背离，导致在大学生心目中马克思主义信仰、社会主义信仰逐渐淡化，难以生根，大学生的信仰观念令人忧虑。[①]还有学者认为，新自由主义否定社会主义，否定党的领导，导致大学生政治热情不高，意识形态观念淡薄，使得大学生的信仰与国家主流意识形态有所偏离。[②]

2.动摇对社会主义的信仰

有学者指出，新自由主义思潮通过对马克思主义进行批判和歪曲，把马克思主义等同于经济决定论，鼓吹意识形态多样化，把社会主义与集权主义相提并论，鼓吹意识形态多元化，鼓吹私有制是人类最理想的制度，动摇了大学生对社会主义的信仰。[③]有学者指出，新自由主义从诞生起就与社会主义为敌，对社会主义进行大肆批判，导致一些大学生对社会主义的认识出现

① 参见强飚、李东海：《辩证看待新自由主义 提高大学生思想教育的针对性》，《江苏高教》，2010 年第 2 期。

② 参见刘瑞娜：《西方新自由主义思潮在大学生中的传播》，《当代青年研究》，2013 年第 1 期。

③ 参见王杰：《谈新自由主义对我国大学生价值观的消极影响》，《河南广播电视大学学报》，2010 年第 4 期。

模糊,从而动摇了大学生对社会主义的理想信念。[①]有学者指出,新自由主义的反社会主义的理论主张，借着我国社会主义改革开放中出现的一些矛盾和问题,影响大学生,使他们对社会主义产生悲观失望的情绪,动摇他们对社会主义的坚定信念。[②]

3.对马克思主义信仰产生消解作用

有学者指出,新自由主义思潮作为一种重要的反马克思主义思潮,对马克思主义批判和对我国社会主义进行了连续不断的攻击，新自由主义把马克思主义的唯物史观等同于经济决定论,把苏联解体、东欧剧变解读为意识形态终结和社会主义意识形态终结,把新自由主义说成是改革的核心方案,鼓吹意识形态多元论,马克思主义过时论,使得一些青年对马克思主义的信仰产生动摇,转而信奉新自由主义或者宗教。[③]有学者指出,新自由主义对马克思主义的持久批判和无耻的污蔑在大学生中间产生不良的影响，使大学生产生了信仰多元的思想,一些人将新自由主义的书奉为经典,新自由主义思潮的反马克思主义倾向对大学生的马克思主义信仰产生消解作用，在一些大学生心中马克思主义失去了指导地位。[④]有学者指出,新自由主义思潮通过宣扬社会主义和马克思主义过时论动摇了当代大学生的社会主义理想和马克思主义信仰。[⑤]有学者指出,新自由主义鼓吹资产阶级自由化的思想,在思想文化领域攻击马克思主义,反对马克思主义的领导地位,鼓吹历史虚无主义,否定党的光辉历史,使得大学生产生思想上的迷茫,理想信仰缺失,

①④　参见冉文伟:《新自由主义对大学生的消极影响及其原因分析》,《毛泽东邓小平理论研究》,2007 年第 7 期。

②　参见闫刚:《新自由主义思潮对当代大学生的影响及对策》,《学理论》,2012 年第 14 期。

③　参见于春江:《论新自由主义与我国青年的主流意识形态认同》,《理论研究》,2011 年第 3 期。

⑤　参见郭建梅:《新自由主义思潮对当代大学生的影响及对策》,《高等函授学报》(社会科学版),2012 年第 8 期。

严重冲击了大学生的马克思主义信仰。[①]

（二）对大学生人生观、价值观的影响

1.影响大学生的集体主义价值观

有学者指出，新自由主义的个人主义方法论助长了部分大学生的个人本位和反集体主义倾向，新自由主义者哈耶克、诺奇克等人的个人自由至上的方法论原则把个人置于社会之上，把个人的社会性抽空为原子式的个人，把个人与社会对立起来，全盘否定集体主义价值观，使得青年学生更加以自我为中心，对集体主义价值观更加不屑一顾，不能正确认识个人和集体、个人和社会以及个人和国家的关系。[②]还有学者指出，新自由主义坚持个人主义，将个人利益看得高于一切，把个人与集体、人与社会对立起来，全盘否定集体主义价值观，使大学生中的个人本位和极端个人主义更加明显，一味讲求向集体、向社会索取，从而严重影响大学生的集体主义价值观，在大学生中集体主义、奉献精神受到冷落，从而更加为新自由主义在大学生中生根打下基础，使得大学生对自己的自私、冷漠行为有了借口。[③]

2.导致大学生个人主义、自由主义的滋生

有学者指出，新自由主义鼓吹民主、自由和人权，反对理性和权威的束缚，片面宣扬个体的自由，导致大学生个人主义、自由主义的滋生。[④]有学者指出，新自由主义导致大学生受自由主义、个人主义观念的影响，不守纪律，无视校纪校规，上课想来就来，想不来就不来，过分强调自我，把个人利益放

---

① 参见闫刚：《新自由主义思潮对当代大学生的影响及对策》，《学理论》，2012 年第 14 期。

② 参见冉文伟：《新自由主义对大学生的消极影响及其原因分析》，《毛泽东邓小平理论研究》，2007 年第 7 期。

③ 参见王杰：《谈新自由主义对我国大学生价值观的消极影响》，《河南广播电视大学学报》，2010 年第 4 期。

④ 参见黄成忠：《论西方社会思潮对当代大学生的影响》，《人民论坛》，2012 年 8 月中。

在国家利益、集体利益之上，我行我素，缺乏团结合作的意识，从不考虑个人行为对社会的影响，把个人与社会对立起来。[①]还有学者指出，新自由主义极力鼓吹个人主义，抨击集体主义，这种观念使当代大学生以极端个人主义、唯我主义思想作为自己的人生哲学，从而放弃了对自我的责任、对家庭的责任、对社会的责任、他人的责任。[②]

3.扭曲了大学生的公平正义观念

有学者指出，新自由主义片面的程序正义观念扭曲了大学生的公平正义观念，对我国现在的贫富差距、城乡差距、地区差距缺乏正确的认识，对弱势群体漠然视之，严重扭曲了大学生的公平正义观念。[③]有学者指出，新自由主义扭曲了部分青年的公平正义观念，新自由主义所要求的公平正义仅仅是形式上的程序公正和机会均等，而不是实质上的公正，实际上新自由主义为两极分化提供了借口，借口提高效率以实行两极分化的不公平政策，这样一种理论迷惑了不少青年，使他们对现实生活中的两极分化不公平现象漠然处之，公平正义观念被扭曲。[④]

4.造成大学生的实用主义、功利化

有学者指出新自由主义思潮影响大学生的人生观，使得大学生由理性主义的人生观向实用主义的人生观嬗变，现实生活中的问题日益困扰大学生的道德选择和道德判断。[⑤]有学者指出，新自由主义宣扬的西方观念，使大学生人生观向功利化方向发展，并且随着网络的发展这一趋势有愈演愈烈

① 参见叶宗波、韦鸿鹏:《试论新自由主义对高校理论教育工作的影响》,《学校党建与思想教育》,2010 年 5 月中。

② 参见闫刚:《新自由主义思潮对当代大学生的影响及对策》,《学理论》,2012 年第 14 期。

③ 参见冉文伟:《新自由主义对大学生的消极影响及其原因分析》,《毛泽东邓小平理论研究》,2007 年第 7 期。

④ 参见于春江:《论新自由主义与我国青年的主流意识形态认同》,《理论研究》,2011 年第 3 期。

⑤ 参见强飚、李东海:《辩证看待新自由主义 提高大学生思想教育的针对性》,《江苏高教》,2010 年第 2 期。

之势，大学生的道德困境日益增多。①

（三）对大学生生活和行为方式的影响

1.恶化大学生人际关系

有学者指出，新自由主义只注意人的自私性，导致一些大学生过分注重物质利益的追求，忽视了道德情感的培养，大学生之间缺乏情感的纽带，人格发展呈现畸形，忽视集体和他人，导致人与人之间的关系越来越恶化，破坏了大学生之间和谐的人际关系。②有学者指出，新自由主义经济人的假设，演化为一种社会达尔文主义，致使人与人、人与自然对立，新自由主义在西方的实践带来了严重的道德危机和生态危机，在中国也导致大学生的自私冷漠等心理问题，大学生的人际关系急剧恶化。③

2.使大学生消费观念扭曲

有学者指出，“新自由主义思潮的影响，大学生勤俭节约的传统美德受到了严重冲击，消费观念扭曲，追求名牌，攀比现象严重。在大学校园里，许多学生热衷于追求名牌、追赶时尚……一些大学生把消费当作快乐的体验、身份的象征，有些家庭经济状况不允许高消费的大学生，为了满足自己的消费欲望，不择手段，甚至不惜作出犯罪行为，结果断送了自己美好的前程；部分大学生学习生活懒散，贪图安逸，缺乏吃苦耐劳的精神，艰苦奋斗、勤俭节约的传统美德在一些大学生身上荡然无存。”④

---

① 参见刘瑞娜：《西方新自由主义思潮在大学生中的传播》，《当代青年研究》，2013 年第 1 期。

② 参见王杰：《谈新自由主义对我国大学生价值观的消极影响》，《河南广播电视大学学报》，2010 年第 4 期。

③ 参见冉文伟：《新自由主义对大学生的消极影响及其原因分析》，《毛泽东邓小平理论研究》，2007 年第 7 期。

④ 朱城、赵洪兵：《新自由主义思潮对当代大学生影响浅析及对策研究》，《科技资讯》，2010 年第 9 期。

第二十章　关于抵御新自由主义对大学生不良影响的对策研究述评[①]

面对新自由主义思潮的肆虐和对大学生造成的消极影响，我国的思想政治教育工作者和学者们都在积极寻求解决之道，积极研究抵御新自由主义思潮对大学生不良影响的对策。他们从多个方面提出了自己的设想,对于我们抵御新自由主义思潮对大学生的不良影响具有很大的启发作用。

一、从理论上战胜新自由主义

(一)对新自由主义的错误进行批驳

为了消除新自由主义的不良影响，学者们指出要对新自由主义的理论错误进行批驳,以达到澄清事实,扶正祛邪的效果。

第一,批判新自由主义思潮的理论缺陷。有的学者以科学发展观为指导

① 原载于《江西科技师范大学学报》2014 年第 5 期,作者鲁力。有删改。

对新自由主义思潮进行了批驳，指出新自由主义思潮有四大缺陷：一是新自由主义实行的是自相矛盾的双重标准，在国内搞国家调节经济，而对国外却要求自由放任的新自由主义；二是新自由主义的“经济人”假设人性论有悖于以人为本的原则，新自由主义的人性论强调人的个人至上性、利己性，是一种唯心主义的抽象人性论，在现实中是不存在的；三是新自由主义的社会论有违人与社会和谐发展的原则，新自由主义的社会观片面强调个人在构成社会中的重要意义，个人利益至上，容易导致人与社会的冲突、不和谐；四是新自由主义的市场理论有违于市场经济的法则，过分强调了市场的作用，忽视了市场的缺点和误区。①

第二，批判新自由主义思潮造成的危害。有学者指出，要战胜新自由主义思潮就要以马克思主义为指导让人们认识到新自由主义的本质和危害。新自由主义思潮所主张的绝对自由是错误的、有害的，任何自由都是一定社会历史条件下的自由，都必然有其限度，没有绝对的自由。新自由主义是为垄断资产阶级服务的工具，是为资本扩张服务的，其意图在于颠覆我国社会主义制度以推行其主张。新自由主义给第三世界国家带来了巨大的灾难，如果在我国推行新自由主义只会使我国成为帝国主义的附庸、带来国家四分五裂的巨大风险。②

第三，批判对新自由主义的迷信态度。有学者指出，要落实习近平新时代中国特色社会主义思想必须破除对新自由主义的迷信，具体来说，首先要破除新自由主义对市场的迷信，认识到市场的滞后性、局限性，任何国家必然是把命运掌握在自己手中，而不是依赖难以琢磨的世界市场，必须坚持政府的宏观调控和规范市场行为，教育、科技、国防等领域都不能依赖市场。其次要破除新自由主义对私有化的迷信，不要以为私有化是解决中国现实问

① 参见杨淑珍、王艳华：《用科学的发展观评析新自由主义思潮》，《湖湘论坛》，2006年第5期。

② 参见丁祥艳：《正确认识并有力引领新自由主义思潮》，《桂海论丛》，2012年第1期。

题的灵丹妙药,实际上有很多公有制企业也办得很好。再次要破除新自由主义对全球化的迷信,必须看到由资本主义世界主导的全球化是一把双刃剑,注意防范全球化给我国带来的潜在风险。最后要破除新自由主义一味批判传统的迷信,传统是新自由主义推行其主张的障碍,所以遭到新自由主义的批判,新自由主义批判传统的目的是为了否定马克思主义、否定社会主义事业。①

(二)进行理论创新,适应新的发展要求

第一,创新理论创新模式。有学者指出,要战胜新自由主义必须实行理论创新模式的变革, 由被政治主导的理论创新模式变为由文化主导的理论创新模式。"理论创新是马克思主义作为中国主流意识形态的生存之本,创新对于我国主流意识形态的建设而言意义重大,而且,理论创新也是当代中国主流意识形态在与西方资本主义意识形态的斗争中最具战略价值的一种力量。"②要战胜新自由主义就必须改变过去由政治主导的理论创新,而改为由文化主导的理论创新,使理论与人们的现实生活保持密切的联系,切断新自由主义与人们的联系,不给其可乘之机。只有理论创新才能保证主流意识形态在大学生精神领域中的主导地位。

第二,以理论创新争夺话语权。有学者指出,高校要加强理论创新,以应对包括新自由主义思潮在内的西方社会思潮。首先要加强理论创新,创造新的社会思潮,根据社会发展的需要和大学生的心理特点以及思想状况,结合自身优势,进行理论研究,解答大学生的疑惑,创造新的理论,争夺话语权,占领思想文化阵地。其次要加强分类指导,对不同的西方思潮采取不同的应

① 参见刘书林:《贯彻落实科学发展观必须破除对新自由主义思潮的迷信》,《思想理论教育导刊》,2009 年第 1 期。

② 于春江:《论新自由主义与我国青年的主流意识形态认同》,《理论研究》,2011 年第 3 期。

对措施,有的需要进行理论澄清,有的需要进行批判。①

第三,以理论创新为大学生排疑解惑。有学者指出,应对西方思潮,高校要加强理论创新,只有适应新的形势,进行新的理论创造才能解决大学生深层次的思想问题,应对新自由主义的挑战,保证社会主义的方向。一方面引导大学生正确认识新自由主义思潮的背景与危害,从反面论证社会主义意识形态的准确性,避免纯粹的正面灌输,从而提高大学生对西方新自由主义思潮的免疫力,另一方面要培养高素质的教师队伍,高素质的教师队伍是抵御新自由主义思潮影响的一个重要力量。②

二、加强主旋律教育和主流意识形态导引

(一)开展社会主义核心价值观教育

第一,坚持用社会主义核心价值体系武装大学生头脑。有学者指出,要坚持用社会主义核心价值体系引导大学生思想教育,以抵御新自由主义思潮对大学生的不良影响,这是大学生形成正确的价值观、人生观的根本之策。要做到这一点首先要用社会主义核心价值观全面掌握大学生的思想阵地,用马克思主义指导思想、社会主义共同理想、以爱国主义为核心的民族精神和以改革创新为核心的时代精神,以及社会主义核心价值体系武装大学生,帮助他们树立主流的思想意识。其次要提高思想政治工作队伍的素质和水平,培养一批信仰坚定、理论精深、教学卓著的优秀思想政治教育工作者。最后要营造主旋律的校园文化氛围,在大学校园里开展丰富多彩的文化

① 参见黄成忠:《论西方社会思潮对当代大学生的影响》,《人民论坛》,2012 年 8 月中。

② 参见李媛媛:《西方社会思潮对当代大学生的影响与对策》,《长江大学学报》(社会科学版),2012 年第 12 期。

活动,传播先进文化、优秀传统文化,加速社会主义核心价值观的普及。[①]

第二,用社会主义核心价值观引领社会思潮。要消除新自由主义的消极影响,必须要加快完善社会主义核心价值体系的构建,加强社会主义核心价值体系的宣传和教育,以引领和整合多样化的社会思潮,形成健康向上、和谐融洽的社会思潮主流。同时要不断创新和发展马克思主义,以回击新自由主义的挑战。[②]必须在高校广泛开展社会主义核心价值体系教育,加强大学生的思想政治教育,用社会主义核心价值体系帮助大学生树立正确的思想观念和价值取向。社会主义核心价值体系是我国的主流意识形态,是社会主义和谐社会追求的价值目标,只有坚持社会主义核心价值体系才能保证马克思主义的指导地位,要用马克思主义中国化的最新成果来武装大学生,把社会主义核心价值体系内化为大学生的自觉意识。这样才能肃清新自由主义对大学生的诸多不良影响,构建和谐社会,促进大学生成长成才。[③]

有学者指出,"加强宣传和教育构建具有广泛感召力的社会主义核心价值体系,可以引领和整合多样化的社会思潮,形成健康向上、和谐融洽的社会思潮主流。我们要积极围绕社会主义核心价值体系的四项基本内容,加快社会主义核心价值体系建设,努力用马克思主义的一元化指导思想引领多样的社会思潮,同时不断创新、发展和丰富马克思主义。以回击新自由主义的挑战"[④]。

有学者指出,应对各种社会思潮,要战胜新自由主义,就必须加强社会

① 参见强飚、李东海:《辩证看待新自由主义　提高大学生思想教育的针对性》,《江苏高教》,2010年第2期。

② 参见冉文伟:《新自由主义对大学生的消极影响及其原因分析》,《毛泽东邓小平理论研究》,2007年第7期。

③ 参见郭建梅:《新自由主义思潮对当代大学生的影响及对策》,《高等函授学报》(社会科学版),2012年第8期。

④ 傅建轩、邓菊云:《新自由主义思潮对当代大学生的影响及防范对策》,《经济研究导刊》,2012年第10期。

主义核心价值体系的引领作用。首先,要在校园文化建设之中坚持社会主义核心价值观的引导。其次,要把社会主义核心价值体系融入高校思想政治理论课教学之中，高校思想政治理论课应当成为对大学生进行社会主义核心价值观教育的主渠道,这也是引领多样化社会思潮,消除错误思潮对高校校园影响的重要途径和措施。再次,要用社会主义核心价值体系统领高校教师的思想,培养高素质的马克思主义教师队伍。最后,要用社会主义核心价值体系净化网络空气。①

(二)加强和改善马克思主义教育

第一,坚守马克思主义阵地。面对新自由主义,学者们提出要用马克思主义的理论武器占领意识形态的制高点，首先高校应该坚守马克思主义理论高地,自觉运用马克思主义的理论武器,自觉对新自由主义进行反思、批判与抵制,揭示新自由主义理论、流派的内在矛盾、漏洞。其次要深入阐发中国特色社会主义理论体系、社会主义核心价值体系的理论内涵,搞清楚他们与新自由主义之间的区别与联系,深刻认识新自由主义的危害性,找出应对之策。坚持社会主义的价值观念,抵制新自由主义的侵蚀。②

第二,加强马克思主义的理论说服力和吸引力。研究者认为要抵御新自由主义,就要增强马克思主义对大学生的理论说服力和信仰吸引力。首先,要做好马克思主义中国化、时代化、大众化工作,创新马克思主义话语体系,丰富马克思主义理论体系,紧密结合大学生的实际和国内外现状,用案例进行教学,深化大学生对当代中国和世界的认识。其次,以大学生关注的热点、难点、焦点问题为切入点,展开马克思主义理论教育、社会主义核心价值观

① 参见李红军:《用社会主义核心价值体系引领校园思潮》,《思想理论教育导刊》,2010 年第 10 期。

② 参见贺武华:《新自由主义思想对高校师生群体的影响与防范》,《教育学术月刊》,2011 年第 4 期。

教育，使学生感到社会主义的优越性，增强大学生抵御新自由主义思潮的能力。最后，引领大学生开展有益的实践活动，增强马克思主义教育的实践性，这也是马克思主义的精髓所在。①

第三，加快马克思主义时代化大众化。面对新自由主义思潮的冲击，许多高校开始淡化、边缘化马克思主义，这是需要警惕的。面对新自由主义思潮的冲击，更需要加强马克思主义理论建设和课程研究，要改革马克思主义理论课的教学模式，当前的马克思主义理论课枯燥乏味，理论体系与内容都与时代脱节，要加强内容创新，汲取最新理论成果转换陈旧的话语体系。②

（三）加强网络监管和网络宣传教育

第一，加强网络监管。随着信息社会的到来，网络对大学生的影响越来越大，网络也成为新自由主义传播的主要途径，要加强网络教育和监管，以引导大学生自觉抵制新自由主义思潮的影响，首先加强对网络的监管，及时发现网上的新自由主义的不良倾向并进行有针对性的教育，其次建设好思想政治教育网络，用先进文化占领网络阵地进行网络教育。③

第二，加强网络宣传。应对社会思潮要加强校园网络管理，重视校园网络的建设、运用和管理，使其成为传播社会主义核心价值体系，防止错误思潮影响校园文化建设的前沿阵地。首先，要掌握舆论主导权，牢牢把握舆论导向，大力弘扬真善美，大力鞭笞假恶丑；其次，充分运用网络优势及时将党和国家的政治主张、思想路线、政策法规等传播给广大学生。④

---

① 参见强飚、李东海：《辩证看待新自由主义　提高大学生思想教育的针对性》，《江苏高教》，2010年第2期。

② 参见刘瑞娜：《西方新自由主义思潮在大学生中的传播》，《当代青年研究》，2013年第1期。

③ 参见周泽红、詹耘：《新自由主义思潮对大学生思想影响的机制及对策探险》，《思想教育研究》，2011年第11期。

④ 参见李红军：《用社会主义核心价值体系引领校园思潮》，《思想理论教育导刊》，2010年第10期。

三、加强和改进高校思想政治教育

（一）加强高校思想政治教育队伍建设

第一，提高思想政治教育课教师素质。有学者指出，要切实提高高校思想政治教育队伍的素质和水平，因为新自由主义的很多理论如西方货币主义、人本理论、公共选择理论等都具有科学性的外表，我们需要大批具有坚定的马克思主义信仰、深厚的理论功底、精湛的教学艺术和高尚的师德情操的高校思想政治教育工作者，能够有足够的能力剥开这些理论的表象，让大学生看清楚其反马克思主义的本质。[①]

第二，严格思想政治教育课教师选拔标准。有学者指出，要"制定严格的马克思主义理论课教师选拔标准，在选拔马克思主义公共理论课教师时，应注意其学术水平、道德品质、知识结构、思想道德素养和授课沟通方法等多方面的能力"[②]。不必拘泥于固定的教学模式，可以请著名专家开展讲座等形式进行思想政治教育。

第三，发挥思想政治教育课教师作用。要明确教师在高校思想政治教育教学中的主导作用。高校思想政治理论课教师要主动对学生进行新自由主义的介绍，引导大学生正确认识新自由主义，打好预防针，从而阻断大学生从其他渠道知道新自由主义的机会。[③]

第四，防止新自由主义对思想政治课教师的渗透。有学者指出，要防止

① 参见强飚、李东海：《辩证看待新自由主义　提高大学生思想教育的针对性》，《江苏高教》，2010 年第 2 期。

② 刘瑞娜：《西方新自由主义思潮在大学生中的传播》，《当代青年研究》，2013 年第 1 期。

③ 参见肖韵：《新自由主义思潮对高校思政教育教学的影响》，《继续教育研究》，2010 年第 11 期。

新自由主义思潮在高校教师队伍中的渗透，搞好高校马克思主义理论队伍建设。当前高校马克思主义理论队伍中一些教师受到各种错误思潮的影响，主张取消马克思主义在意识形态领域的指导地位，他们对新自由主义的传播起到不良作用，要抓好高校马克思主义理论和教师队伍建设，使其成为践行社会主义核心价值体系的模范，引领学生的思想行为朝着健康向上的方向发展。要加强对马克思主义拔尖人才的扶持力度，造就马克思主义理论大家，培植马克思主义理论后备队伍。①

（二）加强和改善高校思想政治教育课程建设

第一，构建大德育课程。高校要构建大德育课程，以提高大学生的思想政治素质，来抵御新自由主义思潮的不良影响。构建大德育课程，首先要构建以思想理论课为主体的知识性德育课程，充分发挥高校思想政治理论课主渠道的作用。其次要构建以社会实践活动为主体的活动性德育课程，利用节假日和寒暑假开展多种社会实践活动，了解国情民情。再次要构建以校园文化建设为主体的隐性德育课程，用健康向上的校园文化氛围来抵御新自由主义的影响。最后要构建以教师魅力为主体的渗透性德育课程，发挥教师的引导作用。②

第二，提高课程理论魅力。应对新自由主义思潮，有学者提出高校思想政治教育课程必须树立求真务实的精神，以提高社会主义意识形态的理论魅力，只有满足指导客观世界的现实需要，理论魅力才得以彰显，脱离了求真务实的意识形态教育必然落入空洞的形式主义，失去对受众的感召力。③

---

① 参见李红军：《用社会主义核心价值体系引领校园思潮》，《思想理论教育导刊》，2010 年第 10 期。

② 参见黄成忠：《论西方社会思潮对当代大学生的影响》，《人民论坛》，2012 年 8 月中。

③ 参见李媛媛：《西方社会思潮对当代大学生的影响与对策》，《长江大学学报》（社会科学版），2012 年第 12 期。

第三，创新课程引导方式。要应对新自由主义思潮的挑战就要创新思想政治教育课的引导方式，以提高思想政治教育的渗透性，进而提高大学生分辨是非的能力。思想政治教育课首先要情理融合，改变过去的灌输方式，注意融情于理，以理动人，以情感人。其次要理利结合，从大学生的思想实际和现实利益出发，帮助他们解决疑问。最后要知行并重，引导学生开展社会实践活动，了解社会，坚定理想信念。①

第四，创新教学手段和方法。要注重对新自由主义的对策研究，其中重要的一点是要对高校思想政治教育课程进行教学手段和方法的创新，坚持理论联系实际，有针对性地解决新自由主义与客观实际的关系问题。高校思想政治教育课教师不仅要了解新自由主义思潮，还要了解我国的实际，能分析清楚新自由主义对我国的危害。②

第五，课程要做到“三贴近”。有学者指出，要消除新自由主义的消极影响，高校思想政治理论课要贴近实际、贴近生活、贴近学生，提高思想政治教育的针对性、实效性、感染力。运用比较教学法，把毛泽东思想、邓小平理论和新自由主义进行比较，帮助学生正确看待马克思主义与新自由主义之间的本质区别，提高对新自由主义思潮的免疫力。③

（三）加强高校管理和校园文化建设

第一，营造校园文化主旋律。有学者指出，要抵御新自由主义对大学生的消极影响就要积极利用校园媒体和丰富多彩的活动营造主旋律，要充分发挥校园网站的思想政治教育作用，提高大学生对主旋律网站的阅读兴趣，

① 参见周泽红、詹耘：《新自由主义思潮对大学生思想影响的机制及对策探险》，《思想教育研究》，2011 年第 11 期。

② 参见郭建梅：《新自由主义思潮对当代大学生的影响及对策》，《高等函授学报》（社会科学版），2012 年第 8 期。

③ 参见闫刚：《新自由主义思潮对当代大学生的影响及对策》，《学理论》，2012 年第 14 期。

开展丰富多彩的校园文化活动,举办各种以弘扬主旋律的主题的歌唱会、艺术演出、文化讲座,引导大学生接受和喜爱社会主义先进文化。[①]有学者指出,应对新自由主义的影响要“加强校园文化建设,培养大学生用科学的思维模式对待非主流意识形态。要开展丰富多样的校园文化活动,如举办以主旋律为内容的红歌会、校园合唱节、艺术展演和文化讲堂。加强思想政治类理论社团建设,积极宣传主流文化,引导大学生接受和喜爱中国的传统文化、社会主义的先进文化,符合新时代的优秀文化。为大学生提供优质精神食粮,加速社会主义核心价值体系在校园乃至全社会的传播与普及”[②]。

有学者指出,加强高校校园文化建设,要以社会主义核心价值引领校园文化思潮,以马克思主义为指导思想,尊重学生差异,形成包容、多样的价值体系,这样才能抵御新自由主义思潮对大学生的不良影响。[③]

第二,做好大学生工作、提高大学生分辨是非的能力。有学者指出,西方社会思潮的基础就在于社会利益需求。只有做好高校学生工作,切实解决好大学生的现实利益问题,保护好大学生的合法权益,纠正损害大学生利益的不公正行为,才能让大学生真心接受、认同社会主义核心价值体系,自觉抵御和放弃西方落后思潮的影响。[④]有学者指出,要消除新自由主义的消极影响,要重视解决学生实际问题,这是战胜新自由主义的根本措施。解决好人民群众最关心、最突出的利益问题,有助于消除新自由主义在我国生根的土壤。要解决新自由主义的问题,要加大对学生的师资和感情投入,使大学生感受到学校、社会和国家的关怀以及社会主义的优越性。[⑤]有学者指出,要特

---

① 参见强飚、李东海:《辩证看待新自由主义 提高大学生思想教育的针对性》,《江苏高教》,2010年第2期。

② 闫刚:《新自由主义思潮对当代大学生的影响及对策》,《学理论》,2012年第14期。

③ 参见肖韵:《新自由主义思潮对高校思政教育教学的影响》,《继续教育研究》,2010年第11期。

④ 参见黄成忠:《论西方社会思潮对当代大学生的影响》,《人民论坛》,2012年8月中。

⑤ 参见冉文伟:《新自由主义对大学生的消极影响及其原因分析》,《毛泽东邓小平理论研究》,2007年第7期。

别重视引导大学生适应新媒介环境，以提高大学生抵御落后思潮影响的自控力,网络可以为高校思想政治教育提供比以往更加丰富的素材,但因为其虚拟性也给丑恶留有温床，加强新媒体的监管和引导是提高高校思想政治教育水平的一个关键。[①]有学者指出,通过调查发现,大学生受到新自由主义思潮等社会思潮消极影响的主要原因就在于他们对于这些思潮的实质和危害不够了解。要积极引导大学生用马克思主义理论的观点和方法理性分析各种社会思潮,提升大学生的辨别能力,从而自觉分析批判新自由主义等各种社会思潮,看清其本质与危害。帮助大学生树立坚定的马克思主义信仰是一个长期的过程,需要长期的引导和教育。[②]

① 参见李媛媛:《西方社会思潮对当代大学生的影响与对策》,《长江大学学报》(社会科学版),2012 年第 12 期。

② 参见刘瑞娜:《西方新自由主义思潮在大学生中的传播》,《当代青年研究》,2013 年第 1 期。

参考文献

一、中文著作类

1.《马克思恩格斯选集》(第一—四卷),人民出版社,2012 年。

2.《马克思恩格斯文集》(第一—十卷),人民出版社,2009 年。

3.《列宁专题文集》,人民出版社,2009 年。

4.《毛泽东选集》(第一—四卷),人民出版社,1991 年。

5.《邓小平文选》(第三卷),人民出版社,1993 年。

6.《江泽民文选》(第一—三卷),人民出版社,2006 年。

7.《胡锦涛文选》(第一—三卷),人民出版社,2016 年。

8.《习近平谈治国理政》(第一卷),外文出版社,2018 年。

9.《习近平谈治国理政》(第二卷),外文出版社,2017 年。

10.《习近平谈治国理政》(第三卷),外文出版社,2020 年。

11.《习近平谈治国理政》(第四卷),外文出版社,2022 年。

12.《习近平关于社会主义政治建设论述摘编》,中央文献出版社,2017 年。

13.《习近平关于党风廉政建设和反腐败斗争论述摘编》,中央文献出版社,2017年。

14.《习近平关于社会主义经济建设论述摘编》,中央文献出版社,2017年。

15.《习近平关于社会主义生态文明建设论述摘编》,中央文献出版社,2017年。

16.方家常:《诸葛亮文集全译》,贵州人民出版社,1997年。

17.冯刚、高山:《新时代思想政治教育治理论》,中国社会科学出版社,2021年。

18.冯刚、孙雷主编:《新时代大中小学思想道德建设理论与实践研究》,中国书籍出版社,2020年。

19.冯刚、张晓平、苏洁:《中国共产党高校思想政治教育发展史》,人民出版社,2021年。

20.冯刚:《探索思想政治教育发展的内生动力》,人民出版社,2017年。

21.冯刚等:《高校思想政治教育工作质量评价研究》,人民出版社,2020年。

22.冯刚等:《新时代高校思想政治教育学原理》,人民出版社,2021年。

23.冯刚主编:《思想政治教育研究热点年度发布2021》,团结出版社,2022年。

24.冯建军:《差异与共生:多元文化下学生生活方式与价值观教育》,四川教育出版社,2010年。

25.韩玲:《红色文化涵育社会主义核心价值观研究》,人民出版社,2020年。

26.胡厚福:《德育学原理》,北京师范大学出版社,1997年。

27.黄希庭、郑涌:《当代中国青年价值观研究》,人民教育出版社,2005年。

28.黄希庭:《当代中国青少年价值观与教育》,四川教育出版社,1994年。

29.李德顺:《价值论》,中国人民大学出版社,2007年。

30.李连科:《价值哲学引论》,商务印书馆,1999年。

31.李明华:《时代演进与价值选择——中国价值观探讨》,陕西人民出版社,1992 年。

32.林岳新:《多元文化背景下青少年价值观培养研究》,中国社会科学出版社,2011 年。

33.刘济良:《青少年价值观教育研究》,广东教育出版社,2003 年。

34.刘建军:《马克思主义信仰研究》,中国人民大学出版社,2021 年。

35.鲁力:《中国传统文化的思想政治教育研究》,中国社会科学出版,2017 年。

36.鲁力、徐荧松:《中国精神的理论阐释》,社会科学文献出版社,2022 年。

37.骆郁廷:《思想政治教育引论》,中国人民大学出版社,2018 年。

38.商志晓等:《中华传统文化弘扬与现代化发展研究》,中国社会科学出版社,2021 年。

39.沈壮海主编:《新编思想政治教育学原理》,中国人民大学出版社,2022 年。

40.石云霞:《当代中国价值观论纲》,武汉大学出版社,1996 年。

41.石中英、王卫东:《价值观教育》,教育科学出版社,2007 年。

42.王学风:《多元文化社会的学校德育研究:以新加坡为个案》,广东人民出版社,2005 年。

43.王易:《当代大学生价值观调查报告》,中共党史出版社,2008 年。

44.项久雨:《思想政治教育方法导论》,武汉大学出版社,2021 年。

45.谢宏忠:《大学生价值观导向》,社会科学文献出版社,2010 年。

46.杨威:《思想政治教育发生论》,中国社会科学出版,2009 年。

47.袁贵仁:《价值观的理论与实践》,北京师范大学出版社,2006 年。

48.袁贵仁:《价值学引论》,北京师范大学出版社,1991 年。

49.阵章龙、周莉:《价值观研究》,南京师范大学出版社,2004 年。

二、中文期刊类

1.崔振成:《现代性悖论与价值观教育》,《教育理论与实验》,2010年第9期。

2.杜时忠、曹树真:《社会主义核心价值观"进教材"的教育学探索》,《教育研究》,2015年第9期。

3.樊浩:《伦理道德的中国精神哲学范式与中国话语》,《学海》,2016年第2期。

4.冯培:《以问题意识为导向升华价值观教育感召力》,《中国高等教育》,2015年第5期。

5.冯颜利:《新时代青年思想政治教育工作基本经验研究》,《中国青年社会科学》,2022年第2期。

6.高国希:《从国家治理视角看思想政治教育如何增进四种认同》,《马克思主义与现实》,2021年第6期。

7.韩震:《推进大中小学德育一体化进程的理念与思路》,《中国高等教育》,2020年第17期。

8.贺照田:《当前中国精神伦理困境:一个思想的考察》,《开放时代》,2016年第6期。

9.黄蓉生、赵成林:《新时代构筑中国精神的价值论析》,《长白学刊》,2018年第1期。

10.黄蓉生:《我国高校思想政治教育发展特征》,《中国高校社会科学》,2020年第5期。

11.靳玉军:《论社会主义核心价值观教育的实践要求》,《教育研究》,2014年第11期。

12.李德顺:《价值与价值观念》,《观察与思考》,2012年第5期。

13.李合亮:《提高思想政治教育可接受性的策略探析》,《思想教育研究》,2020 年第 1 期。

14.刘济良:《论我国社会转型期的价值观教育》,《教育理论与实践》,2000 年第 11 期。

15.刘书林:《高质量思政课建设的四个突出问题》,《马克思主义与现实》,2021 年第 3 期。

16.卢岚:《网络嵌入、风险叠变与思想政治教育创新研究》,《湖北社会科学》,2021 年第 11 期。

17.鲁明川、曹克亮:《人的全面发展视域下思想政治教育现代化论析》,《思想理论教育》,2022 年第 1 期。

18.马欣欣、周向军:《论习近平关于中国精神的三个基本问题》,《甘肃社会科学》,2016 年第 1 期。

19.潘雯:《中国精神:推进中国特色的社会主义文艺发展的关键词》,《中国社会科学院研究生院学报》,2016 年第 4 期。

20.裴娣娜、文喆:《社会转型时期中学生价值观探析》,《教育研究》,2006 年第 7 期。

21.曲建武:《当好大学生健康成长的指导者和引路人》,《中国高等教育》,2020 年第 20 期。

22.佘双好、王军:《中国共产党百年征程中对思想政治教育的探索与创新》,《福建师范大学学报》(哲学社会科学版),2021 年第 6 期。

23.师谦、唐钰瑾:《历史题材作品在弘扬中国精神中的独特优势》,《人民论坛》,2017 年第 5 期。

24.石海兵:《增强价值观教育有效性的理性思考》,《学校党建与思想教育》,2005 年第 4 期。

25.宋友文:《思想政治教育发展的历史逻辑、理论逻辑和实践逻辑》,《教学与研究》,2021 年第 10 期。

26.孙成武、赵然:《文化自觉视域下中国精神的培育探析》,《北京交通大学学报》(社会科学版),2016 年第 3 期。

27.孙其昂:《论思想政治教育基础理论的“体系”研究》,《马克思主义与现实》,2021 年第 5 期。

28.田心铭:《以彻底的思想理论说服学生——学习习近平〈思政课是落实立德树人根本任务的关键课程〉》,《马克思主义研究》,2021 年第 1 期。

29.万美容、吴倩:《新时代思想政治教育内容有效供给论析》,《马克思主义理论学科研究》,2020 年第 1 期。

30.王嘉、张维佳:《论沉浸传播时代下的思想政治教育》,《教学与研究》,2020 年第 1 期。

31.王仕民、林建辉:《理解思想政治教育说服力的三重逻辑》,《广西社会科学》,2021 年第 10 期。

32.王树荫:《中国共产党百年思想政治教育基本经验》,《教学与研究》,2021 年第 5 期。

33.王习胜、杨晓帆:《思想政治教育方法探索的面相描画与取向审思——以 2020 年的研究为视点》,《安徽师范大学学报》(人文社会科学版),2021 年第 6 期。

34.王秀华:《毛泽东哲学思想与当代中国精神构建研究》,《理论视野》,2017 年第 1 期。

35.王学俭、冯瑞芝:《“中国之治”视域下思想政治教育的功能探析》,《思想教育研究》,2020 年第 10 期。

36.王燕子:《论民俗文化影像中的“中国精神”——以“叶问叙事”与“咏春精神”为例》,《文艺争鸣》,2016 年第 10 期。

37.温静:《论中国精神对中国梦的价值意蕴》,《马克思主义理论学科研究》,2017 年第 2 期。

38.辛志勇、姜馄:《论青少年的价值观教育》,《人民教育》,2005 年第 18 期。

39.辛志勇、金盛华:《新时期大学生价值取向与价值观教育》,《教育研究》,2005 年第 10 期。

40.杨耕:《价值、价值观与核心价值观》,《北京师范大学学报》(社会科学版),2015 年第 1 期。

41.杨敏、张祥永:《自媒体在中国精神传播中的担当》,《新闻战线》,2017 年第 10 期。

42.姚喜双、郭龙生:《媒体语言对青少年价值观的影响》,《教育研究》,2011 年第 11 期。

43.宇文利:《党的最新历史决议的思想政治教育价值及其实现》,《思想理论教育导刊》,2022 年第 1 期。

44.张弛:《系统思维视域下思想政治教育的作用机理探究》,《思想理论教育》,2022 年第 4 期。

45.张将星:《大众媒体对青少年道德价值观影响调查分析》,《教育研究》,2011 年第 4 期。

46.张汝伦:《哲学对话与中国精神的重建》,《中国高校社会科学》,2016 年第 2 期。

47.张瑜:《论思想政治教育网络观的演进与理论创新》,《马克思主义与现实》,2020 年第 5 期。

48.朱小蔓、李敏:《国际全民教育发展对价值观教育的新诉求》,《全球教育展望》,2009 年第 10 期。

49.朱勋春、林玲:《刍论弘扬中国精神与促进青年内化社会主义核心价值观》,《理论导刊》,2017 年第 6 期。

后　记

习近平指出:“思想政治理论课要坚持在改进中加强、在创新中提高,及时更新教学内容、丰富教学手段,不断改善课堂教学状况,防止形式化、表面化。”本书作者就是按照这个要求,加强创新意识,不断改进自己的教育教学能力。并且从实践到理论,系统总结了自己的教育教学经验,最后形成本书。

本书由湖南大学马克思主义学院副教授鲁力和中共万宁市委党校教研室主任刘洋共同完成。鲁力负责撰写第三章、第四章、第七章、第八章、第九章、第十章、第十一章、第十二章、第十三章、第十四章、第十六章第二节、第十八章、第十九章、第二十章。刘洋负责撰写第一章、第二章、第五章、第六章、第十五章、第十六章第一节和第三节、第十七章。

在本书的编写过程中,我们充分吸收了一些同事同仁、专家学者们提出的宝贵意见建议。承蒙厚爱,本书的部分内容已经在报刊发表。感谢海南大学党委常务副书记、教授、博士生导师王崇敏对本书的热情赞许。感谢天津人民出版社武建臣编辑对于本书出版的热情帮助。感谢天津人民出版社给予的大力支持。还有许多给予帮助的人们,在此一并表示感谢。

由于思想政治教育涵盖学科理论广泛,加之时间有限,也限于作者的理论素养,如有不当之处,敬请广大读者提出宝贵意见。

本书作者

2022 年 10 月 20 日